EMOTION

消费者情绪与品牌管理研究

XIAOFEIZHE QINGXU YU PINPAI GUANLI YANJIU

才源源 著

BRAND

上海大学出版社
·上海·

图书在版编目(CIP)数据

消费者情绪与品牌管理研究 / 才源源著. ——上海：上海大学出版社，2020.1(2021.10 重印)
ISBN 978 - 7 - 5671 - 3793 - 6

Ⅰ.①消… Ⅱ.①才… Ⅲ.①消费心理学-研究②品牌-企业管理-研究 Ⅳ.①F713.55②F273.2

中国版本图书馆 CIP 数据核字(2020)第 006811 号

责任编辑　刘　强
封面设计　柯国富
技术编辑　金　鑫　钱宇坤

消费者情绪与品牌管理研究

才源源　著

上海大学出版社出版发行
(上海市上大路 99 号　邮政编码 200444)
(http://www.shupress.cn　发行热线 021 - 66135112)
出版人　戴骏豪

*

南京展望文化发展有限公司排版
江苏凤凰数码印务有限公司印刷　各地新华书店经销
开本 710mm×1000mm　1/16　印张 14　字数 222 千字
2020 年 2 月第 1 版　2021 年 10 月第 2 次印刷
ISBN 978 - 7 - 5671 - 3793 - 6/F·191　定价　68.00 元

推荐语

《消费者情绪与品牌管理研究》一书呈现了作者从消费者感知视角对品牌管理理论和实践问题的深入思考。情绪作为影响基于顾客的品牌资产的情境性因素在本书的研究中得到了充分探究,这为品牌理论研究提供了一个独特的视角。全书每个主题所采用的实验设计方法,体现了作者扎实的心理学基础功底。本书是近年消费者行为研究领域颇有创新贡献的佳作,适合相关领域的研究者和从业人员阅读参考。

华东师范大学教授、博士生导师
经济与管理学部副主任、亚欧商学院中方院长
国家品牌战略研究中心主任

前　言

"如何从心理学的视角探讨品牌研究的理论及其应用性"——是我开始攻读应用心理学博士研究生，直至从事工商管理学科的教学和研究工作以来，近十年间在不断思索和求证的问题。在完成了七年的心理学学习和训练之后，我曾选择在市场和品牌管理咨询业界工作，期望尝试体验心理学的更多应用领域。在这个过程中，我遇到了来自营销实践者对品牌管理问题的诸多困惑，而这些是我当时在心理学的学科背景中无法找到答案的。真正为我打开品牌知识大门的是我的博士生导师何佳讯教授，我有幸加入了何老师主持的"品牌代际资产"研究项目，对60万字的家庭成员访谈资料进行整理和分析的经历，让我获得了对品牌资产形成过程的感性认识。

"基于顾客的品牌资产（customer-based brand equity）"是由 Keller（1993）提出的经典品牌管理思想，它不同于基于企业的品牌资产视角（Kapferer，1992），强调了品牌价值的来源是消费者对品牌的认知、情感和态度，这与心理学体系中关注的个体心理特征发展规律是一致的。因此，这也让我相信当心理学遇见了品牌科学，一定可以碰撞出别样的火花。我们都知道市场环境是瞬息万变的，每个企业都想在变化中寻找到最佳的方案进行长期品牌管理；从基于顾客的品牌资产视角来看，即是企业期望能够准确预测每一项营销活动所带来的消费者反应是怎样的。在这个视角下，我选择了以情绪情感为切入点，期望企业通过对消费者的情绪管理实现其对品牌认知、品牌态度及品牌选择偏好的改变。"情绪与认知"关系的研究是心理学领域的经典研究主题，个体的认知和决策总会受到即时情绪的影响，因此也就发生了很多非理性的决策行为。那么，这些短期的、偶发的个体情绪是否也可以转化成为长期的品牌资产呢？这是笔者在整本书中试图探究和回答的问题。本书关注了诸多具体的情绪特征,并考察它们是如何对品牌来源国效应、品牌定位态度、品牌价值观感知、品牌情感关系建立、品牌延伸评价产生影响的,而这些品牌概念均是品牌资产形成的重要来源。

本书的结构体系实际上也反映了笔者从一路学习心理学,到开始关注品牌科学的转化过程。本书的第一章介绍了心理学领域中"情绪与认知"主题的经典理论、研究范式以及基本的研究结论;在此基础上,笔者将情绪研究引入消费者行为的范畴,进一步说明具体情绪特征及来源是如何影响消费者认知和决策的,以实验报告为例说明在营销学领域中情绪研究的一般模式。本书的第二章围绕"情绪影响下的品牌来源国效应"问题,关注情绪的自我/他人指向特征,并且深入区分了情绪的这一具体认知特征与一般维度(包括情绪的正负效价和唤醒水平)的区别,从而展开了情绪对消费者认知产生影响的机制分析。本书的第三章围绕全球化和本土化的品牌定位理论,探讨具体情绪的动机性特征对消费者认知的影响,并且以真实品牌为例展开研究。本书的第四章围绕品牌价值观理论——这也是"基于顾客的品牌资产"的一个重要延伸视角,探讨具体情绪类型与品牌价值观的匹配效应。这是对品牌管理实践具有很强指导意义的一个章节。本书的第五章,从反面关注了现代都市生活中,人们常会感受到的一种负面情绪状态,阐释了"孤独感对品牌延伸评价的影响"。本书的第六章从积极心理学的视角出发,关注了一个与人类幸福息息相关的情绪,即"感恩情绪对产品和品牌依恋的影响",这也是极具社会意义的研究主题。笔者期待以这样的逻辑贯穿起从心理学基础认知,到品牌管理应用性拓展,最终回归于对人们生活福祉关注的路径。

本书的各章主题均为基于实验设计的实证研究,需要收集大量的样本数据。各项实验受到了上海市浦江人才计划项目、国家自然科学基金青年项目的资助,在此特别鸣谢:

(1) 上海市浦江人才计划项目:"消费者情绪的文化特征对来源国效应的影响研究(批号:14PJC047)",2014年9月—2016年8月。

(2) 国家自然科学基金青年项目:"消费者情绪对品牌全球化和本土化定位态度的影响研究(批号:71602111)",2017年1月—2019年12月。

本书稿的酝酿开始于我在博士生期间开展的"情绪与品牌来源国效应"的研究。特别感谢我的导师何佳讯教授,他点燃了我从"品牌逻辑去思考人生逻辑"的灵感,也为我提供了一个从营销视角理解心理学应用价值的契机。之后,我与合作者开展了"消费者情绪与品牌定位感知""消费者情绪与品牌价值观感知"两个研究项目。感谢吴漪博士成为我默契的合作伙伴。当我正式踏上讲台,开始讲授"消费者行为学""品牌管理"等营销方向的课程时,我发现自己从情绪角度开展的品牌问题研究,引发了学生们的兴趣和共鸣。于是我成立了"消费者行为研究"的项目组,和学生们一起开启了一段教学相长的里程。在近五年的时间里,我们共同讨论和完成了一系列的研究主题,比如本书中介绍的"感恩情绪与品牌依恋"的主题、"孤独感与品牌延伸评价"的主题等。因此,要感谢我的硕士研究生杜俏颖、钟卿玮同学,她们参与了部分主题的讨论和实验设计的工作;感谢学生项目小组的刘婉琳、张靖也、吴静怡同学,她们协助我完成了实验执行的部分工作;感谢许丽莎同学协助我完成了书稿递交出版社前最后的排版和校对工作。目前,她们有的在国内外高校继续攻读市场营销学方向的硕士研究生,有的已经开始从事与品牌管理和消费者洞察相关的实践工作。在此,祝福我的学生们前程似锦,也希望本书的成果能够继续启发更多对心理学和品牌管理问题感兴趣的学习者和实践者。

　　交流和分享,可以长进学识,可以丰富人生。本书部分主题的研究尚处于起步阶段,在实验设计上还有待完善,热切地盼望同仁和读者给予批评和指正。

才源源

2019年12月于上海嘉定

目　录

001 | 第一章　情绪如何影响消费者行为

第一节　从情绪的基本维度到具体情绪内涵 / 001

一、情绪研究的基本问题 / 001

二、情绪的分类思想 / 004

三、情绪的启动和测量 / 007

四、情绪基本维度对认知的影响 / 010

五、特定情绪对认知的影响 / 012

第二节　自我/他人指向型情绪对广告评价的影响 / 025

一、理论背景 / 026

二、实验1：高兴和平和情绪与广告信息指向之间的匹配性 / 027

三、实验2：骄傲和共情情绪与广告信息指向之间的匹配性 / 030

四、结论与讨论 / 033

附录 / 034

035 | 第二章　情绪对品牌来源国效应的影响

第一节　来源国效应研究中的基本问题 / 036

一、来源国的概念介绍 / 036

二、来源国效应的表现 / 039

三、基于消费者层面对来源国效应的影响因素分析 / 041

第二节 高兴和平和：积极情绪对来源国效应的影响研究 / 044

一、理论背景 / 045

二、实验1：情绪与来源国信息的匹配关系研究 / 048

三、实验2：情绪与来源国信息匹配性的进一步验证 / 051

四、结论与讨论 / 056

第三节 他人指向型情绪对集体主义文化来源国品牌评价的影响机制 / 058

一、理论背景 / 059

二、实验前测 / 062

三、实验1：情绪的他人指向特征与来源国文化的匹配性——基于产品类别的差异 / 063

四、实验2：情绪的他人指向特征与来源国文化匹配性的进一步证明 / 066

五、实验3：情绪的他人指向特征与来源国文化匹配性的影响因素 / 069

六、结论与讨论 / 072

第四节 情绪基本属性对来源国效应影响的探讨 / 074

一、实验1：情绪的正负效价属性对来源国效应的影响 / 075

二、实验2：情绪的唤醒水平属性对来源国效应的影响 / 078

三、结论与讨论 / 082

附录 / 084

086 | 第三章
消费者情绪对品牌定位态度的影响

第一节 文献综述和假设提出 / 087

一、品牌全球化定位和品牌本土化定位的概念辨析 / 087

二、全球品牌化与全球品牌资产 / 089

三、调节聚焦理论与品牌的全球性联想 / 091

四、情绪的动机倾向性与品牌定位态度 / 092

五、全球身份认同的调节作用 / 094

第二节 研究方法 / 095

一、实验1：情绪的动机特征与品牌定位的匹配关系检验 / 095

二、实验2：情绪的动机特征与品牌定位的匹配关系检验——以真实品牌为例 / 098

三、实验3：全球身份认同调节作用的证明 / 101

第三节 结论与讨论 / 103

一、研究结论 / 103

二、理论贡献与实践意义 / 103

三、未来研究方向 / 106

附录 / 107

109 | 第四章
情绪对品牌价值观传播的影响

第一节 文献综述和假设提出 / 110

一、具有人类价值观意义的品牌概念 / 110

二、具体情绪的价值观特征 / 112

三、消费者情绪与品牌价值观的一致性 / 113

四、解释水平的调节作用 / 114

第二节 研究方法 / 116

一、前测和实验材料编制 / 116

二、实验1a：针对自我提升型和自我超越型品牌价值观的研究 / 118

三、实验1b：针对保守型和乐于改变型品牌价值观的研究 / 121

四、实验2：采用虚拟品牌对品牌价值观与情绪一致性关系的再次验证 / 124

第三节 结论与讨论 / 127

一、理论贡献 / 128

二、实践意义 / 129
三、未来研究方向 / 130

附录 / 131

134 | 第五章
孤独感对品牌延伸评价的影响

第一节　文献综述和假设提出 / 135
　　一、孤独感的研究概述 / 135
　　二、品牌延伸的理论概述 / 137
　　三、研究假设的提出 / 140
第二节　研究方法 / 141
　　一、实验前测 / 141
　　二、实验设计和执行过程 / 143
　　三、实验结果 / 144
第三节　结论与讨论 / 147
　　一、研究结论 / 147
　　二、理论贡献与实践意义 / 148
　　三、未来研究方向 / 149

附录 / 150

152 | 第六章
感恩情绪对产品和品牌依恋的影响

第一节　感恩的基本概念和相关研究 / 153
　　一、感恩特质和情绪的基本解读 / 153
　　二、感恩的测量与研究范式 / 155
第二节　消费者情感依恋的研究概述 / 159
　　一、消费者情感依恋的概念 / 159
　　二、消费者对产品和品牌的情感依恋 / 160
　　三、感恩对消费者产品和品牌依恋的影响 / 161
第三节　研究方法 / 163

一、实验1：简单感恩情绪与依恋形成 / 163
　　二、实验2：产品(品牌)情感依恋的中介作用检验 / 165
第四节　结论与讨论 / 170
　　一、研究结论 / 170
　　二、理论贡献与实践意义 / 170

174 参考文献

第一章
情绪如何影响消费者行为

在日常生活中,情绪对认知活动的影响是十分广泛的:比如天气晴朗的日子,好心情会使人们感到生活得更加幸福,而在阴雨天,人们就会感到生活得没那么好(Schwarz and Clore,1983);在晴朗的日子,股民也会预测股市投资获得更好的回报(Hirshleifer and Shumway,2003)。这类现象说明了人们在正面情绪下倾向于做出积极乐观的判断,而在负面情绪下则倾向于做出相对消极、谨慎和保守的估计;并且这些情绪的影响通常是发生在我们没有觉察的情况下,比如我们刚看了一场悲伤的电影,之后计划要去便利店买些食品,这时候我们选择的产品类别、品牌、口味、包装甚至价格就会与刚看完一场喜剧电影后的行为选择不同。也就是说,虽然偶发的情绪(incidental emotions)与决策任务本无关联,但个体也会在无意识的状态下受到情绪的影响,而倾向于感知、注意、学习和回忆与当前情绪状态相一致的信息,这即为情绪与认知关系中普遍存在的情绪一致性效应(mood-congruent effect)(Bower,1981)。那么,在消费者行为领域中,情绪是如何具体地影响消费者认知和决策的呢?本章会从情绪的特征出发,归纳情绪对消费者行为的影响结果,解释情绪作用的过程和机制,并且提供一个消费者情绪对产品评价产生影响的实验研究作为样例。

第一节 从情绪的基本维度到具体情绪内涵

一、情绪研究的基本问题

情绪可以说是人们时时都在感受的、十分熟悉的一种心理现象,但是如果从心理学的角度给情绪赋予一个详细的、精准的定义却并非易事。自情绪研究的奠基者 William James 在 1884 年发表《什么是情绪》一文后,心理学家们一直没有停止对情绪是什么、情绪是如何产生的,以及情绪与其他心理过程之间的关系等基本问题的探讨。对于"情绪是什么"的问题,有学者认为,情绪是个体对某一刺激做出的复杂反应,这一反应过程中包括了认知评估、主观变化、自主的和神经性的唤起、行为的冲动等(Plutchik,1982)。我国学者黄希庭(1991)在《心理学导论》一书中把情绪的构成要素概括为情绪体验、情绪行为、情绪唤醒以及对情绪刺激的认知。Kalat 和 Shiota(2007)将情绪的要素归纳为认知、感受和行为倾向三方面,他们认为认知是人们对一个事件或情境进行的解释,感受是一种情绪的体验,行为倾向是准备采取行动的冲动。

(一)情绪如何产生

围绕认知、感受和行为倾向这三要素的相互作用模式,研究者们展开了对"情绪是如何产生的"这一基本问题的探讨。最早的理论是 James(1884)和 Lange(1885)共同提出的詹姆斯—兰格理论。他们认为情绪是人们对某一情境做出的身体反应,情绪的产生是在行为发生之后。比如,你注意到自己在进攻,所以你才会感到愤怒;你注意到自己试图逃跑,所以才会感到害怕。按照这一理论,情绪三要素的发生关系是:首先个体对刺激事件进行评估,之后产生行为倾向(包括生理上的唤醒),最后引发情绪的体验。在此之后,Cannon(1927)和 Bard(1934)从生理学的角度联手提出了情绪三要素之间的另一种存在关系。他们认为认知、感受和行为倾向是同时出现的,但它们之间是相互独立的。情绪的认知是独立地发生在大脑皮层,而感受是生理上的唤醒,行为倾向则是腺体与肌肉的活动。比如,当有危险接近时,个体确定自己被吓着了,并且独立地引起恐惧感受和躲避行为。这里所形成的情绪模式是"我害怕了,我的心脏也怦怦跳了",生理唤醒和情绪体验是独立并行的。

后续有学者指出上述两种理论均有背离常识之处,比如人们的情绪体验往往是即时的、快速的,而很难有充分的时间进行"我该不该有情绪反应"的认知评估,也很难如詹姆斯—兰格理论提及的那样,通过心跳加速的生理反应就判断自己是害怕了,因为心跳加速也有可能是一见钟情的生理反应

(Kalat and Shiota，2007)。Schachter 和 Singer(1962)这两位心理学家提出的沙赫特—辛格理论进一步地弥补了这些不足。他们认为依据生理的唤醒是无法识别出产生了何种情绪的，情绪的识别需要认知评估发挥作用，而生理唤醒只能决定情绪的强度。为了证明这一论述，他们开展了情绪研究中著名的"肾上腺注射"实验：研究者分别给两个组的被试注射肾上腺素和安慰剂，肾上腺素可以引发个体的生理唤醒，从而解释情绪的生理部分；之后对注射肾上腺素组的被试给予三种不同的指导语，一种是正确告知注射后可能的生理反应(如心悸、手抖、脸发烧等)，第二种是错误告知生理反应(如双脚发麻、发痒、头疼等)，第三种是不告知任何信息；之后将被试分别设置于"高兴"和"愤怒"两种实验情境下，"高兴"组观看一段滑稽的表演视频，"愤怒"组则是强迫被试回答烦琐的问题，并不断予以指责迫使其发怒。实验的结果表明，"正确告知"组的被试情绪没有受到实验情境的影响，他们没有报告自己感受到强烈的高兴或愤怒情绪，而"错误告知"组和"无告知"组均受到了实验情境的显著影响，即在"高兴"情境下报告感受到强烈的高兴情绪，在"愤怒"情境下报告感受到强烈的愤怒情绪。注射安慰剂的实验组，被试报告自己体验到了微弱的"高兴"或"愤怒"情绪。注射安慰剂组和"无告知"组在情绪体验上的强度差异说明了注射肾上腺素可以引起典型的情绪生理唤醒状态，这证明了生理唤醒与情绪体验之间的关系。但是，与此同时，"无告知"组和"正确告知"组的实验结果对比又说明了生理唤醒不能单独地引发人的情绪，因为当被试将自己的生理感受归因于注射剂的作用而非高兴或愤怒情境诱发的作用时，没有报告有强烈的情绪体验，所以这证明了认知对情绪产生所起的决定性作用。由此，我们可以说，在情绪产生的过程中，生理和认知都会参与其中，很难分割。

(二)情绪相关的基本概念区分

在情绪研究中的另一个基本问题是：经常会出现一些意义相近的词语和概念，如情绪(emotion)、情绪体验(feeling)、心境(mood)、感情(affection)。这些概念在翻译和运用上很难有一个准确的区分标准，因为就概念本身来说也并没有一个清晰的界限。但是，任何情绪主题的研究都会有自身的一个关注点，理清主要概念之间的关系也是开展研究的前提。情绪(emotion)是短暂的、强烈的，通常具有明确的诱发事件。情绪(emotion)

通常是具体的,比如生气、害怕、平和,这些具体的情绪被译为 specific emotion 或 incident emotion;心境(mood)是相对持久的、低强度的、模糊的,并且往往没有诱发事件以及认知过程的卷入(如今天感觉好,这段时间感觉不好);情绪体验(feeling)涵盖了情绪产生的整个过程,包括主观体验、行为表现和生理机制;感情(affect)通常是情绪、情感这类心理现象的统称(Forgas,1995a;黄希庭,1991)。当研究者主要关注于情绪与认知之间的关系时,最常被使用的概念是情绪(emotion)和心境(mood),但是由于二者很难在感受强度和对认知的影响作用上被完全准确地区分开,因而,经常被统称为情感状态(affect state)或者直接概括为感情(affect)(如 Forgas,1995a)。

总体来说,本书介绍的一系列研究关注的是情感状态(affect state)与认知特征之间的关系,即在具体情绪(specific emotion)影响下产生的不同认知和行为模式,以及由此延伸到营销领域中的品牌来源国效应、品牌定位态度、品牌价值观传播、品牌延伸评价等一系列品牌管理实践问题。

二、情绪的分类思想

情绪应该有多少种类呢?对情绪进行分类的标准又是什么呢?各种理论和流派都给出了自己的答案。在早期的分类理论中,研究者们分类的依据是"情绪是与生俱来的,还是后天习得的"(Ekman,1972;Russell,1994;Tooby and Cosmides,1990);后续的研究中,研究者们获得了一些基本的区分维度,比如积极—消极,高唤醒—低唤醒(Russell,Peplau and Custrona,1980);随着情绪研究的进一步深入,有学者提出了层级式的情绪结构(Shaver et al.,1987;Storm and Storm,1987)。

(一)基本情绪与复杂情绪

在情绪的大家族中存在着一些最基本的元素也就是基本情绪。基本情绪是在人类中普遍存在的、人类在生命的早期即表现出来的情绪。典型的基本情绪如幸福、悲伤、恐惧等,它们的共同特征是具有跨文化的一致性,即各种文化背景中的人们都可以体验到该类情绪(Kalat and Shiota,2007)。关于情绪的跨文化一致性的大部分研究证据都与面部表情有关,这些研究共同关注的是各民族文化的人们对面部表情的解码方式

(Ekman,1972；Russell,1994)。除此之外,从生理学的角度,也有学者认为基本情绪最准确的判定标准应该是每种基本情绪都有准确对应的脑区或自主神经系统(Tooby and Cosmides,1990)。除基本情绪之外的所有情绪都可以被称为复杂情绪,复杂情绪被认为是后天习得的,并且具有鲜明的文化特异性。由于人们经历的历史、文化、信仰的不同而存在情绪体验和理解上的差异性,也就是说复杂情绪是人类社会化的产物(Kalat and Shiota,2007)。

（二）多维度的情绪分类思想

多维度的情绪分类思想的核心是将诸多的情绪视为一个连续体上的点,而非离散的单元,情感的体验可以沿着从愉快到不愉快、从趋近到回避,或者由强到弱的这些连续性的维度上变化。在 Russell(1980)的情绪维度观点中,唤醒水平(arousal)和愉悦程度(pleasure)被认为是情绪最基本的两个维度。他认为每个具体情绪都可以定位在以唤醒水平和愉悦程度为坐标轴的环形图中,也就是说每种情绪都可以依据这两个维度进行描述和分类。其中,愉悦维度代表了个体在积极状态感受性上的强度,情绪在从愉快(delighted)到不愉快(sad)的连续轴上变化;唤醒水平则代表了情绪在觉醒度和活动性上的激活状态,在从困乏(sleepy)到唤醒(aroused)的连续轴上变化(Russell,1980)。（如图 1-1 所示）

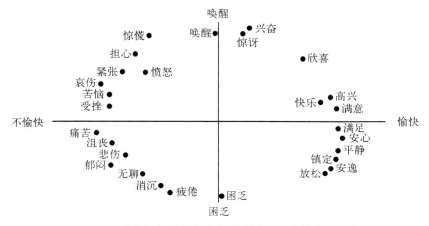

图 1-1 情绪根据愉悦程度和唤醒水平两个维度的分类

(来源：Russell,1980)

在此基础上，Watson和Tellenge(1988)将唤醒水平与情绪的正负效价相合并成为正性情绪维度与负性情绪维度，并加入了卷入程度的维度。Smith和Ellsworth(1985)基于面部表情的情绪研究，将情绪的维度概括为：愉悦程度(pleasantness)、唤醒水平(level of activation)、关注度(attentional activity)。综合上述的理论，在情绪维度的分类中最基本且获得最广泛共识的维度：一是愉悦程度或称之为正负效价，二是唤醒水平或称之为情绪体验强度。这也是在情绪与认知关系的探讨中广泛采用的维度划分方式。

（三）层级式的情绪结构

积极—消极是一般意义上的情绪划分方式，任何一种情绪都可以被归在积极或消极的情绪类别中，然而每种情绪又可以依据其某方面的独特属性进行具体地定义和归类。层级式的情绪结构整合了情绪的基本属性和具体情绪的特征。Shaver等人(1987)与Storm和Storm(1987)认为情绪的结构是层级式的，最上层是在一般意义的层面上，所有的情绪都可以被划分为积极和消极两类；中间层是对积极和消极类别的再次细分，积极情绪的分支包括如高兴、骄傲、爱和满意，消极情绪的分支包括如生气、害怕、悲伤和羞愧；最低层则是在中间层的各类别中所涵盖的具体的、个性化的情绪，比如在高兴(happiness)的类别中包括的具体情绪有：有希望的(hopeful)、欢愉的(joyful)、乐观的(optimistic)等；在悲伤(sadness)的类别中包括的具体情绪有：沮丧的(depressed)、无助的(helpless)、愧疚的(guilty)等。对于三层级的情绪结构，分层的标准是情绪的抽象程度，由上至下代表了情绪由抽象到具体的程度(Laros and Steenkamp，2005)（见图1-2）。进一步地，针对情绪结构中的中间层，Storm和Storm(1987)提出中间层级的划分标准是根据情绪是否具有人际互动性，比如爱(love)即为典型的人际互动性情绪，它的下级具体情绪包括了浪漫的(romantic)、热心的(warm-hearted)、多愁善感的(sentimental)等。而对于最低层具体情绪的标准问题一直存在着争议，随着情绪研究的发展，不断有具体情绪的新成员被纳入该层级结构中。Laros和Steenkamp(2005)将情绪的结构模型引入了消费者研究中。研究者请消费者针对四类食品，包括有机食品、功能性食品、转基因食品和一般食品，报告他们对33种具体情绪的体验，结果呈现了积极情绪下的满足(contentment)和高兴(happiness)两类基本情绪，以及负面情绪中的愤怒(anger)、害怕(fear)、悲伤(sadness)和羞愧(shame)四类基本情绪，特别针对转基因食品，消费者具有显著的害怕情绪。研究所获得的结果修正了 Shaver 等人(1987)与 Storm 和 Storm(1987)的层级模型。

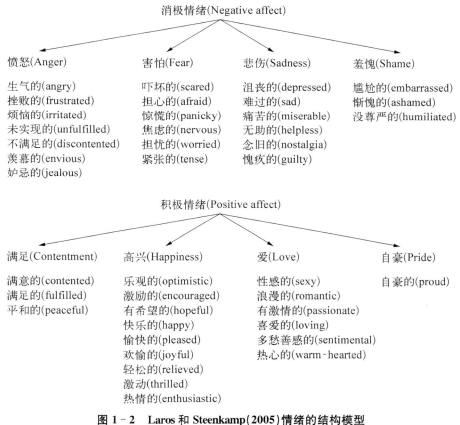

图 1-2　Laros 和 Steenkamp(2005)情绪的结构模型

三、情绪的启动和测量

（一）情绪的启动

情绪的启动是情绪研究中的第一步，也是获得有效实验结果的重要前提。本部分将常用的情绪启动方法概括如下：

(1) 故事/事件启动。这种方法是通过阅读故事或回忆故事诱发被试的情绪。阅读故事是由研究者设计情绪相关事件,请被试阅读或进行一系列的评价。比如引发愉快情绪时可以采用读笑话的方法(Johnson and Tversky,1983;DeSteno et al.,2000)。回忆故事是请被试回忆自己经历过的与某种情绪相关的事件,在指导语中主试一般会要求被试在回忆的过程中要尽量地详尽,有些研究会要求被试把回忆的情绪事件写下来(如 Smith and Ellsworth,1985;Strack,Schwarz and Gschneidinger,1985;Tiedens and Linton,2001)。用故事启动情绪的方法操作简便,更为重要的是对于一些关注具体情绪(specific emotion)的研究,仅有故事启动法才能够准确诱发,如骄傲、共情、挫败等难以通过图片、视频方式获得的情绪。在涉及具体情绪的故事启动中,还可以通过指导语的操作将个体的情绪体验引发至更有针对性的方面,比如要求回忆事件发生的过程,而并不是发生的原因,因为再现过程才可以获得当时的情绪体验,原因回忆会引导个体进入分析式的认知过程,削弱情绪的影响作用(Strack,Schwarz and Gschneidinger,1985)。

(2) 视频/音频资料启动。这种方法是通过让被试观看有明显表情的人物图片、观看诱发情绪的视频(比如电影片段),或是听音乐的方式来诱发情绪。视频启动比较强烈,但所启动的情绪复杂,不及音乐启动获得情绪维度单一;音乐启动的方法可以分别启动同属积极情绪但仅在兴奋度上不同的两类情绪(Bodenhausen,Kramer and Süsser,1994)。

(3) 动作或其他任务完成。有研究者认为让被试做出代表不同情绪的表情、姿态,就可以产生与某一情绪对应的体验(Ekman,Levenson and Friesen,1983),这依据了生理唤醒直接引发情绪的坎农—巴德理论。除了要求被试做出面部表情的动作外,其他实验任务也有诱发情绪的作用,比如通过给予被试积极(表扬)或消极(批评)的反馈信息来诱发愉悦或难过的情绪(卢家楣,2002),或者通过让被试进行实际的情绪体验活动(高兴情境下唱歌、跳舞和玩耍;愤怒情境下观察假被试的愤怒行为)来激发情绪(Schachter and Singer,1962)。

在消费者行为研究领域中,情绪诱发的方式会是更巧妙和实用的。比如通过广告语的设计或是广告图片和颜色的设计来诱发情绪(如 Aaker and Williams,1998)。本书介绍的研究中主要采用了故事启动、视频启动和音乐启动三种方式诱发情绪。笔者希望通过多种启动方式获得一致性的研究结论。

(二) 情绪的测量

情绪诱发之后所涉及的即是情绪的测量问题,即如何检测情绪启动是否有效。Kalat 和 Shiota(2007)将情绪测量的方法概括为:自我报告、行为指标、生理测量。

(1) 自我报告。自我报告是让被试自己描述即时的情绪体验,或者是在一些情绪的量表上进行感受程度的评价,比如从"非常高兴"到"一点不高兴"的等级评分。常用的自陈式量表多为形容词检表(Adjective Check List,ACL)。研究者选用一系列描述情绪的形容词,请被试选出符合自己当时情绪状态的词汇,或者是按照自己的感受对词汇进行由感受强烈到没有感受的评分。常用的自陈式量表是 Watson 和 Tellegen(1988)开发的情绪自评量表(Positive Affect Negative Affect Scale,PANAS),这是基于情绪的正负效价维度编制的,包括 10 个描述积极情绪和消极情绪的形容词。除了依据正负效价属性编制的量表外,也有根据情绪属性形成的等级量表,比如 Izard(1993)提出的四维量表,包括了愉快度、紧张度、冲动度和确信度四个方面。

(2) 行为指标。行为指标包括了面部表情和声音的表达,以及肢体动作的表现,如后退、进攻等。需要说明的是,行为既可以是能够观察到的,也可能是潜在的、仅存在意图的行为倾向,比如准备逃跑的状态。在情绪研究中,最常见的是对面部表情的分析,特别是当 Izard(1979a,1979b)等人发展出最大限度辨别面部肌肉运动编码系统和表情辨别整体判断系统以后,依据面部表情对情绪的分析和判断变得更加精准和模式化。

(3) 生理测量。生理测量是对情绪体验过程中个体的血压、心跳、汗液,以及情绪唤醒期间出现波动的脑活动情况或血液中化学成分的变化所进行的测量。由此获得的测量指标可以更直接和准确地反映客体的情绪状态。

由于本书涵盖的系列研究均为营销领域的应用性研究,因此均采用的是自我报告式情绪测量方法,即根据启动的具体情绪,在以往研究的基础上制定形容词表,请被试进行感受程度的等级评价。

四、情绪基本维度对认知的影响

(一)正负效价对认知的影响

在情绪的多维度理论中,最基本的维度即是正负效价属性,即积极性和消极性。大量的情绪认知研究也始于正负效价的基本属性,研究者们广泛地证明了认知情绪一致性效应,即人们在积极情绪(如高兴)下倾向于做出积极乐观的判断,而在消极情绪(如悲伤)下倾向于做出负面保守的判断(Kavanagh and Bower,1985)。在记忆方面,与情绪感受一致的材料和不一致的材料相比更容易被记住,与情绪感受一致的记忆也更容易被唤醒(Bower,1981)。

除了在情绪一致性效应上的表现,Bless(2000)指出人们在高兴情绪下较在悲伤情绪下更倾向于依赖已存储的一般知识结构进行判断,表现为更多地凭借熟悉的生活脚本(scripts)、刻板印象(stereotypes)、以往的判断(previous judgments)进行启发式的认知决策。举例说明,Bodenhausen、Kramer 和 Süsser(1994)的研究分别考察了在高兴和悲伤情绪下,个体对刻板印象的决策依赖。他们提供给被试一段关于行为不端学生的描述,请被试对该学生进行罪行判定,发现高兴情绪较悲伤情绪下的个体更倾向于依据该学生是否为不良组织成员的信息做出罪行轻重的判定,也就是更加依赖于刻板印象。Bless 等人(1996)的研究关注情绪的正负效价对与生活片段有关的信息加工过程的影响。他们首先给被试呈现一系列的生活脚本信息,其中有些是典型的(生活中经常发生的),有些是非典型的(不符合生活常规的)。在间隔一段时间后请被试进行再认回忆测试,即判断哪些生活脚本是之前出现过的。结果表明处于高兴情绪的被试更多地将典型性的生活脚本认作之前出现过的信息,但对于非典型性的脚本,两组情绪之间却没有显著性的差异。这一结果证明了高兴情绪下个体依赖一般知识结构的认知特点。Bless、Mackie 和 Schwarz(1992)发现在面对劝说情境时,高兴情绪较悲伤情绪下的被试对劝说信息的加工更多地卷入了之前的经验。由此,我们可以理解为:个体在积极情绪下的认知策略是启发式的,依据外周线索(peripheral cues)进行快速决策,而消极情绪下的认知策略是系统化的,个体依据具体信息进行精细化的加工。

对于正负效价情绪下个体所采用的认知策略,研究者们也试图对其背后的机制问题进行解释。一种可能的原因是,在积极情绪状态下,个体的自信程度高,认为依靠固有知识结构进行决策是有把握的,因而更加依赖于刻板印象、以往的经验知识进行判断;而在消极情绪状态下,个体觉知到当前状态可能存在的问题,因而会更为谨慎地去关注评价客体的详细信息(Schwarz,1990)。另一种可能的解释是,在高兴情绪下,个体记忆中与积极情绪相关的联想被激活,这反而干扰了信息加工过程中精力的投入,使得在积极情绪下的信息加工能力受到削弱,因而个体只能做出简单的启发式决策(Mackie and Worth,1989)。

(二)情绪的唤醒水平对认知的影响

唤醒水平是情绪的另一个基本维度,研究者们采用物理方法、音乐以及广告呈现等方式操作不同的唤醒水平,考察其对社会判断和行为选择的影响(如 Paulhus and Lim,1994;Bodenhausen,Kramer and Süsser,1994;Steenkamp,Baumgartner and Wulp,1996)。Paulhus 和 Lim(1994)的研究采用了"考试情境"和白噪声干扰两种方式来控制情绪的唤醒水平,验证了高唤醒水平(high arousal)较低唤醒水平的条件下,认知的复杂性被降低,个体仅依据显著的信息线索进行决策,由此使得决策的结果更具有两极化(即原本评价低的客体获得更低的评价,原本评价高的客体获得更高的评价)。在"考试情境"的实验任务中,研究者假定考试前一周和后一周学生对害怕(fear)情绪的感知处于低唤醒水平,而在考试马上开始时的害怕情绪处于高唤醒水平,高唤醒与低唤醒水平的条件相比,被试对名人的喜好呈现出两极性。在噪声控制的实验中,两个实验组被试情绪的愉悦度相同,仅是接收的白噪声的强度不同,高噪声组被认为引发了高唤醒水平,在此条件下被试对熟人的评价呈现出两极性。由此,我们也可以理解为高唤醒水平情绪引发的是启发式思维,个体倾向于依据主要线索做快速决策,而低唤醒水平情绪对应的是分析式思维,个体倾向于进行精细化的信息加工。在消费者产品选择行为上,Muro 和 Murray(2012)的研究发现,消费者的情绪唤醒水平会与其选择的产品特征形成匹配关系,在积极程度相同的高唤醒音乐背景下,消费者倾向于选择功能性饮料,因为功能性饮料同样给人运动、兴奋的感觉;而在低唤醒音乐背景下,消费者更倾向于选择凉茶饮品(iced tea),同样匹配于情绪的状态。

那么,当情绪的唤醒水平和正负效价同时发生作用时将如何影响行为结果呢? Bodenhausen、Kramer 和 Süsser(1994)的研究旨在揭示高兴情绪下个体更倾向于依赖刻板印象做出决策,这种认知现象是否是由于高兴情绪具有的高唤醒状态消耗了认知能量呢? 于是,他们对高兴情绪进行了细分,通过音乐启动的方式区分出处于"高兴并兴奋"状态和"高兴并平静"状态的两组被试,最终他们发现两个实验组在社会认知判断任务中对刻板印象的依赖程度是相同的。这说明了唤醒水平引起的认知消耗不是刻板印象依赖的原因,而是情绪的效价作用。Winterich 和 Haws(2011)关注了在同属正性情绪的骄傲、希望、高兴三种具体情绪下,消费者对不健康食品的选择倾向问题,所获得的基本结论是:在指向未来的希望情绪状态下,较在指向过去的骄傲情绪下和在关注当下的高兴情绪下,消费者更加注意避免选择不健康的食品。研究者们随即关注了骄傲、希望、高兴三种情绪的唤醒水平,发现尽管在三种情绪状态下,个体的情绪唤醒水平存在差异,但这种差异性却不会对行为选择产生影响。实际上,情绪是一个复杂的综合体,我们很难将其各个属性特征进行拆分,这也是情绪研究开展困难的原因之一。下面我们将跨越唤醒水平和正负效价两个基本维度,详细介绍具体的情绪特征。

五、特定情绪对认知的影响

总结上述围绕"正负效价"这一基本情绪维度的研究,研究者们发现积极情绪较消极情绪下,个体更倾向于凭借熟悉的生活脚本、刻板印象和以往的经验进行认知判断(Bless,2000)。而后续的研究者们则提出积极或消极只是更高的和抽象的层级,诸如高兴、骄傲、平和、希望等则为积极情绪中更为具体的层级;相对的,悲伤、生气、内疚等则为消极情绪类别中的具体情绪(specific emotion)(Lerner and Keltner,2000),这些特定情绪在归因特征、关系指向、动机目标方面均存在着差异性,因而对认知活动产生的影响也是各异的(如 Smith and Ellsworth,1985; Higgins,1997; Markus and Kitayama,1991)。由此,情绪与认知关系的研究也随着诸多"具体情绪特征"的提出而超越了正负效价的范畴,被引向更深入的探讨层面。

在消费者行为的研究领域中,特定情绪开始被越来越多的研究者证明会对消费者的产品选择、品牌态度、广告评价、品牌情感等产生影响(Kim, Park and Schwarz, 2010; Griskevicius, Shiota and Nowlis, 2010; Maheswaran and Chen, 2006; Labroo and Rucker, 2010; Dunn and Hoegg, 2014)。与一般的社会认知判断任务不同,产品类别与功能、品牌个性与价值以及广告诉求本身即具有传递信息或情感的功能,当来自产品、品牌和广告的信息与消费者的特定情绪状态相关联时,就会使其对产品态度和购买决策产生差异化的影响。因此,在消费者行为研究领域探讨情绪对认知的影响也具有了其特殊的研究意义。另外,在实践层面的营销者们更加期望能够通过了解消费者即时情绪的特征来创造最优的营销效果。

而目前为止,在消费者行为研究领域中,围绕特定情绪的研究还是零散而缺乏系统分析的。情绪的具体特征在影响消费者行为时的机制与边界条件是什么?与基本属性维度(如正负效价)相比,二者在影响消费者行为时存在哪些差异以及它们的交互影响方式是什么?这类问题尚未获得深入的剖析。因此,下文将在解释情绪对认知影响机制的基础上,结合情绪的多类具体特征,对情绪在消费者行为研究领域的应用性研究进行分析评介。

(一)特定情绪对认知影响的机制解释

Schwarz 和 Clore(1983)首先从情绪即信息(feeling/mood/affect-as-information)的视角提出情绪可以被视为一种认知的线索,个体会依据这一线索做出快速的启发式决策。然而,Forgas(1995a)认为这种快速、直接的启发式决策过程并不能解释情绪对认知产生影响的全部情境,因而他提出了由四种认知策略构成的情感注入模型(Affect Infusion Model, AIM)。其中,深入加工模式描述了情绪通过激活个体的认知系统间接影响认知决策的精细加工过程,由此补充和深化了早期的情绪即信息理论。不同于"情绪即信息"模型和"情感注入模型"的阐述视角,Lerner 和 Keltner(2000)提出的评价倾向模型(Appraisal-Tendency Framework, ATF)分析了特定情绪对认知影响的整个过程,并且特别针对情绪作用的削弱效应提出了假说,从而使我们对特定情绪影响下的认知过程有了更完整的认识。

1. 情绪即信息理论

依据 Schwarz 和 Clore(1983)提出的情绪即信息理论,个体倾向于关注和加工那些与情绪线索相一致的信息,以提高认知加工的流畅性,并最终引发情绪与认知之间的"一致性"效应(Bower, 1981)。也就是说,当个体感到高兴时,高兴情绪成为一个信息线索,个体错误地依赖这个线索对无关事件进行了判断,因而会认为其他事件也是积极的,会引发正面情绪的。这就是为什么在天气晴朗的时候,好心情会让大家觉得生活得很幸福(Schwarz and Clore, 1983)。由此,情绪和认知对象之间通常会形成一种匹配效应,当情绪特征与认知对象特征相匹配时就会获得积极的认知评价。比如高兴和冷静作为两种正性情绪,所传递的信息均与成功地实现一个目标有关,但高兴传递的信息与成功地获得奖励有关,而冷静传递的信息则与成功地避免损失有关(Higgins, 1997;Labroo and Rucker, 2010),个体会分别依据这两类信息线索对后续事件进行差异化的认知判断。

然而,情绪作为一种信息来源,并不是在任何情况下都会成为个体认知判断的依据,情绪的信息性作用也会存在一系列的边界条件。一是认知者主体的因素,当认知者对认知对象有丰富的知识背景时,则不易依赖情绪的信息性作用做出判断(Sedikides, 1995)。例如专家型消费者与一般消费者相比,他们在做出购买决策时可能会更多依靠自己的知识背景而非情绪线索进行决策判断(Ruth, 2001)。二是认知对象的因素,当个体的认知对象涉及他人,或者认知结果十分重要时,个体的认知加工卷入度增强,在深入思考的状态下,情绪的信息性作用会被削弱(Pham, 1998)。在消费者行为研究领域,可以通过操作产品对消费者的重要性来验证这一因素:在购买对消费者重要的产品类别(如高科技电子产品),或为重要他人选购产品时,情绪的影响作用可能会减弱。除此之外,情绪的信息性作用也与认知过程中的情境因素有关。只有当情境因素引导个体关注认知结果而不是认知过程时(Martin and Bateson, 1993),或是关注情绪体验而非引发情绪的原因时(Labroo and Rucker, 2010),情绪与认知特征之间的一致性效应才会获得验证。

2. 情绪的认知激活理论

与情绪即信息的视角不同,情绪的认知激活理论将情绪的影响过程解释为：依据情绪状态的记忆模式（mood-dependent-state memory）被激活的过程。基于记忆的联想网络理论（associative network theory），人类的长时记忆以语义概念的模式存储成网状，每两个概念由记忆节点相联，由此形成繁多的记忆单元（Anderson and Bower，1973；Collins and Quillian，1969；Collins and Loftus，1975）。Bower（1981）认为，情绪的作用模式即是通过激活关键性的记忆节点而完成的，语义概念、图式等信息伴随着情绪存贮在长时记忆系统中，当人们再次经历相似的情绪状态时，与之相联的记忆节点即会被激活，从而产生相关的认知和判断。比如，高兴的个体更倾向于回忆与高兴相关的词汇和个人经历，正是因为他们当前的情绪状态激活了相似情境下存储的信息。

由此，Forgas（1995a）的情感注入模型试图对情绪影响个体活动的模式进行概括和区分，提出了四种情绪影响认知的模式（策略），分别为直接进入的策略（direct access strategy）、动机进入的策略（motivational access strategy）、启发式策略（heuristic strategy）、深入加工策略（substantive strategy）。其中前两种为低情绪卷入的模式，个体依据固有的知识系统和目标动机进行认知和判断，此时情绪的影响微弱；而后两种为高情绪卷入的模式，即认知判断会受到情绪的广泛影响。其中，启发式策略对应于"情绪即信息"的直接影响模式，而深入加工策略的提出则更符合情绪的认知激活视角。

深入加工策略也可以理解为"情感启动（affect/emotion-priming）"模式，这是一种情绪通过唤起、激发记忆中已存贮的信息或图式，间接地作用于决策判断的过程。不同于情感即信息模式仅作用于信息的提取阶段，情感启动机制可贯穿于信息的注意、提取、联想以及解释的整个过程。当判断的任务是非典型性的，信息是复杂的，且个体不受加工时间限制时，情感启动的模式往往会发生作用（Forgas，1995a）。情绪首先激发自我认知、归因和社会化比较的内部过程，进而对认知产生影响。比如，生气和悲伤均为负性情绪，但悲伤的人在进行归因时更容易有选择性地注意到情境因素，而愤怒的人则更容易关注到人为因素（Keltner，Ellsworth and Edwards，1993）。

值得注意的是：深入加工策略和启发式策略，作为两种受情绪影响显著的认知加工过程，相互之间是可以进行转化的，这主要取决于加工对象的特点、加工任务的外在要求等因素(Forgas,1995a)。具体而言,在高兴情绪时人们通常会做出乐观积极的判断,这是一种启发式的决策模式,个体将情绪直接作为决策的信息线索,契合于情绪即信息的认知过程;但是,当个体在高兴情绪下遇到的认知任务略复杂或非典型的时候,便会自动进入深入加工的决策模式。比如当消费者面对不够熟悉的新产品,或产品信息中含有难以理解的技术指标时,就可能会自动进入深入加工的决策模式。

3. 评价倾向模型

Lerner和Keltner(2000)提出的评价倾向模型反映了情绪的动机性,研究者分析了情绪对认知影响的整个过程,提出"认知评价属性—评价倾向—认知加工—动机削弱"的过程模式。Han、Lerner和Keltner(2007)认为,情绪具有一些核心的认知属性或评价主题(appraisal theme),认知评价的核心属性会激发行为动机,产生认知评价的倾向性(appraisal tendencies)。比如,悲伤的核心特征是对不可挽回的缺失感(Lazarus,1991),伴随的行为目的是要改变当下的负面环境(Lerner,Small and Loewenstein,2004)。在产生了行为倾向后,特定情绪即会影响认知加工过程,主要体现在加工内容和加工深度两个方面。例如,在低确定性的动机倾向下完成风险/回报的选择任务时,个体所选择的是降低风险的任务;而在高确定性的动机倾向下,个体选择的是回报最大化的任务(Lazarus,1991)。这是在加工内容上的不同。在加工深度方面,高确定性可能使个体进入简洁、快速的启发式决策,而低确定性则使个体进入深入思考的精细加工模式(Tiedens and Linton,2001)。

经过了认知加工的过程后,个体会产生实际的判断或选择行为,之后情绪的认知倾向也会随之削弱。Han、Lerner和Keltner(2007)采用目标达成假说(goal-attainment hypothesis)和认知意识假说(cognitive-awareness hypothesis)解释了这一过程。目标达成假说认为,当情绪对应的认知事件已经获得解决,情绪的认知动机就会被削弱,此时,即便情绪的感受性依然存在,也不会相应产生认知上的倾向性了,因为个体的认知需求已经获得了满足(Frijda,1988)。认知意识假说认为,一般情况下,情绪对认知的影响是自发的、在无意识状态下产生的(Ekman,1992),但是如果个体意识到情绪对自己的认知判断会产生影响,那么情绪的认知倾向性将随即消失

(Schwarz and Clore，1983)。

（二）特定情绪影响下的消费者行为

依据 Russell(1980)提出的愉悦度（或称正负效价）和唤醒水平的情绪双维度理论，每种情绪都可以在由积极到消极和由困乏到唤醒的两个连续轴上定位出来，情绪在这两个维度上的坐标即决定了其对认知活动的影响方式。然而情绪的定位坐标不限于此，每一种情绪都具有自身的独特属性，笔者把这些具体的特质归纳为感知内容、动机目标、关系指向、认知评价四个方面，它涵盖了消费者在某一特定情绪影响下产生的逐层深入的心理过程。基于上述情绪对认知影响的机制模型，笔者认为每种情绪特质对认知影响的机制也是不尽相同的（如图 1-3 所示）。其中当感知内容和动机目标特质发生作用时，进入启发式策略，而当关系指向和认知评价特质发生作用时则进入深入加工策略，并且依据 Forgas(1995a)的观点，两种策略依据认知对象和情境的差异可以进行相互转化。本部分将在解释四种具体情绪特质的基础上对影响机制问题做进一步分析。

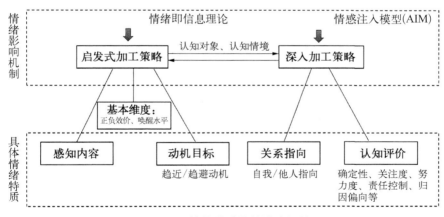

图 1-3 情绪特质及其影响机制

1. 特定情绪的感知内容特征

情绪的感知内容来源于个体对某一特定情绪的体验，个体将感知到的情绪内容作为一种认知线索，在进行产品选择和广告评价的过程中提取出与情绪内容一致的信息，并最终引发"一致性"效应（如 Kim, Park and Schwarz, 2010；Griskevicius, Shiota and Nowlis, 2010；Winterich and

Haws，2011；Agrawal and Duhachek，2010)。

　　Kim、Park 和 Schwarz(2010)在特定情绪和广告产品诉求之间验证了一致性效应。他们首先采用情绪研究中经常使用的故事回忆法启动消费者兴奋或平和的情绪,之后请消费者对某一旅游度假产品做出评价。研究发现,在兴奋情绪下,消费者对强调兴奋刺激体验的旅游产品评价更高；而在平和情绪下,消费者对体现悠然安静主题的旅游产品产生更为积极的期望和评价。更深一层地,情绪所蕴含的象征性内容也可以同产品类别特征建立一种匹配关系。Griskevicius、Shiota 和 Nowlis(2010)关注了骄傲(pride)和满足(contentment)这两类积极的特定情绪,发现当骄傲情绪被激发时,消费者更倾向于选择具有公共展示性的产品,如手表和鞋子,因为骄傲是一种获得成就后的感受,具有向公众展示,吸引众人目光的需求(Gilbert，2001)；而当满足情绪被激发时,消费者更倾向于选择那些具有舒适、熟悉、温暖意味的家用产品,如洗碗机和床,因为满足是基本的生理需求实现之后所获得的一种满意感(Berenbaum，2002)。即便针对同一种产品类别,当使用功能存在差异时,情绪也会左右消费者的选择。比如,在骄傲情绪下,消费者更倾向于选择具有外出功能的服装,而在满足情绪下则倾向于选择家居服(Griskevicius, Shiota and Nowlis, 2010)。

　　针对负面情绪,Agrawal 和 Duhachek(2010)在研究反酗酒广告的劝说效果时,关注了羞愧(shame)和内疚(guilty)两类情绪。研究者根据这两种情绪的感知内容对应设计了两类广告：一类强调酗酒产生不良后果时有他人作为旁观者的感受,即羞愧情绪的诱发；另一类针对内疚情绪内容,强调他人作为酗酒受害者时的体验。该研究探索了特定情绪内容与广告信息特征之间的匹配关系,结果发现了负面情绪中"一致性"效应的反转现象,因为匹配效应通常发生在正面情绪下,而在负面情绪状态中,个体倾向于改变和修复,表现为对不一致性的认同和对一致性的排斥(Agrawal and Duhachek, 2010)。

2. 特定情绪的动机目标特征

　　情绪会具有动机性,表现为一种在趋近(approach/promotion)或趋避(avoidance/prevention)动机上的倾向性(Higgins，1997)。Raghunathan 和 Pham(1999)的研究发现：虽然情绪的正负效价不同,但悲伤和高兴情绪都会增加人们对风险的寻求以及对奖励的敏感性,表现为一种趋近某一事物的目标导向;而焦虑和冷静情绪会增加个体对安全的担忧和对威胁的敏感性,表现为回避某一事物的目标导向(典型情绪见表1-1)。Higgins(1997)首先就趋近和趋避情绪的来源问题展开研究,发现当人们在对自我进行评价时,理想自我(ideal-self)与现实自我(actual-self)之间的差距评估会引发趋近的情绪体验,而应属自我(ought-self)与现实自我(actual-self)之间的差距评估则会引发趋避的情绪体验。当然,动机性情绪也可以通过短时激

表1-1 典型情绪的具体特征

情绪	认知评价特征							
	动机目标特征	关系指向特征	愉悦度	自我/他人责任/控制	确定性	关注度	努力度	人为/环境控制
高兴	+	+	+		+			−
沮丧	+	−	−	−	−			+
生气		+			+		+	−
乏味		−		+	−			
希望			+		−	+		+
害怕			−				+	+
厌恶		−	−		+			
挫败	+	+					+	
惊讶			+			+		
骄傲		+	+	+	+			−
羞愧			−	+				
内疚		−	−	+		−		
平和		−						
冷静	−							

说明:
动机目标特征:+代表趋近动机;−代表趋避动机
关系指向特征:+代表指向自我;−代表指向他人或社会群体
愉悦度:+代表高愉悦度;−代表低愉悦度
自我/他人责任/控制:+代表自我责任/控制;−代表他人控制
确定性:+代表高确定性;−代表低确定性
关注度:+代表高关注度;−代表低关注度
努力度:+代表高努力度;−代表低努力度
人为/环境控制:+代表环境归因控制;−代表人为归因控制
空格部分:该情绪在此维度上不具备显著特征
资料来源:根据 Smith 和 Ellsworth(1985),Markus 和 Kitayama(1991),Higgins(1997),Labroo 和 Rucker(2010)的研究整理

发而获得,但只有当个体关注情绪体验而非思考产生情绪的原因时,情绪才能与后续的认知任务之间建立动机趋向上的匹配关系(Labroo and Rucker,2010),这说明剥离了深入加工过程而获得的"一致性"效应遵循了直接、快速的启发式决策模式。

在消费者行为研究领域中,Labroo 和 Rucker(2010)与 Bosmans 和 Baumagartner(2005)均关注到了特定情绪的动机倾向性与认知对象特征之间的关系问题。所不同的是:前者研究的是消费者的即时情绪与之后呈现的广告唤醒情绪在动机倾向上的匹配性,他们认为如果先后感知到的两种情绪在动机倾向性上保持一致,就会增强个体认知加工的流畅性,使认知对象获得更积极的评价,并称之为指向匹配(orientation-matching perspective)效应;而后者关注的是消费者的即时情绪与由广告表达的目标内容(获取型或防御型目标)之间的匹配关系,提出只有当个体处于某一目标状态时(获取或防御),之后唤起的动机性情绪才能够成为一种信息的线索,启发人们做出决策(Bosman and Baumagartner, 2005),这也为情绪即信息的模式提供了佐证。

Louro、Pieters 和 Zeelenberg(2005)的研究则结合个体自身的目标特征(趋近型或趋避型),探索动机性情绪对个体购买行为的影响。他们以骄傲情绪为例,骄傲情绪可以扩展人们的注意和认知广度(Fredrickson, 2001),而降低消费者重复购买的意愿(Louro, Pieters and Zeelenberg, 2005)。但是,骄傲情绪对消费者购买行为的影响会依据人们即时的和长期的调节聚焦(self-regulatory)特征(趋近型和趋避型)而发生变化。在情境性或长期的防御(prevention)目标的诱发下,消费者会更加谨慎地去考虑已购买产品的缺失,此时只有强烈的骄傲情绪才可能降低重复购买的可能性。

3. 特定情绪的关系指向特征

情绪的关系指向特征是指某一特定情绪可以引导个体关注外部环境、他人抑或是自我,进而影响消费者对自身与产品、品牌或他人关系的认知。自我/他人指向(self-other focus)是涉及自我意识特征的一个情绪维度(Salovey, 1992; Wood, Saltzberg and Goldsamt, 1990)。情绪首先激活认知系统中个体对自我的概念认知,进而产生与之有关的行为,这实现了一种间接的、深入加工式的认知策略。指向自我的(self-focused/self-directed)情绪来源于个体内部的体验,个体自身的动机和需求是引发情绪的原因,这类情绪包括高兴、骄傲、生气、挫败等;相应地,指向他人的情绪建立在自我与他人的交互关系中,个体对自我的评估和情绪的感知常常是参照于他人或者是来源于他人的,在这类情绪体验中,个体注重他人的感受,诸如平和、共情、悲伤、愧疚等情绪(Markus and Kitayama,1991)。

在消费者行为研究领域,诸多学者探究了特定情绪的关系指向特征与广告信息指向的匹配性。Agrawal、Menon 和 Aaker(2007)的研究发现,当情绪指向与公益广告中的健康信息指向相匹配时,消费者更容易被劝说。具体而言,当消费者在他人指向的平和情绪状态下观看强调家人利益的健康公益广告时,或是在自我指向的高兴情绪下观看强调个人利益的广告时,人们对疾病的风险感知意识更强。此外,Cavanaugh、Bettman 和 Luce(2015)的研究还关注了积极情绪的社会联结(social connection)这一属性特征,发现社会关联型的积极情绪可以引发消费者对陌生的个体和组织做出亲社会行为,如典型的捐赠行为。三位研究者首先探究了爱、希望、骄傲这三类积极情绪在社会联结特征上的差异性,发现只有"爱"属于社会联结型情绪,并因此引发对陌生他人的帮助行为,即广泛的亲社会消费行为(prosocial consumption)。

情绪关系指向特征的跨文化研究表明,情绪的自我/他人指向在民族文化间的差异是十分显著的,这也说明了文化是形成和激发情绪体验的根源(Markus and Kitayama,1991)。在个人主义文化中,人们更强烈和频繁地报告自我指向的情绪;而在集体主义文化中,他人指向的情绪则更占主导(Markus and Kitayama,1991)。基于文化差异下的情绪指向问题,Aaker 和 Williams(1998)曾开展一项中美跨文化的比较研究。他们认为在个人主义文化背景下,个体具有独立自我(independent self)的认知特征,因而消费者会更偏爱唤起关注自我而非他人情绪和内容的广告;而在集体主义文化下,以相依自我(interdependent self)为主导的消费者则会有相反的偏好。

4. 特定情绪的认知评价特征

Smith 和 Ellsworth(1985)评估了 15 种特定情绪在愉悦度(pleasantness)、努力度(anticipated effort)、确定性(certainty)、关注度(attentional activity)、自我/他人控制(self-other control)、人为/环境控制(human-situational control)六个认知评价(cognitive appraisal)维度上的表

现,他们认为每种特定情绪都具有多种认知评价属性和一些核心特质,比如骄傲情绪的核心特质即为高确定性、低努力度以及人为控制(见表1-1)。认知评价特征超越了情绪效价维度的限制。例如高兴和生气虽然分属正、负情绪的两个类别,但均属于高确定性的情绪;希望和悲伤情绪被认为是同属缺乏确定性的类别(Roseman,1984;Smith and Ellsworth,1985)。不确定性高的情绪使得个体在后续的认知判断任务中,更易进入精细加工模式(Tiedens and Linton,2001),即情绪首先激发了记忆系统中固有的认知模式,进而引起认知动机和偏向,这契合于Lerner和Keltner(2000)在评价倾向模型中对情绪影响下的认知过程的论述。

Keltner、Ellsworth和Edwards(1993)关注了特定情绪的归因控制属性,发现悲伤情绪较愤怒情绪下,个体判断由环境因素引发的事件较由人为因素引发的事件发生的概率更大,反之亦然。Maheswaran和Chen(2006)则将这一归因特征引入来源国效应的问题中,考察了三类特定情绪:生气、悲伤和挫败感对来源国效应的影响。他们以美国消费者为研究对象,通过前测确定相机产品的优势来源国和劣势来源国,并同时操纵了产品的属性信息。研究发现:生气较悲伤情绪状态下,消费者对产品的评价更加受到来源国信息的影响;悲伤较生气情绪状态下,消费者对产品的评价更加受到产品属性信息的影响。这是由于生气情绪状态下,人们倾向于将事件的原因归为人为责任,而对于某一国产品来说,国家即为生产制造者,因此来源国信息会影响到个体对产品的态度。进一步地,即便是针对没有归因倾向的挫败情绪,通过操纵引发挫败感的事件来源(人为或环境导致)也能够得出同样的结论(Maheswaran and Chen,2006)。

(三)情绪具体特质与基本维度的影响作用分析

情绪是一个具有多重属性的综合体,情绪的两个基本维度(正负效价和唤醒水平)与情绪的各种具体特征之间,通常会相互作用,共同影响认知过程和结果。那么,如何考察某一特定情绪特征的影响作用和认知过程呢?一部分研究者采用了分离或排除其他情绪属性的方法,他们或在实验设计中控制无关属性,如Rucker和Petty(2004)在研究唤醒水平与产品选择之间的关系时,控制了情绪的积极程度属性;或引入不具备属性偏好的中性情绪进行对比检验,如Maheswaran和Chen(2006)在研究负面情绪归因特征与来源国效应关系时,引入不具备归因倾向(人为/环境)的挫败情绪。然而,另一部分研究者则并不致力于分离情绪属性的作用,而是考察不同的属性特征是如何交互影响认知结果的(如 Labroo and Rucker,2010;Winterich and Haws,2011)。综合这两种视角,笔者获得了情绪属性之间关系的基本结论。

第一,特定情绪的具体特征深入区分了正负效价维度对认知产生影响的条件。例如,Winterich 和 Haws(2011)的研究发现,在积极情绪下消费者的自我控制(self-control)能力增强,从而会减少对不健康食品的摄入。进一步地,Winterich 和 Haws(2011)的研究表明,同属正性情绪的骄傲、希望、高兴三种特定情绪下,由于消费者对过去、现在和未来的关注点(temporal focus)不同,会对不健康食品的选择倾向表现出差异。具体而言,关注未来的希望情绪可以强化自我控制性,拒绝不健康食品;而骄傲和高兴却使得消费者的享乐需求增加,对好吃而不健康的食品欲罢不能(Winterich and Haws,2011)。类似地,Fredrickson(1998)的研究表明,积极情绪具有扩大个体的注意、思维以及行为范围的拓展效应(broaden-and-build)。但是,特定情绪的社会联结属性则决定了拓展效应发挥作用的具体条件和方式。同属正性情绪的爱与高兴和骄傲相比,即因为其具有更强的社会关联性特征,从而引发消费者对陌生他人的更多亲社会消费行为(Cavanaugh, Bettman and Luce,2015)。

第二,正负效价维度也能改变情绪具体特质对认知的固有影响模式。基于情绪的一致性效应,特定情绪与认知对象特征会呈现出一种匹配关系。而负性效价属性则会使这种匹配关系发生反转。例如,在对广告信息进行加工时,Agrawal、Menon 和 Aaker(2007)的研究发现,负性效价可以使正性效价中存在的自我/他人情绪指向与广告信息特征之间的匹配关系发生反转。同样的反转现象也发生在 Bosmans 和 Baumagartner(2005)对情绪趋近/趋避动机倾向与广告信息的匹配关系中,以及 Agrawal 和 Duhachek(2010)对羞愧和内疚情绪下反酗酒广告的劝说效果研究中。对此,Agrawal 和 Duhachek(2010)进行了解释,他们认为在负性效价情绪状态下,个体具有修复性(repair)的动机,人们期望削弱负性情绪感受以及负性情绪的认知效应,从而通过对不一致性的认同和对一致性的排斥,使修复性需求得以实现,这可以理解为一种自我防御的过程(defensive process)。

第三,唤醒水平与特定情绪的具体特征之间不易产生交互作用。针对情绪基本属性中的唤醒水平维度,研究者们采用物理方法、音乐以及广告呈现等方式操作不同的唤醒水平,考察其对认知判断和行为选择的影响(Paulhus and Lim, 1994; Bodenhausen, Kramer and Süsser, 1994; Steenkamp, Baumgartner and Van der Wulp, 1996)。比如,Rucker 和 Petty(2004)在研究负面情绪唤醒水平时,将生气和悲伤两种特定情绪作为高、低两类唤醒水平。研究发现,生气情绪具有的高唤醒水平特征使得消费者在对旅游产品广告进行评价时,更偏向于活动丰富的旅游项目;在低唤醒水平的悲伤情绪时更偏向强调放松体验的旅游项目。而生气和悲伤情绪的其他特征,如人为和环境归因并没有作用于唤醒水平与认知对象特征之间的匹配关系。Labroo 和 Rucker(2010)在考察特定情绪的动机目标特征时,检验了唤醒水平的影响作用,也发现唤醒水平特征并不会影响情绪的趋近/趋避倾向与广告特征之间的匹配关系。

(四)可发展的研究方向

综观消费者行为研究领域中围绕情绪问题的研究,其涵盖的情绪具体特质在不断丰富,所涉及的消费现象也越来越广泛。但是,在未来研究中我们仍然可以在特定情绪相关的营销主题方向,以及特定情绪对消费者行为影响的过程和机制方面进行更深入的探讨。

首先,在拓展与情绪相关的营销研究主题方面。基于上述介绍的研究,我们可以了解到特定情绪对消费者的影响不仅仅局限于产品态度、广告评价、购买偏向等即时行为方面,也可以长期地影响到品牌情感等消费者—品牌关系方面(Cavanaugh, Bettman and Luce, 2015; Maheswaran and Chen, 2006)。比如针对情绪的归因特征,Maheswaran 和 Chen(2006)发现了其对长期来源国效应的影响;针对情绪的自我和他人关系指向特征,Aaker 和 Williams(1998)发现了其在跨文化营销中的差异性,也使得情绪成为在不同文化背景下建立长期品牌资产的一个重要参考因素。除此之外,Dunn 和 Hoegg(2014)的研究已经证明特定情绪对消费者与品牌的长期关系感知具有影响作用。他们发现当消费者处于害怕情绪时,即便对于陌生的虚拟品牌,也会较中性情绪下产生更强的品牌情感依恋。研究者认为,这是由于在害怕情绪体验下,消费者会产生渴望被保护以及附属关系的需求,因而与陌生品牌之间建立起依恋情感。

　　基于此,如果通过具体营销措施实现的即时情绪操作,可以改变消费者对品牌的负面情感和不良的刻板印象,从而全面提升消费者—品牌关系质量,这对于营销者们来说无疑具有更重要的实践意义,也是我们在未来研究中应该着重关注的方面。比如依据全球化和本土化品牌定位的含义(Alden, Steenkamp and Batra, 1999),企业在建立长期品牌发展战略时,可以考虑在传递全球定位的品牌信息中使用具有向外获取成功特质的趋近型情绪要素,而在塑造本土品牌形象时,考虑运用具有向内回避风险特征的趋避型情绪,从而获得积极的品牌态度,使得情绪也可以成为品牌全球化和本土化定位策略的实施要素。针对品牌价值观的问题,我们还可以依据人类情绪和价值观的关系,延伸至品牌价值观表达的应用性研究主题上。这类围绕品牌概念和理论展开的消费者视角研究,在本书的后续章节会进行详细地介绍。

　　除此之外,特定情绪对认知影响的过程和机制问题还有待深入探讨。比如:何种产品、品牌或购买情境因素会成为激发某一情绪特质发挥作用的重要条件?各种情绪特征影响下的认知策略存在何种差异?基于Forgas(1995b)对情绪影响下的认知机制分析、Lerner和Keltner(2000)提出的认知评价模型,可以通过信息加工的时间、加工的深度以及所获得的"情绪一致性"效应的程度来区分启发式策略和深入加工策略。依据我们对特定情绪特质的分类和理解,情绪的感知内容特征和动机目标特征很可能唤起的是启发式策略,而关系指向特征与认知评价特征则对应于深入加工策略,但目前这些针对特定情绪的区分指标还没有在实验研究中获得充分证明。这类机制性问题,本书也会结合具体的品牌研究主题进行深入地解释和区分。

第二节　自我/他人指向型情绪对广告评价的影响

　　本节提供了情绪对广告态度影响的一个研究实例,基于具体情绪的自我/他人指向特征开展实验研究。基于上一节的介绍,有一些情绪的产生源于个体对自我的内在感受,而另一些情绪则指向自我与他人的关系,研究者认为情绪的自我/他人指向性会影响到个体的动机需求、认知判断等诸多层面的心理特征和行为表现(Markus and Kitayama,1991),本书将其称为"特定情绪的关系指向"。情绪的自我/他人指向维度对于理解消费者行为的帮助是很大的,大量的产品和服务可以在消费者单独或与家人和朋友一起时使用。因此,广告信息既可以关注消费者个人诉求,也可以聚焦家庭群体诉求。那么,自我/他人关注的信息如何产生有效的沟通和劝说效果呢?这在以往的研究中并不多见。在本研究中,笔者认为情绪的指向性与广告信息的指向性之间存在的一致性关系可能会影响广告的传播,通过两个实验研究考察积极情绪范畴中的自我/他人指向情绪对不同类型的广告劝说效果的影响。实验1关注高兴和平和情绪,这是具有自我意识倾向的典型情绪(如 Aaker and Williams,1998;Agrawal,Menon and Aaker,2007)。实验2引入骄傲和共情情绪,进一步证明实验1结论的可靠性和普适性。

一、理论背景

指向自我的情绪来源于个体内部的体验,个体自身的动机和需求是引发情绪的原因,这类情绪包括高兴、骄傲、生气、挫败等;相应地,指向他人的情绪建立在自我与环境和他人的交互关系中,个体对自我的评估和情绪的感知常常是参照他人或者源于他人,在这类情绪体验中,个体注重他人的感受,内在的自我体验在与外在他人交互的过程中才会获得平衡,指向他人的情绪包括平和、共情、悲伤、愧疚等(Markus and Kitayama,1991)。Markus 和 Kitayama(1991)认为情绪指向性的形成应溯源于民族文化背景上的差异性:在个人主义文化中,人们把自己视为与他人相独立的、完整的个体,因而更强烈和频繁地报告自我指向的情绪;而在集体主义文化中,人们把自己放在与他人的关系中来看待,因而他人指向的情绪则更占主导。

针对情绪指向与认知加工之间的关系,在 Agrawal、Menon 和 Aaker(2007)关于情绪与健康意识关系的研究中获得证明。他们发现,对于正向情绪,当情绪指向(他人关注或自我关注)与健康信息指向(家人或个人)相匹配时,人们对疾病的风险感知意识增强。从情绪认知指向的文化差异角度,Aaker 和 Williams(1998)也曾做出过假设,他们认为在个人主义文化背景下消费者会更偏爱唤起关注自我而非他人情绪和内容的广告；而在集体主义文化背景下，消费者则会有相反的偏好。但是，这一假设最终没有获得证明，研究者认为这可能是情绪唤起不够强烈，也可能是消费者认知精力分配的问题。

基于文化的自我建构与认知信息之间的匹配关系已经得到了广泛的证明（如 Aaker and Lee，2001；Aaker and Williams，1998；Swaminathan，Page and Gürhan-canli，2007）。这些研究均发现在集体主义文化中，或是在相依自我被激活的状态下，消费者更青睐于强调"我们""家庭""朋友"的广告和产品信息；在个人主义文化中，或是独立自我被激活的状态下，个体更偏爱于强调"个人""独特性""自我表现"等内容的信息。如果情绪的认知指向性与加工信息指向之间也存在类似的匹配关系，那么自我指向的情绪应该与强调"个人"的加工信息相匹配，他人指向的情绪应该与强调"我们"的加工信息相匹配。而当情绪指向与信息指向相匹配时，会有利于信息加工的流畅性，并获得更积极的评价态度。由此，本研究提出如下假设：

H1：在指向自我的情绪状态下（高兴和骄傲），关注个人较关注家庭诉求的广告更有效。

H2：在指向他人的情绪状态下（平和和共情），关注家庭较关注个人诉求的广告更有效。

二、实验1：高兴和平和情绪与广告信息指向之间的匹配性

（一）实验设计和执行过程

实验1通过公开招募的形式，在上海某985高校招募到112名本科学生参加实验，并且保持相对平衡的性别比例（男生占47.9%）。实验采取集体施测的方式，约20～30人一组进行施测，每个参与者会获得一份价值5元的礼物，除此之外，每组会进行一次抽奖，中奖者获得100元的现金奖励。112名被试被随机分派到4个实验组，本实验为2（情绪：高兴/平和）×2（信息指向：个人/家庭）的组间实验设计。因变量为产品购买意愿。

每组实验均由同一名主试主持，并且采用了双盲实验设计，即主试和被试均不知道实验的目的。被试被告知此实验分为两个部分，首先是请他们回忆一段故事，之后完成对一个广告产品的评价，两部分之间没有关联。第

一个实验任务即为情绪启动,研究者借鉴了 Tiedens 和 Linton(2001)与 Agrawal、Menon 和 Aaker(2007)的研究,采用故事回忆的方法来启动即时情绪状态。针对一半的被试,主试要求他们尽可能详细地回忆一次他们感到高兴、快乐的经历,主试进一步提示被试"回忆的时候要想想事情是怎么样发生的,你当时的感受、表情如何,有没有具体的画面浮现在脑海中……"之后,被试有 10~15 分钟的时间把想到的故事写下来。相应地,请另一半被试回忆他们感到平和、安宁的情绪体验。当被试完成之后,主试发放情绪评定量表,请被试根据当时的情绪体验程度对六个描述情绪状态的形容词进行 1~7 的等级评分,7 表示"非常强烈地感受到",1 表示"一点没有感受"。参照 Agrawal、Menon 和 Aaker(2007)的实验,六个形容词分别是:表达平和情绪的"平和""宁静""安详",表达高兴情绪的"高兴""欢快""喜悦"这些形容词以随机顺序的方式呈现给被试。高兴情绪量表的内部一致性系数 α 为 0.82,平和情绪量表的内部一致性系数 α 为 0.83。

在第二部分的实验任务中,被试被告知要对一个即将上市的果汁饮料进行评价,表达购买这款新产品的可能性。研究者选择果汁产品是考虑到这是学生群体熟悉而且具有购买力的一个品类,采用了虚拟品牌名称"万奇"。在"个人"指向的广告语中涉及的代词为"您""一个人""您自己",而在"我们"指向的广告语中涉及的代词为"全家人""你们"。除此之外,在"个人"指向的广告中,我们将一个女性形象作为人物背景,而在"我们"指向的广告中,设计了四口之家的人物背景(见附录1-1)。在正式施测前,研究者对产品广告进行了前测,选取了 50 名大学生被试,随机分为两组,请两组人员分别对"个人"指向广告或"我们"指向广告进行评价,评价的内容包括对产品本身、广告背景、广告人物图片、产品属性描述四方面的评价,评价采用 1~7 的程度等级评分,从"非常不喜欢"到"非常喜欢",结果表明在上述四个评价维度上,两组被试均不存在显著差异,并且评分均保持在 3.73~4.67 的中等偏好水平,对"万奇"这一品牌名称表示陌生(熟悉度 $M=1.46$,$SD=0.83$)。由此说明,两类广告在喜好度上不具有差异性,均达到中等水平。在完成了第二部分的任务后,被试需回答与背景相关的题目并猜测测试目的。

(二)实验结果

去除情绪回忆失败和猜出实验目的的被试问卷,最终在 112 份问卷中共获得96个有效数据,问卷的有效利用率为86%。研究结果采用 SPSS 16.0 进行统计分析。

1. 情绪启动的检验

研究采用方差分析检验回忆高兴情绪的实验组与回忆平和情绪的实验组在情绪评定分数上是否存在显著差异,结果发现:在高兴分量表上,高兴组的分数显著高于平和组($M_{高兴组}=5.12$,$SD=1.02$;$M_{平和组}=4.54$,$SD=1.07$;$F(1,94)=7.29$,$p<0.01$);在平和分量表上,平和组的分数显著高于高兴组($M_{平和组}=5.63$,$SD=1.78$;$M_{高兴组}=4.40$,$SD=1.45$;$F(1,94)=20.81$,$p<0.001$)。以上数据说明情绪启动的操作成功。

2. 因变量的检验

以"您购买万奇果汁的可能性"为具体测项,按照1~7的等级评分,7分表示"非常有可能购买",1分表示"完全不可能购买"。采用2(情绪:高兴/平和)×2(广告:个人/家庭)方差分析,发现情绪和信息指向主效应不显著,但交互作用达到显著水平($F(1,92)=5.20$,$p<0.05$)。进一步的简单效应分析表明:在高兴条件下,向被试呈现"个人"指向的果汁广告较"家庭"指向的广告会使被试产生更强的购买意愿,并达到边缘显著水平($M_{个人}=5.59$,$SD=1.26$;$M_{家庭}=4.89$,$SD=1.20$;$F(1,95)=3.02$,$p=0.09$);在平和条件下,向被试呈现"家庭"指向的广告较"个人"指向的广告会使被试产生更强的购买意愿($M_{个人}=4.89$,$SD=1.76$;$M_{家庭}=5.58$,$SD=1.59$;$F(1,95)=3.22$,$p=0.08$),并达到边缘显著水平(见图1-4)。由此,H1 和 H2 获得证明。

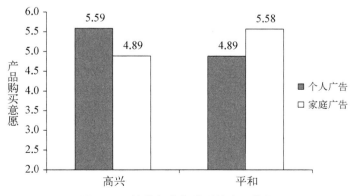

图1-4 情绪与广告类型的交互作用

三、实验2：骄傲和共情情绪与广告信息指向之间的匹配性

实验1以产品购买意愿为因变量，基本证明了H1和H2的成立，即当情绪指向与信息指向相匹配时较不匹配时会使消费者产生更积极的评价。实验2期望在其他因变量上（如广告喜好度和产品态度）继续证明情绪指向与信息指向之间的交互作用。另外，实验2关注了另两类具有认知指向性的情绪：自我指向的骄傲情绪和他人指向的共情情绪，旨在证明实验1所得结论的普适性。

（一）实验设计和执行过程

通过公开招募的形式，在上海某二批本科高校招募到110名本科学生参加实验，并且保持相对平衡的性别比例（男生占55.7%）。研究仍然采取集体施测的方式，20～30人一组参加实验，每个参与者均会获得一份价值5元的耳机。同实验1的设计，实验2也是2（情绪：骄傲/共情）×2（信息指向：个人/家庭）的组间实验设计。与实验1唯一的不同是情绪自变量的两个水平更换为骄傲和共情，因变量分别为产品态度和产品购买意愿。

每组实验均由研究者本人主持，保证了一致性的主试态度和指导语。实验依然分为情绪启动和广告评价两个部分。第一部分采用故事回忆的方法来启动即时情绪状态。针对一半的被试，主试要求他们尽可能详细地回忆一次让他们感到特别骄傲的经历，并用10～15分钟的时间进行详细的描述。相应地，请另一半被试回忆他们获得共情感的情绪事件，由于共情情绪不像平和体验一样容易获得和表达，因而我们对共情感进行了解释："你所感受到的是一种情感的相通，可以站在别人的角度去理解事情，就像是产生了某种共鸣的感觉。"当被试完成情绪故事的回忆之后，主试发放情绪评定量表，请被试根据当时的情绪体验程度对六个描述情绪状态的形容词进行1～7的等级评分，7表示"非常强烈地感受到"，1表示"一点没有感受"。这六个形容词分别是：评定骄傲情绪的"骄傲""自信""激动"，评定共情情绪的"感动""温暖""充满感情的"。情绪词的选择同样参照了Agrawal、Menon和Aaker(2007)的研究。

第二部分的实验任务同实验 1,被试需要对指向"个人"或指向"家庭"的"万奇"果汁产品进行评价。借鉴 Swaminathan、Page 和 Gürhan-canli(2007)的研究,测项包括对果汁质量、万奇品牌以及对产品整体喜好度的四道题目;购买意愿测项同实验 1,同样进行 1~7 的等级评分。在完成了第二部分的任务后,被试需回答自身对果汁产品的饮用习惯和与背景相关的题目,并猜测实验目的。

(二) 实验结果

根据情绪回忆和问卷质量删除无效问卷,最终在 110 份问卷中获得有效问卷 90 份。实验 2 中无效问卷的产生主要是由于在对共情情绪事件的回忆上,有被试无法很好地理解情绪的意义,所回忆的事件与此情感无关。研究结果采用 SPSS 16.0 软件进行统计分析。

1. 情绪启动的检验

研究采用方差分析检验回忆骄傲情绪的实验组与回忆共情情绪的实验组在情绪评定分数上是否存在显著差异,结果发现:在骄傲分量表上,骄傲组的分数显著高于共情组($M_{骄傲组}=4.73$, $SD=1.38$; $M_{共情组}=3.80$, $SD=1.34$; $F(1, 89)=10.27$, $p<0.01$);在共情分量表上,共情组的分数显著高于骄傲组($M_{共情组}=4.98$, $SD=1.30$; $M_{骄傲组}=4.37$, $SD=1.45$; $F(1, 89)=4.30$, $p<0.05$)。以上数据说明情绪启动的操作成功。其中,骄傲分量表的内部一致性系数 α 为 0.76,共情分量表的内部一致性系数 α 为 0.70。

2. 因变量的检验

因变量由产品态度和产品购买意愿两部分组成。产品购买意愿的评价项目如实验 1,由一个测项构成。产品态度由四个测项构成,其内部一致性系数 α 为 0.75。

采用 2(情绪:骄傲/共情)×2(广告:个人/家庭)的方差分析,当以产品态度为因变量时,情绪和广告主效应不显著,交互作用达到显著水平($F(1,89)=11.50$, $p<0.001$)。进一步的简单效应分析表明:在骄傲条件下,向被试呈现"个人"指向的果汁广告较"家庭"指向的广告会使被试产生更积极的产品态度,差异达到边缘显著水平($M_{个人}=4.11$, $SD=1.24$; $M_{家庭}=3.33$, $SD=1.27$; $F(1, 89)=3.58$, $p=0.062$);在平和条件下,向被试呈现"家庭"指向的广告较"个人"指向的广告会使被试产生更强的产品态度

($M_{个人}=2.81$,$SD=1.21$;$M_{家庭}=3.83$,$SD=1.23$;$F(1,89)=7.01$,$p=0.01$),达到显著水平(见图1-5)。

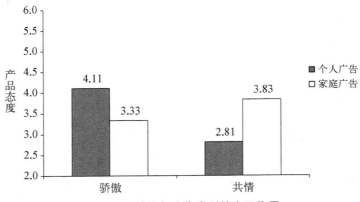

图1-5 情绪与广告类型的交互作用

当以产品购买意愿为因变量时,情绪和广告的主效应均不显著,交互作用达到显著水平($F(1,89)=9.06$,$p<0.01$)。进一步的简单效应分析表明:在骄傲条件下,向被试呈现"个人"指向的果汁广告较"家庭"指向的广告会使被试产生更积极的购买意愿,达到边缘显著水平($M_{个人}=4.95$,$SD=1.62$;$M_{家庭}=3.93$;$SD=1.62$;$F(1,89)=3.63$,$p=0.06$);在共情条件下,向被试呈现"家庭"指向的广告较"个人"指向的广告会使被试产生更强的购买意愿($M_{个人}=3.48$,$SD=1.99$;$M_{家庭}=4.61$,$SD=1.50$;$F(1,89)=4.81$,$p<0.05$),达到显著水平(见图1-6)。由此H1和H2再次获得证明。

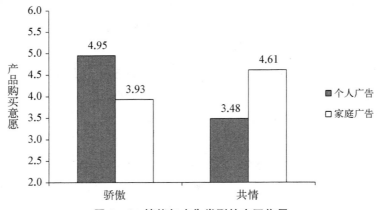

图1-6 情绪与广告类型的交互作用

四、结论与讨论

本研究通过两个实验证明了情绪的自我/他人指向性与广告信息中"个人"和"家庭"指向性的匹配关系,当情绪指向与认知指向相匹配时获得了更为积极的消费者态度,反之亦然。以往关于情绪对认知的影响多关注于正负效价这一基本维度,对具体情绪的影响作用探究并不丰富;即便是在具体情绪的研究中,也多围绕 Smith 和 Ellsworth(1985)提出的六种认知属性。本研究所关注的自我/他人的认知特征,丰富了具体情绪对认知影响的研究内容,也将情绪的基础研究引入消费者行为学的研究领域。另外,本研究采用实验的方法,也使得基于文化差异的情绪特征论述获得了实证研究的有力支持。在实践应用方面,本研究的结论为具体营销措施的制定提供了参考,使营销者可以结合不同的广告内容或主题激发消费者相应的即时情绪同时,激发情绪的手段不仅限于故事回忆,音乐和视频都是情绪启动的有效工具。

本研究主要关注积极的具体情绪与加工信息之间的匹配关系,那么,在负性情绪中是否也具有此种匹配性呢?有研究发现,在负性情绪中存在着匹配关系逆转的现象,即当情绪特征与信息特征不匹配时较匹配时获得了更为积极的消费者态度和行为选择倾向(如 Agrawal, Menon and Aaker, 2007;Agrawal and Duhachek, 2010)。那么,针对具有自我/他人认知特征的负性情绪范畴,是否也会普遍存在匹配反转的现象呢?这是以后研究需要进一步验证的方面。最后,本研究关注的是同一文化背景下的群体在启动即时性的自我/他人指向情绪时的认知特点;由于自我/他人指向情绪是具有文化差异性的,所以跨文化的比较研究将是未来一个十分有意义的研究方向。

附　　录

附录 1-1
"个人"组广告

"家庭"组广告

第二章
情绪对品牌来源国效应的影响

在品牌全球化的大背景下,商业品牌与其来源国国家形象之间的关系愈发密切,在不少国家,企业的品牌战略已逐渐上升至国家战略层面。例如,早在2009年,韩国就成立了国家品牌委员会,专门开展针对"国家作为品牌"的战略和工作。近年来,我国也相继设立了"国家品牌计划"和"中国品牌日",旨在提高我国自主品牌的影响力和认知度,促进能够代表中国国家形象的品牌参与全球商业竞争和文化交流。与此相对应,在学术领域,研究者们达成共识,认为产品和品牌的来源国家也可以同商业品牌一样,为产品带来附加值,从而成为一种重要的资产来源(Pappu and Quester, 2010)。国家品牌在来源国概念的基础上具有更多情感和精神的内涵(Olin, 2002),其所具备的独特资产也被认为是"消费者对于某一产品或品牌所产生的、仅与特定国家有关的情感"(Iversen and Hem, 2001)。

那么,如何建立国家品牌资产,发挥国家品牌的杠杆力呢?国家形象的宣传、文化产品的推广、重大国际会议和赛事的主办等均可能成为提升国家品牌资产的有效方式(Dinnie, 2004)。例如,在中国举办的G20峰会和"一带一路"高峰论坛中,中国文化元素的运用成为国际会议的亮点,有效凸显了积极而独特的中国国家形象。其实,文化的传递方式可以是多种多样的,具体情绪的关系指向性即反映了文化特征;那么,当消费者情绪与品牌的来源国文化特征相联结时,可能会影响消费者的品牌态度和选择。本章的主题即围绕个体情绪如何影响来源国效应的问题展开,进而从营销实践的角度,探讨国家(来源国)资产如何通过消费者的情绪唤醒影响品牌资产的问题。

第一节　来源国效应研究中的基本问题

一、来源国的概念介绍

来源国或原产地(Country of Origin，CoO)在营销学领域中是一个既经典又不断发展的概念。最初，来源国主要是指货物或产品的生产地或制造地，因而也被称为制造国(country of production or manufacture)，制造国信息可以通过产品上的"Made in"标志直接获得(Dichter，1962)。然而，随着经济全球化时代的到来，多重杂交的产品不断涌现出来，所谓"杂交产品"，是指某些产品在总部国家进行设计，但是某些部件的生产或组装是在其他国家完成(吴坚和符国群，2007)。如同 Nike 品牌的产品设计来自美国，但是生产加工往往在人工成本相对低廉的发展中国家完成；又如人们一般认为 Sony 的来源国是日本，但是其部分产品是在新加坡进行组装。这就使得来源国的概念越来越模糊和复杂，一些学者认为制造国对产品评价的影响正在日趋弱化(Hester and Yuen，1987；Pharr，2005)；而另一些学者则认为应该对模糊的来源国概念做进一步地细分，比如 Al-Sulatti 和 Baker(1998)即认为产品应该明确地标出"某国组装""某国制造"等信息。Jaffe 和 Nebenzahl(2001)提出来源国应该具体地分为产品制造地、产品设计地、产品联系地、产品关键部件制造地、产品组装地。针对来源国概念的不同理解方式，我国学者田圣炳(2008)认为来源国有广义和狭义之分，广义的概念就是指与某产品或服务相联系的地点(国家或经济体)，它涵盖了上述 Jaffe 和 Nebenzahl(2001)提出的多重来源国概念；而从狭义层面上来看，来源可以理解为是概念群中的一个子概念，比如来源国可以是品牌来源国，也可以是产品组装地等。在诸多的来源国子概念中，尽管产品制造地、产品组装地等概念在消费者购买决策中的作用可能在减弱，但是品牌来源地的效应却始终保持着显著性(Phau and Prendergast，2000；Thakor and Kohli，1996)，就如同无论哪个国家的消费者都会认为 Nike 是来自美国的品牌，Sony 是来自日本的品牌，而不会受到生产地或零部件组装地的影响。

在本章中，笔者采用狭义层面上的品牌来源国概念。品牌来源国是指无论某一产品或品牌产自哪里,消费者都把它与该国联系起来,认为该产品或品牌源于某国(Nebenzahl,Jaffee and Lampert,1997)。

(一)来源国形象与来源国效应

Schooler(1965)最早提出来源国效应的概念,他开创性地认为,消费者在长期接触和了解不同国家的产品之后,会产生对这些国家所生产的产品的一般性认识,这些认识会继而对具体产品的评价产生影响,最终影响消费者的购买行为。

在这一描述中,消费者对国家的一般性认识即是"来源国形象"。来源国形象可以从国家和产品两个层面来理解:在国家层面上,来源国形象是个体对某国具有的各种信念的总和,如 Jaffe 和 Nebenzahl(2001)所概括的:来源国形象是目标市场的消费者对产品的原产地/原产国的内在印象,是消费者对该国的一种总体性感知;从产品层面上,来源国形象则是个体对某国品牌或产品的印象(Kleppe,Iversen and Stensaker,2002),如 Han(1990)认为来源国形象就是消费者对某国制造的产品的总体感知。本研究借鉴的是产品层面的来源国形象概念。

来源国形象是随着一个国家的形成和发展逐步形成的,它受到了国家经济、文化、政治、宗教信仰等多方面因素的影响。一般来说具有强大政治、经济与文化影响力的国家和经济体在国际市场上有更大的话语权,在影响消费者的心理认知上就处于相对优势的地位(田圣炳,2008)。除此之外,一些特殊的历史事件也是影响来源国形象的因素,例如在经历过大屠杀事件的中国南京,消费者对日本产品表现出强烈的排斥性(Klein et al.,1998)。当来源国形象对与该国或该地相关的产品和品牌的评价产生影响时,也就形成了来源国效应(Jaffe and Nebenzahl,2001)。

(二)来源国刻板印象与来源国效应

从社会认知的角度来看,来源国形象也常被视为一种刻板印象,即消费者"基于先前对一个国家生产和销售产品方面的能力判断,形成对这个国家产品的整体性感知"(Roth and Romeo,1992)。依据这种刻板印象,消费者会将来源国作为信息加工的线索,进行启发式的快速决策(Maheswaran,1994)。也就是说,来源国刻板印象是来源国效应的前因变量,通过消费者对来源国的刻板印象将国家和产品联结起来。

刻板印象在本质上是个体对某一群体所形成的总体性的社会认知结构,是对该群体在性格、态度和行为上的认识和信念(Greenwald and Banaji, 1995; Hilton and Von Hippel, 1996)。相应地,来源国的刻板印象是一种人们已经形成的关于一国生产、制造产品的能力、水平的印象,该种印象会引发消费者对整个国家产品的刻板性认知,进而对来自该国的产品评价和购买行为产生直接影响(Nagashima, 1970; Maheswaran, 1994)。来源国的刻板印象可以是积极的,也可以是消极的,同时,它又通常是一种缺乏准确性的、过于主观的认知结构,因而容易导致消费者对某国产品形成认知上的偏差(Johansson, Ronkainen and Czinkota, 1994)。

关于来源国刻板印象对来源国效应的影响机制,Blair和Banaji(1996)将其概括为两个认知过程:自动化(automatic)过程和控制化(controlled)过程。在自动化过程中,当个体面对刻板化的认知对象时,与其相对的刻板印象受到自动化的激活(Martin, Lee and Lancy, 2011)。比如,消费者一旦看到一个来源国线索,如"Made in"标签,就会自动激发来源国刻板印象。这种激活的过程通常是无意识的,不需认知努力的卷入;只要存在激活线索,个体记忆中与之相关的刻板化认知就会很容易被提取出来(Devine, 1989; Banaji and Hardin, 1996; Greenwald and Banaji, 1995)。控制化的过程是卷入了个体认知努力的来源国刻板效应的作用过程(Blair and Banaji, 1996)。也就是说,当个体对刻板化群体进行评估时,如果卷入了自身的认知努力,或者是当个人的认知与激活的刻板印象不一致时,刻板印象的激活效果就会被削弱,这也是去刻板化的过程(Devine, 1989; Martin, Lee and Lancy, 2011)。控制化过程的机制常被借鉴,作为负面来源国效应反转研究的理论基础(如Lotz and Hu, 2001;江红艳和王海忠,2011)。研究者们通过对产品属性信息的操控,或是对个体认知模式的引导来激发去刻板化的认知过程。当去刻板化的信息(例如负面来源国中的优势产品信息)具有可及性、容易被激活时,固有的刻板化信息就会被抑制,由此,可能削弱刻板印象或使得刻板印象反转(Martin, Lee and Lancy, 2011)。

(三)来源国信息与其他产品信息

一般来说,产品自身所具有的属性可分为两类:一类是内部属性,包括质量、颜色、风格等,另一类是外部属性,包括价格、渠道、来源国等(Bloemer, Brijs and Kasper, 2009; Jacoby, Olson and Haddock, 1971)。来源国作为外部属性信息,通常是与其他属性共同作用于消费者的产品评价和购买行为。其中,产品属性信息与来源国信息之间的关系尤为受到关注,产品属性信息的丰富性、是否具有诊断性以及呈现方式均会对来源国效应产生影响(Hong and Wyer, 1990; Maheswarant, 1994; Zeithaml, 1988)。当产品属性信息是不明确的、缺乏的、可及性差的时候,消费者倾向于依据来源国刻板印象做出判断(Zeithaml, 1988; Maheswarant, 1994)。除此之外,来源国效应的发挥还受到信息呈现方式的影响,如果来源国信息出现在产品属性信息之前,那么来源国效应的作用就会变得显著,在此情况下,消费者会依据来源国形象对属性信息进行加工(Hong and Wyer, 1990)。随着研究的深入,有学者将产品属性信息进了细化,比如我国学者吴坚、符国群和丁嘉莉(2010)将产品的属性信息分为了能够通过比较直观地得出评价的搜索性信息(如汽车产品的油耗),和很难做出直接评价的信任性信息(如汽车产品的信任性)。他们的研究证明了品牌来源国在不易做出评价的产品属性上会发挥显著的作用,而对搜索性信息的评价则不会产生影响。

值得注意的是,来源国信息与产品内在属性信息在共同作用于产品评价的同时,也是相互影响的。在一些情境下,消费者需要依据来源国信息对产品属性信息做出评价;在另一些情况下,产品属性信息又作用于来源国效应,出现负面来源国效应的反转,或是正面来源国效应的削弱(Bloemer, Brijs and Kasper, 2009)。除此之外,品牌名称、零售商名称以及品牌代言人信息也能够影响来源国效应。如果提供给消费者著名的品牌名称信息,那么来源国形象的影响就会减弱(Johansson, Douglas and Nonaka, 1985)。

二、来源国效应的表现

(一)来源国效应在不同消费群体中的表现

首先以美国消费者为例,请美国消费者评价日本、美国、德国、韩国的各种品类的产品质量,发现韩国产品获得的质量评价最差,日本产品获得的评价最为积极,优于美国和德国(Chao, 1989; Cordell, 1992; Johansson,

Ronkaninen and Czinkota，1994）。再以中国消费者为例，在来源国效应研究的早期，Krishnakumar（1974）以中国台湾的消费者为调查对象开展研究，发现中国消费者更青睐于外国产品而非本国产品，他们认为美国的产品总体上具有相对高的价格，但也具有高耐用性、高质量和创造性的特点。Yong（1996）的研究在中国大陆开展，他请300名消费者评价来自美国、日本、韩国的产品，产品包括了属耐用品类的电视机和非耐用品类的服装。研究发现，从总体上来看，中国消费者对美国和日本的产品评价要优于韩国产品，对美国和日本产品的来源国形象认知没有显著的差异。王海忠和赵平（2004）通过美国、日本、中国和西欧国家在各个品类上获得的中国消费者的评价表明，美国和日本的来源国形象最为积极，欧洲国家的来源国形象不佳，中国的来源国形象提升空间还很大。在来源国效应研究的早期，中国作为产品和品牌的来源国的负面影响是明显的，无论是在本国消费者的印象中，还是在其他国家和地区的消费者刻板印象中均存在来源国的劣势效应。具体而言，亚洲消费者对中国产品的评价低于日本产品（Khanna，1986）；在中东国家如沙特阿拉伯和巴林，消费者对中国产品的评价同样低于日本产品，也不及美国产品和德国产品（Yavas and Alpay，1986）；在发达国家美国，对中国为制造国的产品的评价低于韩国、日本、美国为制造国的产品，尤其在耐用品类上差异更为明显（Hugstad and Durr，1986）。

（二）来源国效应在不同产品类别上的表现

来源国效应在各个产品类别上是存在差异的（Roth and Romeo，1992）。诸如日本的电子产品、汽车在产品质量上占有绝对优势，美国的科技产品和运动产品，法国的葡萄酒普遍被认为优于其他的国家（黄合水，2003）；而被冠以法国名称的香水与其他国家的产品相比，也被认为是增添了享乐主义的色彩（Leclerc，Schmitt and Dube，1994）。从选购品和耐用品的品类划分角度来看，对于比较复杂的、消费者不熟悉的选购品，来源国效应会获得强化；对于相对简单的、消费者熟悉的耐用品，来源国效应会被削弱（Eroglu and Machleit，1989）。在更深入的研究中，依据来源国形象在温暖（warmth）和能力（competence）两个维度上的特点，研究者将产品类别与国家优势进行了匹配，他们请德国消费者对欧洲国家的形象和产品进行了评价，所获得的结果是：在温暖评价上较高而在能力评价上较低的国家（如意大利),在享乐性产品和高接触性服务(high-contact services)的产品中具有来源国的优势效应;在温暖评价较低而能力评价较高的国家(如英国),实用性产品和低接触性服务的产品中具有来源国的优势效应;对于两个维度上评价均高的国家(如法国),具有普遍层面上的来源国优势效应;而两个维度上获得评价均低的国家(如比利时)急需提高国家的知名度(Lee and Fiske,2006)。

虽然上述研究证明了来源国效应在品类上的差异性,但是也有学者通过对以往研究的元分析指出来源国效应受产品类别的影响是微小的(Peterson and Jolibert,1995),也就是认为来源国效应受整体来源国形象的影响,而广泛地存在于各种商品的类别中。由此,我们可以发现来源国效应广泛地存在于各个国家的消费者之中,也具有差异化地存在于各个产品类别上。除此之外,在问世已久的商品之中,以及刚刚问世的新产品中也被证明有来源国效应的存在(Agarwal and Sikri,1996)。针对不同类型的购物决策,Bilkey 和 Nes(1982)曾提出来源国效应不仅影响着产业购买决策,也影响着个体消费者的购买行为。

三、基于消费者层面对来源国效应的影响因素分析

来源国效应的影响因素可以分为三个方面:来源国形象、消费者和产品本身。本研究所关注的是从消费者的角度,通过引发消费者的情绪体验,在不同的认知模式下考察来源国效应,因而,结合消费者特征对来源国效应的影响进行如下分析。

(一)消费者特征对来源国效应的影响

1. 消费者的知识背景

消费者的知识背景包括了消费者对产品品类的熟悉度,也包括了对产品来源国的知晓程度。Maheswaran(1994)的研究发现对于新问世的笔记本产品,对品类熟悉的专家和不熟悉的新手在对产品进行评价时受到来源国效应的影响程度是不同的。在产品属性信息模糊的情况下,专家和新手均要依赖来源国形象做出判断,但是,当属性信息清晰时,专家则依据属性信息而非来源国信息做出判断,新手则仍然受到来源国效应的显著影响。除

此之外,研究者还发现对于新手和专家,来源国效应发挥作用的机制是不同的:对于专家来说,是利用来源国信息选择性地加工和回忆产品的属性信息,这符合来源国效应的产品属性认知模型;对于新手来说,是利用来源国形象来解释、推测产品属性,这符合晕轮效应认知模型。相似地,Hong 和 Wyer(1990)的研究发现,男性在评价女性产品(如女士服装)时更多地利用来源国信息,同样女性在评价男性产品(如汽车)时更多利用来源国信息,这也是由于消费者对异性所使用的产品品类不熟悉而造成的。

2. 消费者的民族中心主义

另一个受到关注较多的影响来源国效应的因素是民族中心主义。民族中心主义是消费者在民族文化的影响下形成的对本国产品的情感偏向,这一概念最初由 Shimp 和 Sharma(1987)提出,他们证明了美国消费者中存在的民族性偏向。实际上,在东方文化背景下,消费者的民族中心主义对来源国效应的影响应该更为显著。Gürhan-Canli 和 Maheswaran(2000)的研究发现,当请美国被试和日本被试对来自中国(劣势来源国)和日本(优势来源国)的自行车产品进行评价时,美国消费者会依据产品的属性信息进行评价,而日本消费者则无论产品的属性优劣,与中国产品相比都会选择本国产品。相似地,在中国消费者群体中,民族中心主义与消费者对国产产品的态度、信息占用、购买意向等被证明呈正相关关系;对于外国产品的态度、信息占有和购买意向呈负相关关系(王海忠,2002)。至此,会存在一个问题,即如果在中国消费者中存在着强烈的民族中心主义的偏向,那么如何解释中国人"爱洋品牌"的消费现象呢?杨扬子、黄韫慧和施俊琦(2008)采用内隐测试的方法发现,虽然在外显态度上中国消费者会"抵制日货",但在内隐态度上却不存在对日本产品的偏见。王海忠、于春玲和赵平(2005)细分出健康消费者民族中心主义和虚伪民族中心主义,仅有健康消费者民族中心主义对国产货购买才具有正面影响,对外国货购买行为具有负面影响作用;而虚伪消费者民族中心主义的影响刚好相反。与民族中心主义类似,爱国主义、国家身份认同也成为衡量消费者对本国或本地产品偏向的指标(Han,1988;Verlegh,2007)。

(二)基于消费者角度对来源国效应的管理

在来源国效应研究的实践意义层面,如何利用来源国的优势效应,规避来源国的负面效应逐渐获得了研究者和企业管理者的关注。从宏观层面上,当企业在制定国际化营销策略时,开始将与来源国形象相关的因素考虑进来,比如市场进入时期与来源国效应的关系(Chen and Pereira,1999)、产品生命周期与来源国效应的关系等(Niss,1996)。在微观层面上,研究者主要是从消费者的角度探讨如何通过认知模式的操控来改变或调节来源国的刻板印象。在此,本章主要关注的是在微观层面上来源国效应的控制问题。

Chu等人(2010)的研究通过改变评价策略来发挥来源国的优势效应,减弱来源国的劣势效应。如果产品的来源国形象不佳,更适合采用分别评价的方式,即呈现品牌信息时将来源国占劣势的产品与占优势的产品分开来,因为在没有比较的情况下,个体无法直接获取来源国的参考信息,使得来源国的效应很难显现;反之如果采用联合评价的策略,即将来源国形象好和不好的产品放在一起让消费者做评价,消费者就会在两者中进行比较权衡,这种评价模式使得形象不佳的来源国的负面效应加强,而形象较好的来源国的正面效应得到强化。总的来说,如果来源国形象占优势就应采用联合评价的策略,而如果来源国形象占劣势即采用分别评价的方式。汪涛等人(2012)的研究采用不同难易程度的产品信息呈现方式来引发个体的元认知模式,从而探讨在分析式和启动式认知模式下,个体受到来源国效应影响的程度。研究者通过改变产品信息的字体和文字颜色来造成认知的困难,使得个体进入分析式的思维模式,达到削弱来源国效应的作用。但是当认知过于困难时,又会增加个体的认知负荷,使得被试反而采用启发式的认知模式,来源国效应则会显现出来。Martin、Lee和Lacey(2011)的研究发现当消费者专注于自我聚焦(self-focused imagery)而非他人聚焦(other-focused imagery)时,也就是当个体想象自己拥有某产品而非其他人拥有时,产品的负面来源国形象会受到抑制,并且这种抑制效应具有长期性。

从情感营销的角度,研究者和营销者们采用了从理性诉求到感性诉求,从直接劝说到间接劝说的方式唤起消费者的民族中心主义情感,进而促进消费者购买本土产品(如Bargh et al.,2001;付春江等,2013)。付春江等(2013)探讨了双重品牌来源刻板印象的改变,发现无论是直接劝说还是间接劝说方式激发的民族情感,都无法使消费者对国产品牌产生更强的正向、内隐品牌来源国态度,但在外显品牌态度方面,间接劝说的方式在某些品类上的作用效果要优于直接劝说。

除了通过消费者认知模式上的诱发来调控来源国效应以外,外界决策环境也可以直接地作用于消费者的选择行为。比如 Li(2005)的研究发现在典型的中国音乐背景下消费者选择茶叶的比例较选择咖啡的比例要高,反之亦然。这说明了音乐背景具有文化启动的作用,在中国音乐下消费者更倾向于选择有中国特色的产品(茶叶而不是咖啡)。与此相似,North、Hargreaves 和 McKendrick(1997)的研究也发现在英国市场,德国酒和法国酒的销量受到了具有两国文化特点的背景音乐的影响。

本章的第二节和第三节将介绍围绕情绪的文化特征开展的两项研究,证明情绪的自我/他人文化指向性对来源国效应的影响作用。在这两项研究中,美国被作为代表西方文化的来源国,而中国和印度则被作为代表东方文化的来源国。

第二节　高兴和平和:积极情绪对来源国效应的影响研究

来源国作为产品和品牌评价的一个重要信息线索,会左右整个消费决策的过程,尤其是当消费者对产品的其他属性信息不够了解时,来源国更是成为快速启发式决策的关键线索(Maheswaran,1994)。在西方的营销学研究领域,研究者们从来源国效应的表现、作用机制和影响因素等多个角度进行了探索(Bilkey and Nes,1982;Bloemer,Brijs and Kasper,2009)。而对于"中国制造"长期被赋予的价廉质低的刻板印象,中国的营销学者也就如何规避来源国负面效应的问题提出了企业市场营销的策略建议(王海忠,2002;王海忠和赵平,2004;吴坚和符国群,2007)。但是,已有研究却鲜有关注到情绪因素与来源国效应的关系。仅有 Maheswaran 和 Chen(2006)的研究关注了负面情绪:生气(anger)、难过(sadness)、挫败感(frustration)对来源国效应的影响作用。在分别启动这三种即时情绪的条件下,消费者在对产品进行判断时表现出了对来源国信息的不同依赖程度。因而 Maheswaran 和 Chen(2006)认为,情绪因素可以独立于产品自身属性特征而成为"国家资产"(Nation equity)的一个重要来源。Maheswaran 和 Chen

(2006)的研究指出,对于负性情绪来说,愤怒是指向人为控制的即时情绪,因而消费者会将产品与其生产国相联系;而悲伤情绪指向环境控制,所以消费者对产品的判断不会受来源国信息的影响。

那么,正面的具体情绪与来源国效应的关系是怎样的呢?目前还尚未有研究者关注过这一课题,与负面情绪相比,正面情绪其实在现实的生活中更为普遍,也更易为营销活动所激发,因而笔者认为这是一个有意义的研究方向。因此,本部分研究将采用情绪理论中关于"自我/他人"指向(self-other focused)特征来分析正向具体情绪与来源国效应之间的作用关系。

一、理论背景

（一）情绪与认知特征

积极—消极性是一种基于正负效价的情绪研究的基本模式(Elster,1998),而在正负效价的大范畴中还有具体的情绪类别,它们具有各自的认知特征。Smith 和 Ellsworth(1985)评估了 15 种特定情绪在六大认知维度上的表现。同属正性效价的积极情绪(如高兴、希望、平和等),或是同属负性效价的消极情绪(如悲伤、愤怒、害怕)所对应的认知加工特点是互有差异的。举例说明,愤怒和害怕同为负性情绪,但是在对未来事件的风险感知上却具有显著的差异,害怕让人们更容易做出消极保守的判断,而愤怒可以使人们做出更乐观的估计(Lerner and Keltner,2000)。另一项研究表明,高兴和愤怒虽然分属正、负情绪的两个类别中,但是却在感知确定性上具有相同的属性;相对地,希望和悲伤被认为同属缺乏确定性的类别(Roseman,1984)。Tiedens 和 Linton(2001)认为,在确定性的情绪状态下,人们在后续的判断任务中也会表现出更大的确定性,反之亦然;在不确定性的情绪状态下,人们易进入系统性加工的过程,而非启发式的加工。总体而言,每一种具体的情绪会具有多种认知属性,其中又会具有一些核心的维度,例如在 Smith 和 Ellsworth(1985)的理论中,提及骄傲情绪的核心特征是高确定性(high level of certainty)、低努力度(little effort)并且指向人为控制(human control)。这种情绪认知上的倾向性会延续到之后的选择判断任务中,这不仅表现在社会感知判断上(DeSteno et al.,2000;Tiedens and Linton,2001),也同样表现在对广告信息的偏好上(Agrawal, Menon and Aaker,

2007；Aaker and Willlams, 1998)。

除了上述情绪的认知特征,本研究围绕的情绪特征是"自我/他人"指向。依据情绪是源自激发了自我关注还是他人关注,情绪可以被分为两类：高兴、骄傲、愤怒、挫败是自我指向的情绪,因为这些情绪都涉及个体内部的体验(包括动机、需求、能力等)；相对应地,平和、共情、悲伤、愧疚是他人指向的情绪,这类情绪涉及个体与外界他人的交互性,在这类情绪体验中,个体注重他人的感受,内在的自我体验在与外在他人交互的过程中获得平衡(Markus and Kitayama, 1991)。

(二) 自我/他人指向情绪与来源国效应

文化是形成和激发情绪体验的根源,情绪的自我/他人指向在民族文化间的差异是十分显著的。在个人主义文化中,人们更强烈和频繁地报告自我指向的情绪；而在集体主义文化中,他人指向的情绪则更占主导(Markus and Kitayama, 1991)。这是因为在两类文化中,个体自我建构(self-construal)的特征是不同的,当人们把自己放在与他人的关系中来看待时,发展的是相依自我,相依自我看待世界的模式是整体性的,认为世界不仅涉及自我,还涉及个体所处的生态环境中的其他方面,这被认为是集体主义价值观的主要特征之一；而当人们把自己视为与他人相独立的、完整的个体时就形成了独立自我的人格特征,独立自我看待世界的方式一般是非此即彼的,这被认为是个人主义价值观的特征之一(Torelli, 2006；Kitayama et al., 1997)。那么,从自我建构与情绪指向的对应关系来看,独立自我的个体更多体验到自我指向的情绪,而相依自我则将他人指向的情绪视为一种最自然的感受。

独立自我和相依自我不仅是一个稳定的自我概念变量,同时也可以通过启动的方式被即时激发(Oyserman and Lee, 2008)。如果引导人们去关注他们自己,那么他们会更多体验到快乐或悲伤的情绪,相应地,如果让人们去考虑家人和朋友,那就会更多地获得平和或焦虑不安的体验(Lee et al., 2000)。对于情绪指向与自我建构的对应关系,Aaker 和 Williams(1998)曾开展一项中美跨文化的比较研究,他们认为在个人主义文化背景下个体具有独立自我的人格特质,因而消费者会更偏爱唤起自我而非他人关注的情绪广告(如 empathy)；而在集体主义文化下,消费者会更倾向唤起相依自我的情绪广告（如 pride）。虽然此研究的结论并没有得到证明，但已使得情绪指向与文化特征的理论在消费者行为研究中得到了应用和发展。

产品或品牌通过各种方式反映来源国信息，例如品牌名称、广告口号，或者是具体的宣传文案。有时这些来源国信息比较突出，使得消费者很容易识别。在这种情况下，对于具有来源国优势的发达国家，这种信息对产品或品牌评价起到积极作用，反之，则起到负面作用；有时来源国信息很模糊，消费者可能误识，或者很淡化，来源国信息对产品评价的影响作用就不明显（汪涛等，2012）。在突出来源国信息的情况下，来自美国的产品与来自中国的产品分别激发个人主义文化与集体主义文化的线索（Aaker and Williams，1998）。同时，如果我们根据"自我/他人指向"维度，选择高兴和平和分别作为同步激发的情绪因素，前者具有自我指向的认知特点，后者则具有他人指向的认知特点（Agrawal, Menon and Aaker，2007）。那么，当在高兴情绪下评价美国产品时，自我指向的情绪与强调独立自我的个人主义文化相匹配，而当在高兴情绪下评价中国产品时，自我指向的情绪与强调相依自我的集体主义文化产生认知加工上的冲突状态，因此，前者比后者的信息处理过程更为流畅，将获得更积极的评价结果。同样，在平和情绪下评价中国产品时，他人指向的情绪与集体主义文化相匹配，而当在此情绪下评价美国产品时，两种线索产生认知加工上的冲突状态，评价结果将变差。由此，提出如下假设：

H1a：与指向他人的平和情绪条件相比，美国的产品在指向自我的高兴情绪下会获得更高的评价。

H1b：与指向自我的高兴情绪条件相比，中国的产品在指向他人的平和情绪下会获得更高的评价。

情绪的体验以及所唤起的认知状态是即时性的，那么，个体稳定的自我特征会不会影响即时情绪与态度之间的关系呢？笔者选择自我意识（self-consciousness）这一概念进行考察。自我意识是个体长期、稳定的自我觉察方面的人格特征，它反映了个体对自我的关注程度，高自我意识的个体对自我概念的认知以及对自我的审查指向自身的内在世界（Fenigstein, Scheier and Buss，1975）。自我意识在以往的情绪研究中也多被作为检测情绪是否引发自我关注的变量（如 Wood et al.，1990）。本研究认为即时唤起的情绪状态和认知特征会受到长期自我关注特征的影响作用。关注自我的个体会

强化自我指向情绪所对应的认知特征,而削弱他人指向情绪对认知特征的唤起。因此,提出如下假设:

H2:自我意识在自我/他人指向情绪与消费者态度的关系中具有调节作用。

H2a:自我意识强化了高兴情绪与美国产品评价之间的正向影响关系。

H2b:自我意识削弱了平和情绪与中国产品评价之间的正向影响关系。

二、实验1:情绪与来源国信息的匹配关系研究

(一)实验设计和执行过程

研究者通过公开招募的形式,在上海某重点高校招募到120名本科学生参加实验,男生占43.4%。本实验为2(来源国:美国/中国)×2(情绪:高兴/平和)的组间设计。实验采取集体施测的方式,30人一组参加实验,每个参与者均会获得一份价值3元的小礼品,除此之外,每组进行一次抽奖,中奖者获得100元的现金奖励。120名被试被随机分派到4个实验组,最终获得有效数据113份。

由同一名主试负责每次的施测工作,并且采用了双盲实验设计,即主试和被试均不知道实验的目的。被试被告知此实验分为两个部分,首先是请他们回忆一段故事,之后完成一个对广告产品的评价,两部分之间没有关联。第一个实验任务即为情绪启动,实验借鉴了Tiedens和Linton(2001)、Agrawal等(2007)的研究,采用情绪故事回忆的方法来启动即时情绪状态。针对一半的被试,主试要求他们尽可能详细地回忆一次他们感到高兴、快乐的经历,然后进一步提示被试"回忆的时候要想想事情是怎么样发生的,你当时的感受、表情如何,有没有具体的画面浮现在脑海中……"之后,被试有10~15分钟的时间把想到的故事写下来。相应地,另一半被试请他们回忆感到平和、安宁的情绪体验。当被试完成之后,主试发放情绪评定量表,请被试根据当时的情绪体验程度对6个描述情绪状态的形容词进行1~7的等级评分,7表示"非常强烈的感受",1表示"一点没有感受"。这6个形容词分别是:表达平和情绪的"平和""宁静""安详",表达高兴情绪的"高兴""欢快""喜悦"。笔者参照Agrawal等(2007)的实验设计了该情绪评定量表,并且情绪评定词是以随机顺序的方式呈现给被试,其中高兴情绪量表的内部一

致性系数 α 为 0.88,平和情绪量表的内部一致性系数 α 为 0.78。

在被试完成情绪回忆和情绪状态的自我评定后,请他们在 5 分钟的时间内完成 10 句以"我是"开头的句子补全任务。句子补全任务是检验情境性自我建构(独立自我或相依自我)是否得到启动的常用方法(Oyserman and Lee,2008)。

第三部分的任务是请被试对一个即将上市的果汁饮料进行评价。果汁采用虚拟品牌名称"万奇"。实验选择果汁产品是考虑到这是学生群体熟悉而且具有购买力的一个品类,并且通过前测表明在果汁品类上存在来源国的效应。笔者请 20 名大学生回答"您认为在果汁产品上是中国的产品更好还是美国的产品更好",采用 1~7 的等级评分,7 分代表中国,1 分代表美国。结果表明来源国优势更偏向于美国果汁产品($M=3.01$)。被试首先阅读一张广告页,广告页上的主要信息为来源国(中国/美国)、产品基本属性和产品图片(详见附录 2-2)。在正式施测前,笔者对去除来源国信息的广告页进行了前测,20 名大学生对广告页的各项内容进行评价,包括对产品形象的喜好度、广告图片背景的喜好度、产品属性评价、广告整体的喜好度,评价采用 1~7 的等级评分,从"非常不喜欢"到"非常喜欢",结果表明在上述 5 个评价维度上,评价分值均保持在 3.73~4.67 的中等偏好水平,学生对"万奇"这一品牌名称表示陌生(熟悉度 $M=1.46$)。由此说明,实验材料本身不会引起喜好的偏差。在正式实验中,被试在观看完广告页后要完成 3 个评价项目:① 您对广告的喜好度;② 您对万奇果汁的喜好度;③ 您购买万奇果汁的可能性。题目为 1~7 的等级评分。

在评定完产品广告后,笔者请被试对自己的"爱国主义"表现进行评价,此量表选取自 Han(1988)的研究,由 4 个项目构成:"我应该购买中国的产品,因为我是中国人","如果购买了国外的产品而不是本国的我会觉得愧疚","国外进口产品在逐渐损害中国市场","国外进口减少了中国的就业机会"。其内部一致性系数 α 为 0.60。最后,请被试回答背景信息题。

(二) 实验结果

1. 情绪启动的检验

情绪状态的评定结果表明在高兴分量表上,回忆高兴情绪的实验组分数显著高于回忆平和情绪的实验组($M_{高兴}=4.72$,$M_{平和}=4.13$,$F(1,$

112)=8.10，$p<0.01$）；而在平和情绪分量表上，回忆平和情绪的实验组分数显著高于回忆高兴情绪的实验组（$M_{高兴}=4.74$，$M_{平和}=5.56$，$F(1,112)=13.01$，$p<0.001$）。说明情绪启动成功。在情绪启动成功的前提下，进一步验证情绪指向对情境性自我建构的启动作用。

2. 自我建构的检验

针对 10 个以"我是……"开头的句子，我们请两位不知道实验目的的研究助理分别进行句子编码。依据 Kuhn 和 McPartland(1954)、Trafimow(1997)等人提出的编码原则，将"我是"句子按照自我建构的概念分为三类：① 当个体对自我的理解是依据内部属性时，如"我是聪明的""我是善良的"，则归为独立自我，赋值为 1；② 当个体对自我的认知是依据群体关系时，如"我是某大学的学生""我是中国人"，则归为群体范畴，赋值为 2；③ 当个体对自我的理解是站在与他人关系的角度上，如"我是妈妈的女儿""我是她的男朋友"，则归为他人关系的范畴，赋值为 3；另有个别与自我认知不相关的句子不予以分析，赋值为 0。两位研究助理对句子编码的相关度为 $r=0.91$，经过讨论后再进一步统一编码。最后，将每一类别中的句子数量除以句子总数获得在该类别上的分值。一般而言，独立自我和相依自我分别对应于第一类和第二类的编码分析（Trafimow，1997）。方差分析结果表明：对于独立自我，高兴组分数高于平和组（$M_{高兴}=0.74$，$M_{平和}=0.62$，$F(1,112)=7.25$，$p<0.01$）；而对于群体类别，平和组分数显著高于高兴组（$M_{高兴}=0.15$，$M_{平和}=0.25$，$F(1,112)=8.24$，$p<0.05$）。这说明不同指向的情绪启动了不同的情境性自我认知，自我指向的高兴情绪启动了独立自我，他人指向的平和情绪启动了相依自我。

3. 因变量的检验

因变量依然是对广告和产品的喜好度与购买意愿的评价，与实验 1 相同。因变量量表的内部一致性系数 α 为 0.88。采用 2（情绪：高兴/平和）× 2（来源国：美国/中国）的方差分析，并且将"爱国主义"作为协变量。当以对广告和产品的喜好度为因变量时，情绪和来源国的主效应、情绪×来源国的交互作用均不显著。但当以购买意愿为因变量时，情绪的主效应不显著，来源国效应达到边缘显著水平（$F(1,113)=2.95$，$p=0.053$），美国产品的购买意愿高于中国产品（$M_{美国}=5.46$，$M_{中国}=4.93$）。情绪和来源国的交互作用达到显著水平（$F(1,113)=5.51$，$p<0.05$）。进一步的简单效应分析发

现：交互作用的产生是由于在高兴条件下,美国产品的购买意愿高于中国产品($M_{美国}=5.93$, $M_{中国}=4.81$, $F(1, 112)=8.97$, $p<0.005$),而在平和条件下,中美两国的产品没有显著差异($M_{美国}=4.93$, $M_{中国}=5.03$, $F(1, 112)=0.08$, $p=0.78$)。具体结果如图 2-1 所示。这一结果证明了 H1a 成立,但是 H1b 没有得到证明。

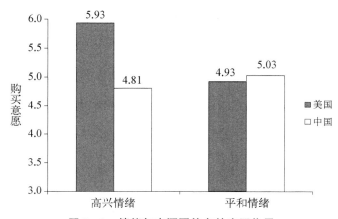

图 2-1　情绪与来源国信息的交互作用

本实验表明了在平和情绪下,来源国效应消失,被试对中国产品和美国产品具有相似的偏好;在高兴情绪下,来源国效应显著,其原因不是因为中国产品的购买意愿减弱(与平和条件相比),而是由于美国产品的购买意愿增强。在下面的研究中有必要设立控制组,将实验组结果与不受情绪影响的来源国效应进行比较。另外,对于本实验的因变量出现广告和产品态度差异不显著,而购买意愿差异显著的问题,在接下来的实验中有必要进一步验证广告和产品态度作为因变量的实验结果。

三、实验 2：情绪与来源国信息匹配性的进一步验证

实验 2 在实验 1 的基础上进一步验证情绪与来源国信息之间的匹配关系,但与实验 1 相比,实验 2 在实验设计和方式上进行了如下改变：① 采用了音乐启动和情绪回忆相结合的方式,因为音乐启动是一种常见的情绪唤醒方式,并且更便于实际营销中的应用(Bruner, 1990);② 在研究设计上增

加了不启动情绪的控制组;③ 在产品类别上,换用了适合学生群体的另一个产品类别:洗衣粉。除此之外,为了进一步揭示情绪与来源国效应之间的关系机制,实验 2 对自我特征和情绪认知特征的影响作用进行了分析,考察自我意识和其他认知属性(包括控制性、努力程度等)的影响作用。控制性(situation-control /other-control /self-control)意指个体倾向于将事件归因于外部环境的因素还是人为的因素;努力程度(anticipated efforts)意指个体是否认为获得或保持某一情绪状态需要投入相当多的认知努力(Smith and Ellsworth,1985)。

(一)实验设计和执行过程

本实验采用了与实验 1 相同的被试招募方式和测试方式,获得数据 180 份,但去除问卷背景信息中"日常不使用洗衣粉"的被试,最终获得有效数据 153 个,男生所占比例为 45.7%。本实验为 3(情绪:高兴/平和/控制组)×2(来源国:美国/中国)的组间设计。针对实验 1 仅以购买意愿为因变量时才呈现两个自变量的交互作用,本实验着重验证当以广告态度和产品态度为因变量时的交互作用是否产生,并且在实验 1 的基础上丰富了广告态度和产品态度的测项。

1. 启动音乐的选择

在音乐的选择方面,笔者参考 Alpert 和 Alpert(1990)的研究,考虑了如下几个原则:① 从乐曲的曲调上来看,大调一般表达积极的情绪,小调表达忧伤的情绪,因而首先要选择大调曲目;② 在乐曲的旋律上,考虑选择整首曲子旋律比较一致、变化不多的曲目,以防止引起综合性的情绪联想;③ 在乐器方面,因为 Alpert 和 Alpert(1990)的研究提及吉他是最能感染情绪的乐器之一,因而选择吉他曲;④ 在音乐的熟悉度方面,选择被试不甚熟悉的曲目,以防止引起其他方面的内容联想。基于此,我们首先确定了 8 支曲目,先请音乐方面的专业人士根据上述标准进行评定,之后确认了 4 支吉他曲。再请 15 名被试对听完每支曲目后的情绪感受进行 1~7 的等级评定,分数越高表明感受越强烈。所评定的情绪感受包括:平和、高兴、宁静、欢乐、安详、喜悦,以及对曲目的熟悉度。经过统计分析后确定最能唤起高兴情绪的是"玛丽亚娜"(下文简称"玛丽"),唤起平和情绪的是"宛如小河流水"(下文简称"小河")。之后,招募 65 名被试,男女均等,对这两支吉他曲的情绪启动和自我建构启动程度进行了前测,每支曲目播放的时长为5~6分钟。结果表明,"玛丽"较"小河"唤起了更强的高兴情绪($M_{玛丽}=5.03$,$M_{小河}=3.88$,$F(1,64)=12.53$,$p<0.001$);而"小河"较"玛丽"唤起了更强的平和情绪($M_{玛丽}=5.13$,$M_{小河}=5.88$,$F(1,64)=6.78$,$p<0.05$)。另外,被试对两支曲目的熟悉度均较低,且不存在显著差异($M_{玛丽}=2.75$,$M_{小河}=2.57$,$F(1,64)=0.34$,$p=0.56$)。继续检测在自我建构启动方面的差异性,自我建构的测量及评分方式同实验1,依旧采取10个"我是……"句子的补全测验。结果表明,在独立自我方面达到边缘显著水平($M_{玛丽}=0.76$,$M_{小河}=0.64$,$F(1,50)=3.03$,$p=0.09$),但在相依自我方面未出现显著差异($M_{玛丽}=0.25$,$M_{小河}=0.17$,$F(1,50)=1.76$,$p=0.19$),这可能是由于音乐启动的强度不及情绪回忆任务,因而没有引发显著的指向自我或他人方面的认知差异。因而,在正式实验播放音乐的过程中,要求被试"请你听一段音乐,并随着音乐想象一次相应的情绪体验,如令你感到十分高兴(或平静)的经历,并回想一下事情发生的过程以及你当时的感受……"通过音乐和情绪联想相结合的方式来启动情绪和自我认知。

2. 广告的前测

前测招募29名被试,请他们对设计的洗衣粉广告(排除来源国信息)的各项内容进行1~7的等级评分,分数越高表示越喜欢。评定的内容包括:对广告的整体喜好度,对广告背景图片的喜好度,广告的吸引力,对产品本身的喜好度,对产品包装的喜好度,对产品名称"污涤"的喜好度,对产品属性的评价,对产品的购买意愿,对品牌名称的熟悉度,共9个测项。前测期望被试对广告和产品各方面的评价均保持在中等偏好,对品牌名称应为不熟悉。广告前测的结果表明:除产品熟悉度($M_{熟悉度}=2.03$)较低,其他各个指标的评价分值在3.93~5.0之间,对广告和产品的总体评价($M_{总体}=4.37$)处于中等偏好水平。这说明广告的设计符合预期的标准。

3. 实验过程

本实验过程与实验1基本一致,首先采用音乐和故事回忆的方式启动高兴或平和情绪。之后对情绪的其他认知属性进行1~7的等级评定,内容包括情绪的控制性和努力程度,测项源自Smith和Ellsworth(1985)的研究。在完成情绪的认知特征评定后,再听一次音乐,这是为了防止被试在回答上述题目的同时削弱了情绪感受的强度。之后,进行情绪感受的评价。然后开始第二部分的广告评价任务。最后,被试需要完成关于自我意识和爱国主义的相关变量的题目和背景信息题。针对自我意识的测量,本研究借鉴Wood等(1990)的研究,采用了Fenigstein等(1975)开发的自我意识量表中"私人自我"(private self-consciousness)的分量表,共9个测项,量表的内部一致性系数 α 为0.60。

(二)实验结果

1. 情绪启动的检验

对情绪的三个组别(高兴/平和/控制)进行方差分析检验,在平和情绪上($M_{高兴}=5.08$,$M_{平和}=5.61$,$M_{控制}=5.18$,$F(1, 149)=3.57$,$p<0.05$)和高兴情绪上($M_{高兴}=5.17$,$M_{平和}=3.85$,$M_{控制}=4.76$,$F(1, 149)=15.22$,$p<0.001$)均达到显著的差异水平。两两比较表明,在高兴分量表上,回忆高兴情绪的实验组分数显著高于平和情绪的实验组($F(1, 96)=29.10$,$p<0.001$);在平和分量表上,平和情绪的实验组分数显著高于高兴情绪的实验组($F(1, 95)=5.36$,$p<0.05$)。高兴组与控制组的比较说明,在高兴情绪的评定上,高兴组高于控制组($F(1, 97)=2.78$,$p=0.09$),达到边缘显著水平;平和组与控制组的比较说明,在平和情绪的评定上,平和组高于控制组($F(1, 106)=5.87$,$p<0.05$),达到差异的显著水平,说明情绪操作成功。

2. 因变量的检验

因变量包括产品评价和广告评价。虽然本实验中丰富了产品评价的测项,但当以产品评价为因变量时,自变量的主效应和交互作用均不显著,因此以下不做分析。针对另一自变量——广告态度由两个测项构成:"您对这则广告的整体喜好度","您认为这则广告的吸引力如何",两个测项的相关度为0.73。进行3(控制/高兴/平和)×2(来源国:美国/中国)的方差分析检验,将爱国主义设为协变量。发现情绪类型的主效应不显著,广告类型的主效应显著($M_{美国}=4.10$,$M_{中国}=3.50$,$F(1, 153)=5.84$,$p<0.05$),情绪与广告的交互作用不显著($F(1, 153)=2.15$,$p=0.12$)。将两个实验组进行方差分析检验,发现情绪类型的主效应不显著,广告类型的主效应呈边缘显著($F(1, 98)=2.92$,$p=0.09$),交互作用显著($F(1, 98)=4.14$,$p<0.05$)。

进一步对两个实验组进行简单效应检验,结果表明在高兴情绪下,美国洗衣粉的广告评价要显著高与中国洗衣粉广告($M_{美国}=4.43$, $M_{中国}=3.29$, $F(1, 97)=6.29$, $p<0.05$);而在平和情绪下,两国洗衣粉的广告评价没有显著差异($M_{美国}=3.50$, $M_{中国}=3.60$, $F(1, 97)$, $p=0.85$)。这与实验1的结果一致。

因为中国广告态度在三组之间不存在显著的差异性,下面仅针对美国产品进行方差分析,发现三组间存在显著差异($M_{平和}=3.50$, $M_{控制}=4.25$, $M_{高兴}=4.43$, $F(2, 70)=3.24$, $p<0.05$)。进一步的两两比较发现,平和组的广告态度低于控制组,达到边缘显著水平($F(1, 50)=3.70$, $p=0.06$);高兴组的广告态度虽高于控制组,但没有达到显著水平($F(1, 47)=0.25$, $p=0.60$)。这说明来源国效应在平和情绪状态下,由于美国产品广告态度的降低而消失。将控制组内的美国广告评价与中国广告评价进行比较,发现美国广告评价高于中国广告评价,达到边缘性差异水平($M_{美国}=4.25$, $M_{中国}=3.59$, $F(1, 54)=3.19$, $p=0.08$),说明存在来源国效应。(见图2-2)

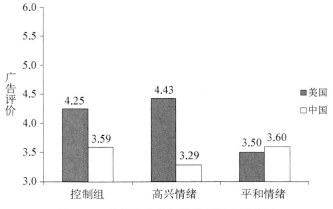

图2-2 广告态度的组间差异及交互作用

3. 调节效应的检验

由于中国广告的评价不受情绪变量的影响,本研究仅验证自我意识对情绪与美国广告评价之间关系的调节作用。依据温忠麟等(2005)对调节效应检验方法的阐述,将自变量和自我意识变量进行中心化处理后,建立情绪和自我意识对广告态度的回归方程($R^2=0.11$, $F(1, 40)=2.38$, $p=0.11$),之后建立情绪、自我意识、情绪×自我意识对广告态度的回归方程($R^2=0.23$, $F(1, 40)=3.54$, $p<0.05$),R^2的改变量达到显著水平($p<0.05$),情

绪×自我意识乘积项的回归系数达到显著水平（$\beta=1.12$，$t=2.31$，$p<0.05$），从而证明自我意识对情绪与广告评价之间关系的调节作用。即 H2a 得到证实。

本研究检验了其他情绪认知属性，包括控制性和努力度对情绪与广告态度之间的中介作用或调节作用。结果表明对于美国产品，在高兴组和平和组间，控制性和认知的努力度均不存在显著差异，并且也不存在中介或调节作用。由此说明，对于自我/他人指向的具体情绪，个体是通过对自我概念的认知而非其他认知特征对态度产生影响的。

四、结论与讨论

本节通过两个实验研究将情绪与认知特征之间的基本匹配关系延伸到来源国效应的问题中。通过采用不同的情绪启动方法和产品类别证明了情绪指向与来源国信息之间的匹配关系，进一步挖掘了情绪与来源国关系背后的机制问题，并且发现了自我意识的调节作用。

（一）理论及应用贡献

本研究的理论贡献体现在两个方面。首先，本研究扩展了我们对来源国效应的认识，来源国的效应不仅会受到产品的类别、属性，消费者对产品的熟悉度、价值观念等这些固有的、稳定因素的影响（如 Roth and Romeo, 1992；Li and Wyer, 1994），也会受到情境性、即时性因素的影响，这就是具体性情绪的作用，而这一短暂的情绪状态已经足够左右个体的消费态度和决策。Maheswaran 和 Chen（2006）从情绪认知理论中控制性（人为控制/环境控制）的角度对负性情绪与来源国信息之间的关系进行了研究，本研究运用情绪的自我/他人指向性理论解释积极情绪对来源国效应的影响，从而完善了情绪与来源国关系的研究架构。

其次，本研究深化了我们对情绪与信息加工关系的理解，揭示了情绪与认知关系的研究可以跨越正性、负性情绪的基本维度，深入具体情绪的具体认知特征方面。具体而言，对于正向具体情绪，情绪的指向性（自我/他人）与信息的指向性（个人/他人）相匹配融合时能够促进积极态度的形成。

我们的研究发现，在平和情绪下中国产品和美国产品的购买意愿和广告态度没有显著差异,虽然 H1b 没有获得证明,但也从另一个角度表明了在平和情绪下来源国效应会消失的可能性;相应地,在高兴情绪下由于美国产品的购买意愿和广告态度的提升,使得来源国效应会扩大化。那么,对于在中国市场上的本土企业和跨国公司来说,该结论最实际的应用价值便在于,如何利用即时情绪的作用去规避来源国的劣势效应,发挥来源国的优势效应。根据本研究结果,即在中国市场中,对本国产品应该善用平和情绪,慎用高兴情绪,而对于美国等西方个人主义文化国家作为来源国的产品,应当善用高兴情绪,慎用平和情绪。在具体的营销措施上,积极情绪氛围的营造可以是多样化的,既可以采用图片、音乐、视频的直接启动方法,也可以通过广告语来引发消费者的情绪联想。本研究结果在服务领域中也具有特别重要的应用价值,这涉及服务有形展示的设计、服务氛围和体验的营造。从宏观层面来看,当将国家作为品牌进行推广和营销时,如何基于积极情绪营造手段建立国家品牌资产,同样需要考虑情绪营造与来源国文化特征之间的匹配性。根据本研究结论的推论,在以美国为代表的西方个人主义文化中对中国国家形象进行推广时,应当慎用高兴情绪。因为该情绪激发的自我指向与"中国"所激发的集体主义文化线索不相融合,因而可能降低评价。例如,在 2011 年春节前,一部由 59 位华人出演的中国国家形象宣传片(人物篇),在被称为"世界十字路口"的纽约时代广场大型电子显示屏上高密度播出,共计播放 8 400 次。由于广告的节奏音乐和纽约时代广场喧闹的氛围基本上营造的不是平和情绪,无法诱发他人指向,而 59 位华人的轮番集体亮相却强化了集体主义文化线索,两者并不融合。考虑到这类广告的制作和投放往往花费巨资,如果在创意手段、媒体投放环境上考虑到情绪诱发与来源国信息之间的融合性,那么效果可能会大大提升。本研究的重要启示是,在不同认知属性的正向情绪与来源国国家文化线索之间建立积极紧密的融合性联想,正如 Maheswaran 和 Chen(2006)所提到的,应将消费者的情绪视为建立国家品牌资产的一个来源要素。

(二)待解决的问题及未来研究方向

本研究的 H1b 没有得到证实,也就是情绪的改变没有影响消费者对中国产品的购买意愿和广告态度。这可能的原因是,在中国消费者群体中,中国作为产品来源国的刻板印象过于深刻,以至于很难受到情绪状态的影响。但是,在本研究中没有同时考虑到产品属性的因素,即在来源国效应中处于劣势的产品如果具有优势属性,是否会受到即时情绪的影响呢?Swaminathan 等(2007)的研究发现,在相依自我占主导的条件下,本国产品的负面信息并不会影响消费者对产品的评价,而异国产品的负面信息就会使评价降低。当然,他们的研究中没有涉及来源国自身的优劣势,但是在未来的研究中,我们可以将产品属性作为正面或负面的信息,纳入关于情绪指向与来源国效应的研究。

另外,在本研究的实验 2 中,高兴情绪条件组与控制组的来源国效应没有显著的差异性。这可能是因为高兴情绪更接近个体的日常情绪状态,或者通过音乐启动的高兴情绪很可能不够强烈(Wood, Saltzberg and Goldsamt, 1990),这使得高兴组与控制组在情绪差异的检验上、在独立自我的差异性上仅达到了边缘显著水平。在今后的研究中可以采用更强烈的情绪启动方式,如视频短片;也可以考虑采用其他自我建构的测量方式进行验证。最后,对于本研究中的因变量——产品态度、广告态度、购买意愿与自变量的关系还不甚明确,因为产品态度与自变量的关系在两个研究中都没有得到证实。Alpert 和 Alpert(1990)认为,情绪对认知的影响可能在个体无意识的状态下发生,由于情绪启动只是影响了态度形成双系统中的边缘系统,而没有进入深层加工的核心系统,受边缘系统影响的决策常常是自动化的。此时,行为可以在态度没有发生改变的前提下发生变化,即出现态度与购买意愿的不一致。在外显态度与行为倾向不一致的情况下,可能仍会有内隐态度与外显态度的关系性存在。在今后的研究中,如果开展内隐态度的探究,无疑可以使我们更深入地理解即时情绪下的认知加工模式。

第三节 他人指向型情绪对集体主义文化来源国品牌评价的影响机制

第二节的研究已经证明消费者的自我指向型情绪(如高兴情绪)可以强化产品和品牌的文化来源特征,即美国作为来源国的个人主义文化特征会在高兴情绪下被激活,从而使美国产品获得更为积极的品牌态度。但尚未证明集体主义文化背景下情绪的影响作用,并且对自我/他人情绪特征影响下的个体认知模式尚未进行深入探讨。本节的研究将关注具有文化特征的他人指向型情绪,并在集体主义文化下,针对非优势来源国国家品牌资产的情绪来源进行探讨;另外,围绕来源国的问题,本研究将通过不同国家、不同产品类型、附加产品信息的引入,探索他人指向型情绪对来源国产品评价产生影响的条件。

一、理论背景

(一) 情绪对认知的影响模式

Forgas(1995a)的情感注入模型(affect infusion model, AIM)提供了情绪作用于认知过程的全面解释,该模型把特定情绪对个体认知判断的影响归纳为高、低两类情绪浸入类别,在低情绪浸入的情况下,个体主要依据已储存的信息和知识经验对认知目标直接进行判断,情绪对认知的影响作用微弱;在高情绪浸入情况下,情绪对认知的影响又可以分为启发式策略和深入加工策略。其中,启发式策略是一种"情感即信息"的认知模式,即情绪被视为认知线索,直接参与认知过程,个体通过情绪推测出一种判断,实现情绪与认知的一致性(Bower, 1981)而深入加工策略则以一种"情感启动"的模式运行,这是一种情绪通过唤起、激发个体记忆中已存贮的认知模式,间接影响行为结果的过程。情绪首先激发自我认知、归因以及社会化比较的内部过程,进而对认知产生影响。而何种认知加工方式会发生作用则取决于个体的认知参与程度(Forgas, 1995a),当认知任务较为简单或熟悉时,情绪对认知的影响表现为启发式策略,即个体不需要过多的认知努力;而当认知任务较为复杂或重要时,深入加工策略往往会发挥主要作用,即需要个体较多的认知参与。

关系指向型情绪的来源和表现具有深厚的文化基础:在个人主义文化中,人们更强烈和频繁地报告自我指向的情绪;而在集体主义文化中,他人指向的情绪体验则更占主导(Markus and Kitayama, 1991)。因此,在基于文化差异的自我概念认知系统中,产生了自我或他人指向的情绪,这一具体情绪特征会首先通过启动自我概念,间接影响认知决策,从而进入情绪对认知影响的深入加工模式(Forgas, 1995a)。

(二)他人指向型情绪与来源国集体主义文化特征的匹配关系

以往的诸多研究表明,产品的来源国常被视为传递质量信息的信号,当一个国家经济发展水平较高时,消费者对来自该国的产品会产生更为积极的质量感知和整体评价(Chowdhury and Ahmed,2009)。除了提供产品功能优劣的信息外,来源国信息还具有一定的象征意义和情感意义(Hong and Wyer,1989)。来源国形象的文化特征可以通过影响消费者的品牌信念或情感,在产品态度形成中发挥间接影响(Iyer and Kalita,1997)。在本研究中,将来源国的集体主义文化特征作为一种信息线索,当消费者的认知对象特征(集体主义来源国)与情绪特征(他人指向)保持一致时,情绪的他人指向特征会通过唤起个体记忆中有关自我与文化的感知,间接影响认知评价,即让消费者对集体主义来源国的产品产生更为积极的态度。

基于 Forgas(1995a)的情绪注入模型(AIM),当情绪通过激发自我的认知系统影响判断时,通常是一种深入加工的模式,该模式需要个体较多的认知参与(Forgas,1995b)。因此,基于情绪指向与来源国文化特征的匹配效应,应当发生在情绪对认知产生间接影响的高认知参与情境下,故提出如下假设:

H1a:在高认知参与的情境下,个体在与集体主义文化相匹配的他人指向情绪下,较在自我指向情绪或无情绪的条件下会产生更积极的消费者态度。

H1b:在低认知参与的情境下,情绪的文化特征不会影响消费者对集体主义文化来源国产品的判断。

进一步探索他人指向情绪与来源国集体主义文化匹配效应产生的机制问题,Martin 等(1997)提出当个体处于某一情绪状态下时(如悲伤),即会对与情绪特征相匹配的信息产生期待,一旦相匹配的信息出现,就会被优先提取和顺畅加工。Kim 等(2010)在研究关于消费者情绪(兴奋/平和)与旅游产品类型(冒险刺激/悠然安静)的匹配关系时,将"期望度"作为中介变量并发现,消费者在兴奋情绪状态下,对能够体验到兴奋感的冒险刺激型旅游产品产生期待,反之亦然。基于此,本研究将印度和中国确定为集体主义文化的代表,作为产品的来源国,以激发集体主义文化特质联想,而当他人指向的情绪(如平和)与之相匹配时,就会产生积极的消费者态度。而在此匹配效应发生的过程中，个体首先对与其情绪指向匹配的集体文化信息产生期待，当期待达成时便会产生更积极的认知评价。由此，针对印度和中国作为来源国的产品，提出如下假设：

H2：期望度在他人指向情绪与来源国集体主义文化特征的匹配关系中具有中介作用。

（三）国家认同特质的调节作用

消费者在对本国产品进行评价时，由深厚的国家情感产生的民族中心主义、国家认同特质等因素会对来源国效应产生显著影响（Balabanis and Diamantopoulos，2004）。例如，Verlegh（2007）将国家认同概念引入产品评价的来源偏差效应中，证明了个体的国家认同感越强烈，对本国产品的感知质量和购买意愿的评价越积极。国家认同即是群体身份认同的一个方面，它代表某一特定文化所包含的区别于其他文化的多种含义的联结，也可以表达个人对自己所属国家的一种主观的、内在化的归属感和身份认同感（Keillor et al.，1996）。个体越是认同其群体身份，在态度和行为上就会更多表现出对所属群体的偏向（Mackie and Smith，1998）。

结合本研究中以中国作为产品来源国的实验情境，国家认同感高的消费者可能会由于强烈的情感因素而对本国产品做出更为积极的评价，此时情绪的即时影响被削弱，形成低情绪浸入的认知模式。也就是说，国家认同感可能会弱化个体依赖情绪与来源国信息的匹配关系进行判断的模式，最终使得情绪通过期望度影响消费者态度的中介作用被削弱。具体而言，当消费者的国家认同感较低时，期望度在关系指向情绪对产品购买意愿的影响中起到中介作用；而当消费者的国家认同感较高时，情绪的信息性作用被削弱，消费者期望度的中介作用也不再存在。由此，在相对较高的认知参与条件下，针对产品来源国是消费者母国的情境，提出如下假设：

H3：期望度在他人指向情绪与来源国集体主义文化特征的匹配关系中的中介作用受到本国消费者国家认同感的负向调节。低国家认同感较高国家认同感条件下，情绪的文化特征通过期望度对消费者态度产生的影响更为显著。

本研究整体假设模型如图 2-3 所示:

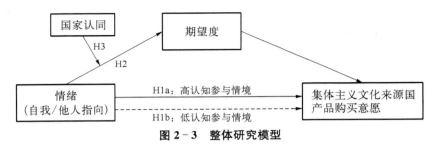

图 2-3 整体研究模型

二、实验前测

正式实验前,首先对来源国的文化特征进行前测,以确定与情绪的关系指向特征相匹配的产品来源国。参考 Markus 和 Kitayama(1991)的跨文化研究,分别对集体主义文化和个人主义文化的特征进行描述,并请被试根据自身对美国、中国、印度三个国家的印象,评价各国家与个人主义和集体主义文化的契合程度。结果表明:与中国和印度相比,美国被认为具有显著的个人主义文化特征($M_{美国}=6.31$, $SD=1.26$; $M_{印度}=3.28$, $SD=1.39$; $M_{中国}=3.28$, $SD=1.39$);而在集体主义文化方面,与美国相比,中国和印度被认为具有显著的集体主义文化特点($M_{美国}=2.92$, $SD=1.54$; $M_{印度}=4.03$, $SD=1.44$; $M_{中国}=6.00$, $SD=1.35$),配对差异检验(paired-sample T test)结果详见表 2-1。

其次,确定影响认知参与的因素。以往研究表明产品卷入度通常会影响消费者的认知参与(朱丽叶等,2017),对个体重要、相关性较高或存在购买风险的产品,会使消费者付出更多的认知努力进行信息加工(Vaughn,1986; Maheswaran, Mackie and Chaiken, 1992)。因此,本研究期望通过产品卷入度的设置来操作不同的认知参与程度,以创造情绪的他人指向特征发挥作用的高认知参与条件。本研究选取笔记本电脑和果汁作为高、低不同卷入度的产品类别,邀请 20 名被试对这两个品类的卷入度进行评价,测量题项参考 Zaichkowsky(1994)的研究,包括"同其他产品相比,这一产品对我很重要","我对这个产品很感兴趣","购买该产品时,我会很慎重地选择"。结果显示:笔记本电脑产品的认知卷入度($M_{电脑}=4.85$, $SD=1.86$)高于果汁产品（$M_{果汁}=3.53$，$SD=1.16$），差异检验达到显著水平（$M_T=1.32$，$SD=1.49$，$t=4.42$，$p<0.001$）。

进一步地，研究者需要检验在果汁和笔记本电脑两类产品中，来源国的优势或劣势效应。共招募36名非正式实验被试参与该前测，请被试对来自美国、印度、中国的笔记本电脑产品和果汁产品进行1~7的等级评价（1表示"非常不好"，7表示"非常好"），结果表明：无论是在笔记本电脑产品上$M_{美国}=5.92$，$SD=1.32$；$M_{中国}=4.92$，$SD=1.61$；$M_{印度}=3.08$，$SD=1.57$），（还是在果汁产品上（$M_{美国}=5.42$，$SD=1.20$；$M_{中国}=4.86$，$SD=1.38$；$M_{印度}=3.28$，$SD=1.60$），消费者对美国产品的评价均高于印度产品和中国产品，配对差异检验结果详见表2-1。

表2-1 来源国效应和文化特点的差异检验

	美国—印度		美国—中国	
来源国效应差异检验	$M_T(SD)$	t	$M_T(SD)$	t
笔记本	2.83(1.76)	9.63†	1.00(1.87)	3.21**
果汁	2.14(1.64)	7.82†	0.56(1.54)	2.17*
文化特点差异检验	$M_T(SD)$	t	$M_T(SD)$	t
集体主义文化	−1.11(2.05)	−3.25**	−3.08(2.08)	−8.91†
个人主义文化	3.03(1.63)	11.15†	3.03(1.72)	10.59†

注：* 表示 $p<0.05$；** 表示 $p<0.01$；†表示 $p<0.001$；表格中平均数和标准差代表了美国与印度、美国与中国在文化特征和来源国效应上的差异

三、实验1：情绪的他人指向特征与来源国文化的匹配性——基于产品类别的差异

实验1的研究目的是检验他人指向型情绪与集体主义文化来源国之间的匹配关系，以及情绪对认知产生影响的条件。实验1a采用中国笔记本产品，在高卷入度产品类别中验证H1a和H2；实验1b采用中国果汁产品，验证在低卷入度的产品类别中，情绪与集体主义文化特征之间的匹配效应不会发生，证明H1b，从而说明针对来源国的文化特征，情绪对认知产生的影响是一种深入加工模式（Forgas，1995a）。

(一) 实验 1a

1. 实验设计和执行过程

实验 1a 在上海某本科院校进行,通过公开招募共邀请了 77 名被试参加实验(女性为 66.2%)。本实验采用单因素(情绪:高兴/平和)组间实验设计,所有被试随机分派到两个实验组,分别完成两部分实验内容。第一部分为情绪启动,参考了 Tiedens 和 Linton(2001)、Agrawal 等(2007)的研究,采用故事回忆法来唤起被试高兴或平和的情绪。针对平和情绪,研究者首先介绍"平和为一种积极的情绪状态,是内心获得的平静与安宁,可能因为投身大自然,可能因为聆听了一段优美的音乐,也可能因为跟家人、朋友共度的温馨时光等";之后,被试将有 5 分钟的时间把自己的情绪故事写下来,随后完成情绪自评任务,即对表达平和情绪的"平和""宁静""安详",表达高兴情绪的"高兴""欢快""喜悦"共 6 个形容词进行 1~7 的等级评分(1 表示"一点没有感受",7 表示"感受非常强烈")(Agrawal, Menon and Aaker, 2007)。实验第二部分为产品评价,向被试随机呈现一则虚拟笔记本电脑品牌"瑞升"的广告,包括产品概述和产品图片,并强调"中国"为产品的来源国(广告材料见附录 2-3)。邀请 20 名被试对产品广告进行前测,结果表明:消费者对笔记本电脑广告的总体喜好度处于中等水平($M=3.50$, $SD=0.80$);品牌的熟悉度处于较低水平($M=1.0$, $SD=1.0$)。随后,所有被试完成产品评价测项,产品态度借鉴 Swaminathan 等(2007)的研究,共四个测项,包括产品质量、品牌评价、对产品整体喜好度,评价方式为 1~7 的等级评分(7 表示"非常肯定",1 表示"完全否定");购买意愿则参考了 Laroche 等(1996)的研究,测项为:"您愿意购买瑞升笔记本电脑吗?""如果您恰巧需要购置一台笔记本电脑,您愿意尝试购买瑞升吗?""如果不考虑价格因素,您购买瑞升的可能性有多大?"产品期望度参考了 DeSteno 等人(2000)的研究,测项为:"您对瑞升电脑有怎样的期望?""您认为瑞升可能是一款很好的笔记本产品吗?"最后,所有被试需要回答个人背景相关的题目,以及对实验目的的猜测。

2. 实验结果

(1) 情绪启动的检验。

方差分析检验结果表明,在高兴分数上,高兴组显著高于平和组

($M_{高兴}=6.04$,$SD=0.98$;$M_{平和}=5.39$,$SD=1.29$;$F(1,76)=6.07$,$p<0.05$);在平和分数上,平和组显著高于高兴组($M_{平和}=5.99$,$SD=1.06$;$M_{高兴}=4.28$,$SD=1.48$;$F(1,75)=34.61$,$p<0.001$)。此外,在情绪的积极性维度上,两组得分没有显著差异($M_{高兴}=5.81$,$SD=1.14$;$M_{平和}=5.71$,$SD=1.25$;$F=(1,75)=0.128$,$p=0.72$),表明情绪启动成功。

(2) 因变量和中介作用的检验。

因变量包括了产品态度和购买意愿。首先对产品态度进行方差分析,结果发现平和组的被试对中国笔记本电脑产品的态度显著高于高兴组的被试($M_{平和}=3.79$,$SD=0.88$;$M_{高兴}=3.27$,$SD=1.10$;$F(1,75)=5.31$,$p<0.05$)。当以购买意愿为因变量时,得出一致的结论,即平和组的购买意愿显著高于高兴组($M_{平和}=2.98$,$SD=1.32$;$M_{高兴}=2.32$,$SD=1.24$;$F(1,75)=5.15$,$p<0.05$)。

针对"期望度"的中介效应,按照 Zhao 等(2010)提出的中介效应分析程序,参照 Hayes(2013)提出的 bootstrap 方法(模型 4,样本量 5 000,95%的置信区间),以情绪为自变量,产品态度为因变量,对期望度的中介作用进行检验。中介作用检验结果不包含 0($LLCI=0.117\ 4$,$ULCI=0.741\ 5$),表明中介作用显著,且效应值为 0.372 4。此外,控制了中介变量期望度之后,自变量(情绪)对因变量(产品态度)的影响变得不显著,区间($LLCI=-0.533\ 5$,$ULCI=0.235\ 6$)包含 0,由此可知期望度发挥了完全中介作用。随后,以相同的检验步骤,验证以购买意愿为因变量的结果,发现期望度的中介作用仍然显著($LLCI=0.150\ 5$,$ULCI=0.950\ 7$),且为完全中介,效应值大小为 0.478 2。这说明期望度在情绪与产品态度、购买意愿的关系中均发挥了中介作用。由此,H1a 和 H2 在以中国为集体主义文化来源国的高卷入度产品中获得证明。

(二) 实验 1b

实验 1b 采用与实验 1a 相同的实验设计,不同之处是将笔记本电脑产品"瑞升"更换为果汁产品"万奇",万奇果汁被描述为"含有新鲜水果成分,为身体提供维他命和充沛活力的一款中国果汁产品"。前测结果表明:消费者对果汁产品广告的总体喜好度处于中等水平($M=4.08$,$SD=0.79$);品牌的熟悉度处于较低水平($M=1.46$,$SD=0.83$)。实验 1b 同样在上海某本科院校进行,64 名学生被试(女性为 67.2%)被随机分配到高兴或平和两个实验组,之后完成情绪启动和广告评价任务,产品态度和购买意愿的评价同实验 1a。

实验结果表明:在高兴分数上,高兴组显著高于平和组($M_{高兴}=4.95$,$SD=1.23$;$M_{平和}=4.28$,$SD=1.30$;$F(1,72)=4.52$,$p<0.05$);在平和分数上,平和组显著高于高兴组($M_{平和}=5.03$,$SD=1.18$;$M_{高兴}=4.27$,$SD=1.41$;$F(1,62)=5.54$,$p<0.05$),表明情绪启动成功。但是,在产品态度($M_{平和}=3.73$,$SD=1.25$;$M_{高兴}=3.72$,$SD=1.24$;$F(1,62)=0.03$,$p=0.960$)和购买意愿($M_{平和}=3.97$,$SD=1.90$;$M_{高兴}=4.0$,$SD=1.67$;$F(1,62)=0.05$,$p=0.944$)两个因变量上,高兴和平和组均没有显著的差异,说明在低卷入度的果汁产品上,情绪的文化特征没有对来源国效应产生影响,即 H1b 获得证明。

四、实验 2:情绪的他人指向特征与来源国文化匹配性的进一步证明

实验 2 的研究目的是进一步验证他人指向型情绪与集体主义文化来源国之间的匹配关系。在实验设计上,选择另一具有集体主义文化特征的非优势来源国——印度作为产品来源国,并设置无来源国信息的控制组;此外,为了区分平和情绪与无情绪状态的差异,设置"日常生活"场景的无情绪控制组,并通过观看视频短片的方式启动即时情绪;依然将笔记本电脑产品作为高认知参与的操纵。由此,实验 2 采用 3(情绪:高兴/平和/控制)×2(来源国信息:有/无)的组间实验设计。

(一)实验设计和执行过程

实验 2 在上海某本科院校进行,共有 159 名被试参加实验,剔除未完成实验的 13 名被试的数据,最终获得 146 个有效数据(女性占 57.1%)。所有被试随机分配到六个实验组,分别观看高兴、平和或控制组的视频并完成情绪的自我评定。其中,启动高兴情绪的视频选自一段综艺节目,启动平和情绪的视频为一段风景介绍短片,控制组的视频为一段大学生日常生活的剪辑,三段视频时长均为 5~6 分钟。正式实验前,我们对两个实验

组视频的情绪启动效果进行了前测。44名非正式实验的被试随机观看引起高兴或平和情绪的视频,之后回答实验1采用的情绪自评量表(Agrawal, Menon and Aaker, 2007)。差异检验结果表明:在高兴分量表上($\alpha=0.82$),高兴组显著高于平和组($M_{高兴}=5.80, SD=1.19; M_{平和}=4.68, SD=1.30; F(1,43)=8.77, p<0.01$);在平和分量表上($\alpha=0.83$),平和组的得分则显著高于高兴组($M_{高兴}=4.35, SD=1.57; M_{平和}=6.27, SD=0.98; F(1,43)=24.35, p<0.001$),由此表明视频的启动效果良好。实验的第二部分为产品评价,实验材料和产品评价、产品期望的测量同实验1a。

(二)实验结果

1. 情绪启动的检验

采用方差分析的结果显示,在高兴分量表上,高兴组的分数显著高于平和组与控制组($M_{高兴}=5.10, SD=1.07; M_{平和}=3.71, SD=1.15; M_{控制组}=3.40, SD=1.45; F(1,143)=26.21, p<0.001$);在平和分量表上,平和组的分数显著高于高兴组和控制组($M_{平和组}=5.28, SD=1.10; M_{高兴}=3.49, SD=1.03; M_{控制组}=4.70, SD=1.44; F(1,143)=27.59, p<0.001$),说明情绪启动操作成功。

2. 因变量的检验

首先,进行3(情绪:高兴/平和/控制)×2(来源国信息:有/无)的交互效应方差检验。结果表明,情绪的主效应显著($F(1,140)=7.41, p<0.001, \eta_p^2=0.096$);有无来源国信息的主效应不显著($F(1,140)=0.28, p=0.599, \eta_p^2=0.002$),情绪×信息的交互作用显著($F(1,140)=4.96, p<0.005, \eta_p^2=0.066$)。进一步针对印度来源国产品进行方差分析检验,结果表明:三组消费者在产品态度的评价上存在显著差异($M_{高兴}=2.73, SD=0.88; M_{平和}=4.05, SD=1.04; M_{控制组}=3.11, SD=1.05; F(1,66)=10.64, p<0.001$)。两两比较发现,平和组的产品态度显著高于控制组($F(1,43)=9.02, p<0.01$);高兴组的产品态度虽然低于控制组,但没有达到显著水平($F(1,45)=1.81, p=0.19$)。由此可知,当情绪的关系指向特征与来源国主义文化相匹配时,可以提高消费者对产品的态度评价,而在不匹配的情况下,产品评价并未受到显著影响(具体结果如图2-4所示)。

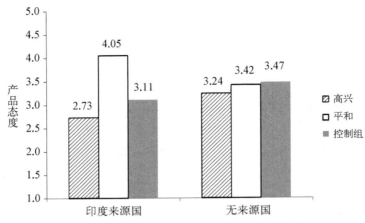

图 2-4 情绪与来源国信息的交互作用分析

其次,针对高兴与平和两个情绪水平进行方差分析检验,发现情绪的主效应显著,平和条件下的产品态度评价显著优于高兴条件($M_{平和}=3.71$,$SD=0.99$;$M_{高兴}=2.98$,$SD=0.87$;$F(1, 92)=16.81$,$p<0.001$,$\eta_p^2=0.154$),有无来源国信息的主效应不显著($F(1, 92)=0.09$,$p=0.760$,$\eta_p^2=0.001$),情绪×信息的交互作用显著($F(1, 92)=9.59$,$p<0.01$,$\eta_p^2=0.094$)。进一步对情绪×信息的交互项进行简单效应分析,结果显示:针对以印度为来源国的笔记本电脑产品,消费者在平和情绪下较高兴情绪下有更积极的态度评价($F(1, 92)=24.84$,$p<0.001$,$\eta_p^2=0.213$),针对无来源国信息的笔记本电脑产品,消费者的态度评价没有受到情绪的影响($F(1, 92)=0.525$,$p=0.470$,$\eta_p^2=0.006$)。由此,H1a再次得到验证。

3. 中介作用的检验

为了进一步探究情绪指向与来源国文化的匹配性对产品态度评价的影响机制,研究者针对平和组和高兴组,验证"期望度"的中介效应。按照 Zhao 等(2010)提出的中介效应分析程序,参照 Hayes(2013)提出的 bootstrap 方法(模型7,样本量5 000,95%置信区间),以情绪为自变量,来源国信息为调节变量,产品态度为因变量,对期望度的中介作用进行检验。结果表明,期望度的中介效应显著(LLCI=−1.297 0,ULCI=−0.207 8),中介效应大小为−0.723 0,且控制中介变量期望度之后,自变量(情绪:高兴/平和)对因变量(产品态度)的影响仍显著,区间(LLCI=0.114 4,ULCI=0.665 4)不包含

0,期望度发挥了部分中介作用。此外,检验结果还表明,情绪和来源国信息的交互作用显著(LLCI=−2.324 7,ULCI=−0.380 2,不包含0),具体而言,针对印度来源国的笔记本电脑,期望度的中介作用显著(LLCI=0.343 8,ULCI=1.116 5,不包含0),而针对无来源国信息的笔记本电脑,期望度的中介作用不存在(LLCI=−0.395 0,ULCI=0.342 4,包含0)。由此,H2再次获得证明。

五、实验3:情绪的他人指向特征与来源国文化匹配性的影响因素

实验3的研究目的是在低卷入度产品类别下,进一步探索认知参与度的影响作用。笔者认为:在实验1b中,果汁产品作为一种快速消费品,消费者在进行购买决策时认知参与较低,不会进入深入加工模式,因而导致在低卷入度的产品类别中,无法获得情绪与文化的匹配性关系。因此,实验3期望通过引入附加信息的方式,激发消费者不同的认知加工策略,以进一步证明高认知参与是情绪的文化特征产生作用的条件,因为随着信息数量的增多,认知任务的复杂性提高,个体会付出额外的信息加工努力(Petty and Cacioppo,1984)。本实验设置强/弱两类信息组,强信息组为果汁产品提供了有力的支持,是与原产品描述一致的积极信息;而弱信息组则提供了相对负面的论述,与原产品描述产生不一致。笔者认为在强化了认知参与的一致性条件下,将产生情绪与来源国文化的匹配效应;而弱信息组虽然也引发了认知参与,但负面不一致信息的出现,使得消费者可以依据产品属性做出直接判断,而不需要考虑来源国因素,情绪的文化特征也就不会对认知产生影响,即进入了低情绪浸入的模式(Forgas,1995a)。除此之外,实验3将引入国家认同变量,探索消费者对本国产品的情感因素是否对"匹配效应"产生调节作用。

(一)实验设计和执行过程

实验3采用2(情绪:高兴/平和)×2(附加信息:强/弱)的组间实验设计,在上海某本科院校中招募学生被试124名(女性48.4%)。所有被试随机分派到四组并分别完成四部分的实验任务。第一部分为情绪启动和情绪状

态的自我评定(同实验1a)。第二部分为阅读虚拟果汁品牌"万奇"的广告以及附加信息材料,附加信息被描述为这款新果汁产品的市场调研结果。附加材料的设计参照 Maheswan 和 Chen(2006)的研究,选取了口感、维生素含量、纯正度、色泽、无菌包装五个与果汁相关的产品属性,并邀请了49名非正式实验被试对属性的重要程度进行评分,重要程度排序依次是口感($M=5.98$, $SD=1.25$)、纯正度($M=5.78$, $SD=1.38$)、无菌包装($M=5.76$, $SD=1.38$)、维生素含量($M=5.59$, $SD=1.47$)、色泽($M=4.07$, $SD=1.87$)。因此,在强附加信息组中,告知被试"万奇"品牌在口感、纯正度、无菌包装三个重要属性上的评价高于另两个品牌,在次重要属性上与另两个品牌有相同的评价,在最不重要的属性上的评价低于另两个品牌;相对地,在弱附加信息组中,则告知被试"万奇"品牌在三个重要属性上的评价低于其他两个品牌,在最不重要属性上优于其他品牌。之后,完成对产品购买意愿的评价,测项为"请预测一下,在未来10次购买果汁饮料产品时,您可能有几次选择万奇"(Laroche, Kim and Zhou, 1996)。实验的第三部分为一个无关测试,请被试用3~5分钟的时间写下本学期的课程表,以消除情绪的后续效应。第四部分为国家认同感的测量,四个测项源自 Verlegh(2007)的研究,分别为:"作为一个中国人对我来说意义重大""我以自己是一个中国人而感到骄傲""当一个外国人夸赞我的祖国时,就像对我个人的赞美一样"以及反向计分题项"我不觉得自己与中国之间有任何联系"。

(二)实验结果

1. 情绪启动的检验

采用方差分析检验情绪启动效果。结果表明:高兴组在高兴得分上显著高于平和组($M_{高兴}=5.48$, $SD=1.07$; $M_{平和}=4.33$, $SD=1.28$; $F(1,122)=28.92$, $p<0.001$);在平和分数上,平和组显著高于高兴组($M_{平和}=5.51$, $SD=0.97$; $M_{高兴}=4.10$, $SD=1.33$; $F(1,122)=45.53$, $p<0.001$)。

2. 因变量的检验

针对因变量购买意愿进行2(情绪:高兴/平和)×2(附加信息:强/弱)的方差分析检验。结果表明:情绪的主效应显著,在平和情绪条件下消费者的购买意愿高于在高兴条件下($M_{平和}=3.14$, $SD=2.15$; $M_{高兴}=2.43$,

$SD=1.77$；$F(1,120)=4.92$，$p<0.05$，$\eta_p^2=0.039$)；附加信息的主效应显著，在有强附加信息的条件下，消费者产生了更高的购买意愿($M_{强}=3.73$，$SD=2.07$；$M_{弱}=1.85$，$SD=1.41$；$F(1,120)=35.70$，$p<0.001$，$\eta_p^2=0.229$)；情绪与一致性附加信息的交互作用边缘显著($F(1,120)=3.63$，$p=0.059$，$\eta_p^2=0.029$)。

进一步对情绪×附加信息的交互作用进行简单效应分析，发现仅在有强附加信息的情况下，中国果汁产品的购买意愿会受到情绪变量的影响，在平和情绪下的购买意愿显著高于在高兴情绪下($M_{平和}=4.34$，$SD=2.04$；$M_{高兴}=3.07$，$SD=1.91$；$F(1,120)=8.50$，$p<0.01$，$\eta_p^2=0.066$)。而在弱附加信息的条件下，消费者的购买意愿不受情绪的影响($M_{平和}=1.90$，$SD=1.47$；$M_{高兴}=1.81$，$SD=1.38$；$F(1,120)=0.83$，$p=0.825$，$\eta_p^2=0.001$)。由此可知，附加信息性质影响了情绪对购买意愿的作用。(见图2-5)

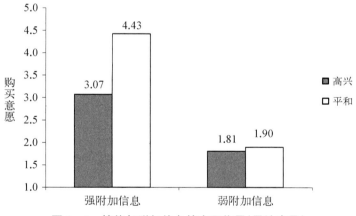

图2-5 情绪与附加信息的交互作用(果汁产品)

3. 有调节的中介效应检验

在强附加信息的条件下，检验国家认同在情绪指向特征与来源国文化匹配效应中的调节作用。按照Zhao等(2010)提出的中介分析程序，参照Hayes(2013)提出的有调节的中介分析模型(模型7，样本量5 000，95%置信区间)进行bootstrap检验，自变量采用虚拟编码(平和情绪组编码为0，高兴情绪组编码为1)。结果表明，期望度在情绪和国家认同对产品购买意愿的交互作用中具有中介作用($LLCI=0.0652$，$ULCI=1.2668$，不包含0)，作用大小为0.375 5。进一步按均值、均值加减一个标准差,区分低、中、高三种国家认同感,分析了不同国家认同程度下,情绪对购买意愿影响中期望度的中介效应。条件间接效应的结果显示:针对国家认同感较低和中等的消费者,情绪通过期望度对购买意愿的中介作用显著(LLCI=−1.573 8,ULCI=−0.213 0,不包含0;LLCI=−0.929 4,ULCI=−0.070 9,不包含0),而对于国家认同感较高的消费者,期望度的中介作用不显著(LLCI=−0.504 5,ULCI=0.294 2,包含0),H3提出的有调节的中介模型成立。

(三)结论

实验3在低卷入度的产品类别中检验了情绪他人指向特征和来源国集体主义文化的匹配效应发挥作用的条件,发现引入附加信息引发较高的认知参与时,情绪的他人指向特征会对集体主义文化来源国产品的购买意愿产生影响,这也再次证明了情绪他人指向特征与来源国集体主义文化的匹配效应是一种深入加工模式;但当附加信息为负面评价时,消费者会直接对产品做出判断,而并不依据情绪的线索作用。除此之外,实验3还证明了消费者的国家认同在情绪关系指向特征通过期望度影响来源国产品评价的过程中起到负向调节作用,说明情绪与来源国文化特征的匹配作用会受到个体情感因素的影响,当个体具有强烈的国家认同感时,情绪的无意识影响作用会受到削弱(Forgas,1995a)。

六、结论与讨论

本研究通过三个实验研究,验证了他人指向型情绪与来源国集体主义文化特征之间的匹配关系,并在此基础上通过不同国家、不同产品类型以及附加产品信息的引入,进一步探讨这一匹配效应发挥影响作用的条件。研究结果表明:当他人指向型情绪(平和)与来源国信息中集体主义文化特征相匹配时,消费者会对产品产生更积极的评价,从而获得较为积极的来源国效应,且这一匹配效应存在于高认知参与的情况下,比如针对高卷入度的产品,或需要额外认知参与的低卷入度产品情境。此外,本研究还发现,针对产品来源国为本国产品的情境,消费者丰富的国家情感卷入,也会削弱情绪关系指向特征的影响作用。

(一) 理论及应用贡献

本研究的理论贡献首先体现在来源国和国家品牌资产的研究领域，针对以往研究未能在以中国为产品来源国的条件下，证明情绪与文化的"一致性效应"问题，本研究通过产品信息和国家情感的控制进行了有效的解释，从而推进了情绪与来源国关系的主题研究。其次，他人指向情绪与集体主义文化来源国之间的匹配关系获得验证，说明即时性的情境因素可以成为影响来源国效应的重要变量，这突破了来源国刻板印象受制于某国历史、政治和经济发展等长期稳定因素影响的问题(Gürhancanli and Maheswaran, 2000b)。更进一步地，当国家文化特征可以通过消费者的某种特定情绪来表达和传递时，情绪不仅成为识别和判断来自某国的企业、品牌或产品的特殊符号，更丰富了国家品牌资产的文化内涵，使其不局限于国家品牌感知质量和国家品牌意识等要素(Yoo and Donthu, 2001)，也可以具备国家的情绪特征联想内容。最后，基于来源国效应的主题，本研究揭示了情绪作用于认知加工过程的模式，即自我意识型情绪（如他人指向型）通过深入加工模式影响到来源国效应的问题，从而将情绪影响下的认知机制问题推向深入。

本研究的应用价值在于如何利用情绪对认知的影响作用管理国家、企业和产品品牌，特别是对于他人指向型文化中的非优势来源国效应的改善具有重要的实践指导意义。针对具有集体主义文化特征的来源国，在进行品牌推广和营销时可以充分利用他人指向型情绪，保持国家文化线索与情绪特征之间的一致性，有效提升品牌评价，从而将消费者的情绪情感打造成为国家品牌资产的一个重要来源。与此同时，在具体营销实践中，还应把握产品品类和产品属性信息方面的特点，使得情绪的他人指向性在认知加工过程中充分发挥作用。具体而言，可以采用提供多种积极产品信息的方式，如专家评价、他人推荐、第三方评价机构传播的信息内容等。除此之外，在跨国营销战略的实施过程中，也可以体现本研究的实践价值。比如，在以宣传某国产品或品牌为主旨的展销会或是商业活动中，可以通过营造与该国文化相契合的情绪氛围，获得积极的企业和品牌评价；在宣传国家形象、介绍国家文化和经济发展的国际活动中，更是应该充分考虑如何将具有文化意义的情绪元素融入国家形象推广的策略中。

（二）研究不足与未来研究方向

本研究在探讨情绪他人指向特征的影响机制过程中，将"期望度"作为中介变量进行验证，这是相对间接地反映"一致性"效应的指标，今后的研究可以引入测量独立自我或相依自我联想的指标（Agrawal, Menon and Aaker, 2007），以获得情绪和来源国文化之间的更直接解释。另外，本研究在证明情绪的他人指向特征对认知产生影响时，是通过操作自变量，即产品的卷入度和广告信息的复杂程度来实现的。但是，没有通过因变量的测量来考察深入加工策略与启发式策略引发的结果差异，比如在 Forgas(1995b) 的文章中即指出，相较于受情绪直接影响的启发式策略，深入加工策略下的认知判断时间更长，信息的回忆程度也更高。这两类指标也应当用于检验情绪的文化特征对认知产生影响的深入加工策略。

在未来研究中，可以围绕情绪的文化特征主题探索其他的情绪特征，例如情绪在动机倾向上的趋近（approach）和趋避（avoidance）性，已被证明存在着广泛的文化差异性：在西方文化下，人们表现出追求自主性、取得成就的趋近目标取向；而在东方文化下，人们表现出追求归属，避免潜在危险的趋避目标取向（Aaker and Lee, 2001）。那么，情绪的趋近或趋避特征是否影响涉及来源国问题的消费者认知呢？可以在未来研究中继续围绕情绪的具体特征进行探索，以丰富国家品牌资产的文化内涵，并为国家和企业提供更多提升国家品牌形象，获得积极来源国效应的有效方法。

第四节　情绪基本属性对来源国效应影响的探讨

情绪是一个复杂的综合体，本章第二节和第三节中关注的情绪特征为自我/他人指向型，但与此同时，任何情绪均具备正负效价和唤醒水平两个基本属性方面的特征。那么，情绪的这两种基本特征是否会对来源国效应产生影响呢？这即为本节探讨的问题。针对这一问题的回答将会帮助我们深入理解消费者情绪对来源国效应影响的机制和边界问题，即可以验证或排除情绪的其他属性（正负效价和唤醒水平）作用，进而进一步验证关系指向特征(自我/他人)的作用。本节包括两个探索性研究：实验1的目的是检验情绪的正负效价属性(积极性和消极性)作用，实验2的目的是检验情绪的唤醒水平(高唤醒水平和低唤醒水平)作用。

一、实验1：情绪的正负效价属性对来源国效应的影响

以往的研究发现在对自我/他人信息进行加工时，负性效价可以使正性效价中存在的认知指向特征与信息特征之间的匹配关系发生反转(Agrawal, Menon and Aaker, 2007)。研究者采用"自我修复性动机"的概念对这一反转现象进行了解释，即个体通过对不一致性的认同和对一致性的排斥满足修复负性的、不良情绪状态的需要。具体而言：在自我指向的负性情绪状态下，强调"我们"较强调"个人"的广告信息劝说性更强，在他人指向的正性情绪状态下，强调"个人"较强调"我们"的广告信息劝说性更强，这与正性情绪下自我/他人指向性与信息指向性之间的匹配关系恰为相逆。那么，在来源国效应的问题中，是否也存在类似的现象呢？本实验引入负性情绪——挫败感，挫败感在Kitayama、Markus和Matsumoto(1995)的研究中被认为是指向自我和内在的情绪代表，其与强调独立自我的美国文化相对应，与强调相依自我的中国文化相冲突。基于此研究结论，本研究将同属自我指向特征的正性情绪与负性情绪下的认知特征进行比较，本章第二节中的研究结论，即在正性情绪下美国产品的评价高于中国产品，若出现反转效应，则应为如下假设：

H1：在负性、自我指向的情绪状态下，美国产品的评价低于中国产品。

另外，针对情绪的正负效价属性对认知产生影响的特点，本研究还将证明情绪的一致性效应在具有来源国信息的评价任务中的作用。依据情绪的一致性效应，在负面情绪下所获得的评价应该低于在正性条件下所获得的评价。由此，本实验还将验证如下假设：

H2：无论是优势来源国还是劣势来源国的品牌，在积极情绪状态下较消极情绪状态下，获得的评价会更高。

(一) 实验设计和执行过程

被试群体为来自上海某本科院校的学生，分组完成测试，实验结束后每名学生获得价值10元钱的奖品。共有90名学生参加实验，获得有效数据

83份,男生占59%。实验1为2(情绪:高兴/挫败)×2(来源国:美国/中国)的组间设计。情绪的自变量水平按照正负效价来区分,而非自我/他人指向,两个情绪水平均属自我指向的类别。因变量依然是产品评价和购买意愿。

实验过程与第二节和第三节的实验基本相同:第一步是情绪启动任务,采用故事回忆的方式启动高兴或挫败的情绪,要求被试回忆引起高兴、愉悦或者是挫败、沮丧的经历,并尽量详尽地把故事记录下来。之后,完成情绪评定测试。高兴情绪的分量表由两个形容词构成:高兴和喜悦;挫败情绪的分量表也由两个形容词构成:挫败和沮丧;请被试根据当时自己的情绪感受程度进行等级评定。除此之外,还包括一个直接区分正负效价情绪的评价题目:"根据你现在总体的情绪状态进行从非常积极到非常消极的"10点评分。第二步是阅读广告页,并完成产品评价和购买意愿测量。广告页同第二节实验材料,采用来自中国或美国的"万奇"果汁产品广告。产品评价量表包括产品质量、品牌喜好度、产品喜好度方面的四个题项;购买意愿测量包括两个题目:"您愿意尝试购买万奇果汁吗?""您购买万奇果汁的可能性有多大?"最后,完成背景题目的回答。

(二)实验结果

1. 情绪的操纵检验

情绪状态的评定结果表明在高兴分量表上,回忆高兴情绪的实验组分数显著高于回忆挫败情绪的实验组($M_{高兴组}=4.98$, $SD=1.15$; $M_{挫败组}=2.65$, $SD=1.13$; $F(1,82)=83.28$, $p<0.001$);而在挫败情绪分量表上,回忆挫败情绪的实验组分数显著高于回忆高兴情绪的实验组($M_{高兴组}=1.63$, $SD=0.82$; $M_{挫败组}=4.05$, $SD=0.96$; $F(1,82)=130.0$, $p<0.001$),在情绪状态的积极性程度评价上,高兴组显著高于挫败组($M_{高兴组}=7.63$, $SD=1.60$; $M_{挫败组}=5.40$, $SD=1.80$; $F(1,82)=32.25$, $p<0.001$)。说明情绪启动成功。

2. 因变量的检验

因变量包括两个部分:产品评价和购买意愿。产品评价量表的内部一致性系数α为0.88,购买意愿量表的内部一致性系数α为0.83。采用2(情绪:高兴/挫败)×2(来源国:美国/中国)的方差分析,将国家认同作为协变量。结果表明,当以产品评价为因变量时,情绪的主效应显著($M_{高兴组}=4.94$,$SD=0.97$;$M_{挫败组}=3.96$,$SD=1.0$;$F(1,82)=20.90$,$p<0.001$),来源国的主效应不显著($M_{美国}=4.45$,$SD=1.22$;$M_{中国}=4.31$,$SD=0.99$;$F(1,82)=2.02$,$p=0.16$),国家认同的主效应不显著($F(1,82)=1.29$,$p=0.26$),来源国与情绪的交互作用不显著($F(1,82)=2.77$,$p=0.10$)。在高兴条件下,美国产品的评价高于中国产品,达到边缘显著水平($M_{高兴-美国}=5.30$,$SD=1.01$;$M_{高兴-中国}=4.68$,$SD=0.87$;$F(1,33)=3.86$,$p=0.06$)。在挫败条件下,两国产品的产品评价之间没有显著差异($M_{挫败-美国}=3.92$,$SD=1.04$;$M_{挫败-中国}=4.01$,$SD=1.00$)。

以购买意愿为因变量时,情绪的主效应显著($M_{高兴组}=5.34$,$SD=1.24$;$M_{挫败组}=4.42$,$SD=1.42$;$F(1,82)=9.69$,$p<0.01$),来源国的主效应不显著($M_{美国}=4.67$,$SD=1.51$;$M_{中国}=4.94$,$SD=1.32$;$F(1,82)=0.01$,$p=0.99$),国家认同的主效应呈边缘显著($F(1,82)=2.93$,$p=0.09$),来源国与情绪的交互作用显著($M_{高兴-美国}=5.63$,$SD=1.06$;$M_{高兴-中国}=5.13$,$SD=1.34$;$M_{挫败-美国}=4.06$,$SD=1.44$;$M_{挫败-中国}=4.79$,$SD=1.32$;$F(1,82)=4.64$,$p<0.05$)。

针对来源国与情绪的交互作用,进行简单效应分析。结果表明,来源国在高兴情绪水平上的效应显著($F(1,82)=0.54$,$p<0.05$),来源国在挫败情绪水平上的效应达到边缘显著($F(1,82)=3.27$,$p=0.074$);情绪类型在美国产品水平上效应显著($F(1,82)=14.08$,$p<0.001$),情绪类型在中国产品水平上效应不显著($F(1,82)=0.67$,$p=0.42$)(见图2-6)。

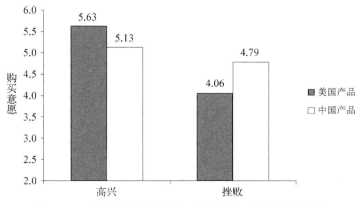

图2-6 来源国与情绪的交互作用在购买意愿上的表现

（三）结论与讨论

本研究的结果表明：在负性情绪下，被试对中国和美国产品的评价和购买意愿均显著地低于在正性情绪下，H2 获得证明，说明情绪的一致性效应存在于具有来源国信息的产品和品牌态度中。

针对负性的、自我指向的情绪，美国的品牌来源国优势效应不仅消失，而且低于在挫败情绪条件下的中国产品态度。说明相对于本章第二节和第三节的积极情绪条件下的情况，情绪指向与来源国文化指向间的匹配关系发生了反转，支持了 Agrawal、Menon 和 Aaker（2007）的研究结论。这不仅为具体情绪的自我/他人认知特征与来源国效应的关系提供了更充分的佐证，也使得情绪的正负效价属性与认知指向特征之间的作用关系更加清晰。但是，中国产品的购买意愿并没有受到情绪的显著影响，"反转现象"主要是由于正性和负性的自我指向情绪对美国产品购买意愿产生影响所致。这一方面可能是由于本研究仅关注的与美国文化相对应的自我指向型情绪，而非他人指向型情绪，因而在美国产品的购买意愿上倾向于出现反转效应；这可能更有利于满足个体修复负性的、不良情绪状态的动机需求（Agrawal et al.，2007）。另一个可能的原因是，如本章第三节实验结论所示，中国产品的消费者态度没有受到情绪的影响，是由于认知任务本身的复杂程度不足以引发具体情绪的指向性来发挥作用，即没有充分激活情绪启动的认知机制。

本实验中，在高兴情绪下，被试对美国果汁产品的态度虽然高于中国果汁产品，但差异没有达到显著水平。这与本实验高兴情绪组的样本偏少有关，因为在本章第二节实验中设计过同样的实验组，因而在本节实验中仅收集了少量样本，用来与挫败情绪组进行对照。这也成为本研究的一个不足之处。

二、实验 2：情绪的唤醒水平属性对来源国效应的影响

针对来源国效应形成的影响机制，精细加工可能性模型（Elaboration Likelihood Model，ELM）给出了合理性解释，该模型认为在态度形成的过程中存在着中心路径（central route）和边缘路径（peripheral route）两种信息加工方式（Bloemer and Kasper，2009）。通过中枢路径进行信息加工的模式

是精细化和系统化的,信息加工的结果对态度形成具有决定性的作用;通过边缘路径进行的信息加工模式是粗略的、启动式的,通过边缘路径进行加工的信息对最终态度形成的影响是有限的(Bloemer and Kasper,2009)。那么,在中心路径中,消费者在高认知卷入度的情况下,可能会综合考虑来源国以外的产品属性信息,因而使得来源国效应不够显著;而当来源国信息进入边缘路径时,消费者有可能在低卷入度的模式下,依据来源国信息进行决策,因而使得来源国效应显著(Wall, Liefeld and Heslop,1991)。

因此,消费者的信息加工动机强度对来源国效应有着重要的作用。并且,有研究表明高唤醒水平下消费者启动的是启发式思维,即个体倾向于依赖线索进行简单快速的决策;在低唤醒水平下消费者启动的是分析式思维(Paulhus and Lim,1994),即个体倾向于进行深入系统的认知分析。也就是说,高唤醒水平与消费者的低信息加工动机相匹配,低唤醒水平与消费者的高信息加工动机相匹配。基于消费者情绪中的愉悦程度与唤醒水平这两个基本维度,可以将情绪分为四种:积极—高唤醒水平、积极—低唤醒水平、消极—高唤醒水平、消极—低唤醒水平。由于本节的实验1已经证明了正、负情绪的影响差异,实验2的主要目的是验证情绪的唤醒水平是否有作用,因此本研究仅关注同一情绪效价(积极情绪)下的高、低唤醒水平特征对来源国效应是否产生影响。有可能产生的结果是:在高唤醒水平情绪下的思维模式与来源国认知机制边缘路径相匹配;而在低唤醒水平情绪下的思维模式与来源国认知机制中心路径相匹配。在高唤醒水平下,消费者采用启发式的信息加工方式,直接根据品牌来源国这一信息线索进行决策,此时的来源国效应显著;在低唤醒水平下,消费者采用系统性的信息加工模式,会综合考虑产品的属性以及其他因素,此时品牌来源国这一影响因素对消费者的影响减弱,来源国效应不显著。

本实验选择了积极情绪下的高、低唤醒水平两种情绪,将果汁产品广告作为评价目标,选择美国作为优势来源国、加拿大作为中性来源国、无来源国三者进行比较,对被试在不同情绪下对产品的评价进行分析。实验采用音乐启动的方式唤起情绪感受,具体的实验过程和结果如下。

(一) 实验设计

被试者是来自上海某211高校的本科生,其中男生占39.3%,女生占

60.7%。被试以获得市场营销课程学分的方式自愿参与实验,实验完成时间为 15~20 分钟,由研究者本人作为实验的主试。被试总人数为 206 人,通过问卷有效性的筛查,最终获得 193 个有效数据,删除了情绪启动不显著和没有完整回答问卷的被试样本。206 名被试随机分到 6 个实验组,实验为 2(积极情绪:高唤醒水平/低唤醒水平)×3(来源国:美国/加拿大/无来源国)的组间实验设计。美国、加拿大代表两个来源国信息,无来源国组视为控制组。因变量为对产品的评价和消费者对产品的购买意愿。

本研究对产品类别和来源国的选择进行了前测。实验者随机选取了 20 名被试(非主实验被试),请 20 名被试分别针对果汁、MP3、鞋类、牙刷、钢笔、手机这六种产品对六个不同的品牌来源国——美国、印度、中国、加拿大、新加坡、英国进行评价,评价程度从"一点都不认同"到"非常认同"分为 1~7 不同的等级。具体前测题目以果汁产品为例:"针对果汁产品,请您凭自己的印象分别对以下几个国家的产品进行 1 分(一点都不认同)至 7 分(非常认同)的评价"。前测对美国、印度、加拿大的果汁产品评价进行配对差异检验,结果表明:在果汁产品这一品类,美国的产品评价显著高于印度($M_T=3.10$,$SD=1.97$,$p<0.001$),也显著高于加拿大($M_T=2.15$,$SD=1.84$,$p<0.001$);而加拿大的果汁品牌评价显著高于印度($M_T=0.95$,$SD=1.78$,$p<0.001$)。因此,将美国作为优势来源国,加拿大作为中间水平来源国。

(二)执行过程

实验参与者被告知测试分为三个部分,第一部分是听一段几分钟的音乐,第二部分为观看一张广告海报,之后针对广告上的产品进行评价,第三部分为回答一些背景题。第一部分的实验目的在于启动被试的情绪,本实验采用了请被试听音乐的方法启动"积极—高唤醒水平"和"积极—低唤醒水平"的情绪。启动这两种情绪的音乐采用 Fabrizi 和 Kyle(2012)研究中所使用的情绪唤醒材料。两位研究者认为音乐的节拍能够改变实验参与者的唤醒水平(快节拍=高唤醒水平;慢节拍=低唤醒水平)。而实验参与人员的情绪愉悦程度能够通过改变音乐的音调来操作(大调=积极情绪;小调=消极情绪)。因而采用改变节拍和调性的方法制作了四段音乐,这四段音乐是莫扎特曲目中的同一段钢琴曲选段。对于情绪的测量采用 Fabrizi 和 Kyle(2012)在研究中使用的情绪网格(affect grid)(附录 2-3)。该网格是一个 9×9 的正方形方格。方格的横坐标表示愉悦程度,从左到右有九个方格分别表示人们的愉悦程度 1(低)～9(高),方格的纵坐标表示唤醒水平,从下往上也有九个方格,分别表示人们的唤醒水平 1(低)～9(高)。Russell 等(1989)的研究表明,该方格能有效并且快速地测量个体的情绪。完成情绪测量表后,进行实验的第二部分,即向被试发放广告页。广告页采用是第二节中使用的美国产果汁广告,仅更改来源国信息制作加拿大组和控制组的品牌广告,除来源国不同外,其他如产品介绍和背景设计均一致。在产品广告的设计上,为了强调来源国的信息,将其显示在广告语的标题中,并且进行突出显示,广告语如下:

> 万奇,来自**美国(加拿大/印度)**的果汁品牌:万奇是一款刚刚问世的**美国(加拿大/印度)**果汁品牌,它混合了蓝莓和红莓的新鲜水果成分。其原料经过了精挑细选,果汁成分中含有多种维他命,可以给身体注入充沛的活力。快来尝试一下万奇的美妙滋味吧!

在被试完成广告页的观看后,立刻发放产品评价量表。产品评价测量表包含 6 个测项,包括对"万奇"果汁的品牌(产品)态度和购买意愿测试。产品态度主要借鉴 Swaminathan、Page 和 Gürhan-canli(2007)的研究,共有 4 个测项,包括产品质量、品牌评价、对产品整体喜好度(不同陈述方式的两个测项),评价方式为 1～7 的等级评分,7 分表示非常肯定,1 分表示完全否定。针对果汁产品,购买意愿测试的题目有两项,分别为"您愿意尝试购买万奇果汁吗?""如果不考虑价格因素,您购买该果汁产品的可能性有多大?"量表在态度和意愿两个维度上的内部一致性系数 α 分别为 0.875 和 0.921,问卷的信效度良好。

(三)研究结果

1. 情绪启动检验

采用 SPSS 19.0 中的方差分析来检测高唤醒水平组与低唤醒水平组在情绪测量表上的结果是否存在显著差异。分析数据发现:高唤醒水平组在唤醒水平上的得分要显著高于低唤醒水平组在该项上的得分($M_{高唤醒}=5.56$,$SD=1.97$;$M_{低唤醒}=4.37$,$SD=1.88$;$F(1, 193)=18.52$,$p<0.001$);而在愉悦程度这一评分上,高唤醒水平组与低唤醒水平组的得分并

无显著差异（$M_{高唤醒}=5.76$，$SD=1.92$；$M_{低唤醒}=5.31$，$SD=2.09$；$F(1,193)=2.442$，$p=0.12$），说明情绪操作在保证了积极程度相同的条件下，引发了被试唤醒水平上的差异，情绪操作成功。

2. 因变量检验

以品牌评价和产品购买意愿为因变量进行检测，采用 2（积极情绪：高唤醒水平/低唤醒水平）×3（广告：美国/加拿大/无来源国）的方差分析检验。结果发现：在以品牌评价为因变量时，来源国的主效应显著（$F(1,193)=5.233$，$p<0.01$），但是唤醒水平的主效应（$F(1,193)=0.006$，$p=0.941$）和唤醒水平×来源国的交互作用不显著（$F(1,193)=0.683$，$p=0.507$）；当以购买意愿为因变量时，来源国的主效应（$F(1,193)=2.657$，$p=0.073$）呈边缘显著，唤醒水平的主效应（$F(1,193)=0.059$，$p=0.808$）、唤醒水平×来源国的交互作用都不显著（$F(1,193)=0.594$，$p=0.553$）。

进一步考察各个来源国组在高唤醒水平组与低唤醒水平组在因变量上是否显著差异。结果表明：对于无来源国产品，品牌评价（$M_{无-高唤醒}=3.75$，$SD=1.15$；$M_{无-低唤醒}=3.71$，$SD=1.04$；$F(1,193)=0.028$，$p=0.868$）和购买意愿（$M_{无-高唤醒}=3.97$，$SD=1.76$；$M_{无-低唤醒}=3.75$，$SD=1.81$；$F(1,193)=0.31$，$p=0.579$）在两种唤醒水平条件下均无显著差异；对于美国产品，品牌评价（$M_{美国-高唤醒}=4.33$，$SD=0.86$；$M_{美国-低唤醒}=4.17$，$SD=1.02$；$F(1,193)=0.481$，$p=0.489$）和购买意愿（$M_{美国-高唤醒}=4.39$，$SD=1.44$；$M_{美国-低唤醒}=4.38$，$SD=1.35$；$F(1,193)=0.001$，$p=0.971$）在不同唤醒水平上的评分仍然不显著。加拿大组的品牌评价没有受到情绪唤醒水平的影响（$M_{加拿大-高唤醒}=4.00$，$SD=0.98$；$M_{加拿大-低唤醒}=4.24$，$SD=0.65$；$F(1,193)=1.071$，$p=0.306$），加拿大组的购买意愿同样无显著差异（$M_{加拿大-高唤醒}=4.22$，$SD=1.51$；$M_{加拿大-低唤醒}=4.62$，$SD=1.31$，$F(1,193)=1.043$，$p=0.312$）。

三、结论与讨论

情绪对消费者决策的影响以及来源国效应的问题作为两个不同的研究领域分别被以往的研究者广泛关注，但尚未有研究明确验证情绪与来源国效应之间的关系。本研究将情绪与来源国效应联系起来，探索在积极情绪的高、低唤醒水平下，消费者对处于不同来源国地位的品牌（产品）态度的差异，即验证在不同唤醒水平下消费者偏好的信息加工方式对不同国家的来源国效应的影响。这是以往研究没有关注到的视角，也是本研究在内容上的一个创新之处。另一方面，本研究证明了无来源国信息组、优势来源国信息组（美国）、中度优势来源国组（加拿大）在高唤醒水平和低唤醒水平下的评价均没有显著差异，即来源国效应不会受唤醒水平的影响。虽然本研究的猜想没有获得验证，但是这为自我/他人指向型情绪（本章第二节和第三节的研究）对来源国效应的影响结果和机制提供了进一步的佐证，排除了情绪唤醒水平的影响，更加能够验证情绪指向性与来源国文化特征之间的匹配关系，这为情绪和来源国效应的现有研究提供了一种有效的补充。

附　　录

附录 2-1　广告材料（美国为来源国）

附录 2-2　高卷入度的广告材料（印度笔记本电脑产品）

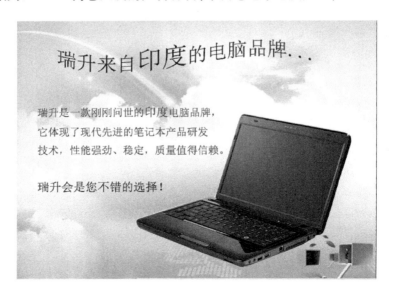

附录2-3 情绪检测网格(affect grid)

请对您目前的情绪状态进行评价,在下图中对符合您此时心情的方格打(√)。如图所示,图中横向测量的是您情绪的愉悦程度,从左向右的九列方格分为1(不高兴)~9(高兴);方格纵向体现的是您此刻的唤醒水平,从下向上的九排方格分为1(困倦)~9(兴奋)。

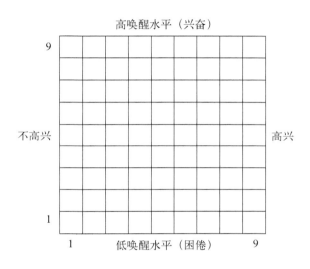

附录2-4 无来源国信息组广告材料

第三章
消费者情绪对品牌定位态度的影响

在全球品牌化趋势愈演愈烈的今天,越来越多的企业面临着进行"全球化"品牌定位还是"本土化"品牌定位的两难选择。在品牌全球化定位的发展路径中,品牌成为全球消费者文化的象征,而不与单一国家(本国或外国)的文化元素相关联;全球范围内的消费者会共享对他们来说有意义的消费符号(品类、品牌、消费活动等)(Alden, Steenkamp and Batra, 1999)。相应地,倾向于品牌本土化定位的企业则基于不同国家和地区消费者的差异性,传递融入本土文化的品牌信息,有效改善了品牌全球化发展中的同化拒绝问题(Akaka and Alden, 2010)。仅以中国市场为例,我们可以看到大量的此类营销现象。一方面,传统的全球品牌不断尝试在其产品或广告中融入大量中国本土元素,将其视作亲近本土消费者的重要举措,如 Swatch 的中国风系列手表、宜家的中国"乒乓"系列家具;另一方面,华为、联想等中国本土品牌,则试图向消费者展现宏大、现代、时尚的"全球"形象,极力证明自己是消费者积极融入全球文化的恰当选择。而实际上,全球性或本土性并不是非此即彼的两极,也就是说在企业确定品牌定位战略的过程中并不存在完全的标准性或一致性(Alden, Steenkamp and Batra, 1999),企业通常会依据营销目标的差异调整品牌传播的标准化程度,以塑造具有全球性或本土性的品牌(何佳讯,2013),正如可口可乐既有在全球范围内传播的、强调力量、成就、一致性的品牌广告,又有在中国市场投放的新春佳节"合家欢"系列的主题广告(Shepherd, Chartrand and Fitzsimons, 2015)。

然而,基于消费者的角度,他们是如何感知企业所实施的差异化品牌定位战略呢? Steenkamp 等(2003)提出了感知品牌全球性(Perceived Brand Globalness, PBG)和感知品牌本土性(Perceived Brand Localness, PBL)两个对应的构念,来从消费者的角度定义全球品牌和本土品牌。进一步地,品牌全球性和本土性的感知会激发消费者对于全球品牌和本土品牌在品牌质量、声誉、个性形象等方面的不同联想(Steenkamp, Batra and Alden, 2003; Dimofte, Johansson and Ronkainen, 2008)。那么,针对品牌的全球性特征和本土性特征,是否尚有一些未挖掘的感知联想?企业又应该如何利用这些联想内容进行品牌全球化或本土化定位的差异性营销?除了传统的广告、包装、促销等传播方式外,是否可以引入新的沟通要素来传递"全球性"或"本土性"的信息?甚至可以将沟通新要素发展成为全球品牌和本土品牌的一种独特资产?这即是本章研究所关注和解决的营销实践问题。

第一节 文献综述和假设提出

一、品牌全球化定位和品牌本土化定位的概念辨析

（一）基于企业视角的界定

对全球品牌的界定首先来源于国际营销领域,从企业的角度进行理解。按照营销标准化的思路,企业致力于向不同国家和地区的市场提供同一种产品,并通过在大多数市场中使用相同的品牌名称、相似的定位战略和营销组合树立全球统一的品牌形象,由此也实现了在营销、研发、采购和制造过程中的节省大量成本(Buzzell, 1968; Levitt, 1983)。按照这一逻辑创建的品牌即可被视作全球品牌,但完全的标准化其实是不可思议的,品牌只是在标准化程度上存在差异(何佳讯,2013)。研究者实际上是在按照不同市场上使用标准化营销战略和方案的程度对全球品牌进行定义(Özsomer and Altaras, 2008)。此时,可以认为一些品牌比其他品牌更为全球化(Hsieh, 2002; Kapferer, 2005; Schuiling and Kapferer, 2004)。相对应地,"本土化"总会与"全球化"一同被提及(Strizhakova, Coulter and Price, 2012; Theodosiou and Leondou, 2003)。本土化意味着企业致力于为当地市场提供专属产品(Zhang and Khare, 2009),更多地依据各地区在地理、文化、经济发展等方面的状况,调整具体营销方案。

事实上,绝对的标准化并不能总带来高额的潜在利润(Samiee and Roth, 1992),营销战略必须依据当地情况进行适当调整(Akaah, 1991;

Kustin，1994），营销者也需要在全球品牌和本土品牌之间进行决策（Tu，Khare and Zhang，2012）。诸多研究已经提出从全球标准化到本国当地化的两极，以及介于两者之间的各种混合的战略选择。例如，Ritzer（2003）提出了全球当地化（glocalization），其主要思想是在全球层面上进行产品设计，但营销和交易活动当地化，或进行柔性产品设计，在基本产品的基础上包含针对当地市场的重要特色（Shocker，Srivastava and Ruekert，1994）。又如，Douglas 和 Craig（2011）提出了半全球化（semiglobal）营销战略，把全球市场分为五大范围（发达市场、全球和区域细分市场、以国家为中心的市场、贫穷的乡村和城市市场、国家族群），针对不同范围的市场，采取不同的营销战略。Kapferer（2012）以品牌名称、定位、产品为三大核心要素，分析其一致或不一致，归纳了从全球到本土的八种全球化方式，对品牌全球化与本土化相结合的组合方式作出了更为明确细致的概括。这些研究均表明，企业可以根据自身需要对全球化或本土化的品牌定位战略进行选择。合理的扩展或许应转向消费者视角的研究。

（二）基于消费者视角的界定

学术界新的倾向是从消费者角度对全球品牌进行概念界定。Steenkamp 等（2003）在一项开创性的研究中首次提出了"感知品牌全球性"（perceived brand globalness，PBG）的概念，认为当消费者相信品牌在多个国家出售并且在这些国家中总体上被认为是全球的，则该品牌即为全球品牌。对其的操作性定义则是，消费者感知到的品牌在本国之外的外国市场进入的数量程度。因此，全球品牌是一个认知构念，不同个体的评价存在差异（Dimofte，Johansson and Bagozzi，2010）。相对应地，感知品牌本土性（perceived brand localness，PBL）则反映了消费者感知中品牌与当地文化相联系的紧密程度。消费者感知到的品牌对本土文化的象征价值越大，则品牌的感知本土性越强。

那么，企业如何在消费者心智中创建品牌全球性或品牌本土性的感知呢？这就需要回溯到又一对创新性概念，即全球消费者文化定位（Global Consumer Culture Positioning，GCCP）和本土消费者文化定位（Local Consumer Culture Positioning，LCCP）（Alden，Steenkamp and Batra，1999）。前者是指全球消费者共享对他们来说有意义的、与消费相关的符号

（品类、品牌、消费活动等）集合，是将品牌视为一种全球文化的象征来帮助企业提升品牌资产的新定位战略。后者则将品牌与本土文化意义相联系、反映本土文化的规范与特征、往往被描绘成由本土公民在其本国文化中消费的一种战略。事实上，无论企业试图采用哪一种文化定位战略，其可以运用的文化元素都是极其多样的，如不同的语言、美学符号、故事主题等（Alden，Steenkamp and Batra，1999）。

一些研究结论侧面表明全球消费者文化定位比本土消费者文化定位的效果更佳。例如，Swoboda等（2012）调查中国消费者对三类零售商（西方、亚洲、本土）的态度，发现感知品牌全球性对于惠顾国外零售商的作用比惠顾本土零售商的作用要大，而感知品牌本土性对惠顾本土零售商的作用比惠顾国外零售商的作用要大。然而，这并不意味着全球品牌化要让那些跨国品牌放弃它们的国家资产（何佳讯，2013）。一方面，消费者偏好来自被认为具有特定专长的国家的品牌（Holt，Quelch and Taylor，2004），另一方面，消费者期望全球品牌能够告知他们与品牌有关的、来自特定地方的文化（Dimofte，Johansson and Ronkainen，2008）。因此，进一步区分在不同情况下哪种消费者文化定位能够取得更好的消费者态度，具有极为重要的战略意义。

二、全球品牌化与全球品牌资产

全球品牌具有不同于一般品牌的特殊价值，即"全球品牌资产"（global brand equity）（Hsieh，2004；Torres et al.，2012）。具体地，消费者认为全球品牌拥有特别的信誉、价值和能力（Steenkamp，Batra and Alden，2003）。因此，如果某一品牌的感知全球性较强，消费者会自然地认为该品牌也具有超出其他品牌的优越性，即使其质量或价值在客观上未必更胜一筹，他们也倾向于选择全球品牌（Özsomer and Altaras，2008；Xie，Batra and Peng，2015）。

承接这种思路，全球品牌资产揭示了品牌感知全球性发挥效用的价值机制。作为整体的全球品牌具备共同且独特的利益联想是驱动不同国家消费者评价并购买全球品牌的重要原因，即全球品牌资产的来源（Keller，1993）。Holt等（2004）首次针对全球品牌资产进行全面考察与测量，横跨数十个国家的定性访谈和大规模问卷调研显示，消费者通常由全球品牌联想到三个维度,即质量信号、全球神话、社会责任,共解释品牌偏好64%的变异,且这种关系在所有国家中均稳定地存在。Dimofte等(2008)将全球品牌作为一个整体开展的研究也抽取出五个反映品牌全球性(brand globality)的关键维度,即地理覆盖、受到渴望、低风险、道德性、标准化。其中,"低风险"与"质量信号"、"受到渴望"与"全球神话"和"社会声望"、"道德性"与"社会责任"存在相似的内涵。

从效应机制来看,感知全球性是一种特殊的品牌联想(Özsomer,2012),在对品牌态度和购买偏好的影响过程中发挥信号作用(Özsomer and Altaras, 2008; Özsomer, 2012),具体的品牌属性(即全球品牌资产维度)是解释市场行为的根本理由(Swoboda, Pennemann and Taube, 2012)。这是因为,诸多研究已经表明,在控制了通过感知质量、社会声望等具体利益联想对购买意向的间接作用后,感知品牌全球性和感知品牌本土性对品牌购买意向的直接效应并不显著(Steenkamp, Batra and Alden, 2003; Xie, Batra and Peng, 2015)。

然而,现有研究选取的大多是感知质量和社会声望这些全球品牌和本土品牌共有的利益联想,忽视了本土品牌也应该存在自己的独特联想。例如,欧洲发达国家的消费者认为本土品牌是亲切的和可信赖的(Schuiling and Kapferer, 2004)。因此,是否存在对应于"全球品牌资产"的"本土品牌资产"概念?无论是针对全球品牌还是本土品牌,所产生的联想内容对品牌评估的影响效果和影响方式是否相同?这些均是值得关注的重要问题。

可以推断,当消费者产生品牌资产的联想时,其所依据的全球性和本土性信息即成为联想的线索,而全球性和本土性便成为类似于原产地的构念,消费者可能不直接对之评价,但其对更客观的品牌属性评价产生影响(Dimofte, Johansson and Ronkainen, 2008)。在Maheswaran和Chen(2006)关于来源国效应的研究中表明,当产品或品牌的来源国成为一个突出的属性信息时,个体的情绪会影响其产品态度和购买意向,这是因为具体情绪的认知特征改变了消费者即时的感知和判断,从而加强或减弱了与产品出身有关的来源国效应。Maheswaran和Chen由此提出特定情绪可以成为品牌独具的一种国家资产。类似的,当我们的研究中建立了具体情绪与全球品牌和本土品牌联想之间的稳固匹配关系时,具体情绪也可以理解为全球或本土品牌的一种独特资产。

三、调节聚焦理论与品牌的全球性联想

人类的行为动机在"享乐原则"的主导下通常表现为追求快乐和避免痛苦的天性,而 Higgins(1997)提出的调节聚焦理论(Regulatory Focus Theory,RFT)则深入发展和解释了"享乐原则",认为个体在获得目标的过程中会表现出两种不同的自我调节倾向,即促进聚焦(promotion focus)和防御聚焦(prevention focus)。具有促进聚焦倾向的个体表现出对正面结果的敏感性,他们会主动争取前进或成功的可能性;而具有防御聚焦倾向的个体则对负面结果的出现或避免更为敏感,因此他们会谨慎地避免风险和错误(Higgins,1997)。在情绪情感范畴,研究者们发现,在促进聚焦和防御聚焦的目标驱动下,个体在实现目标后获得的情绪体验存在着显著的差异性,前者会体验到更强烈的快乐/沮丧情绪,而后者则会体验到更强烈的平静/焦虑情绪(Higgins, Shah and Friedman,1997)。实际上,这即成为趋近情绪和规避情绪的来源。依据此,在本章的研究中,情绪的动机指向也应该与个体的调节聚焦倾向之间存在着对应关系,在趋近动机情绪被唤起后,个体的促进聚焦倾向应更为显著,而规避动机情绪则对应着个体的防御聚焦倾向。调节聚焦既可以是个体特有的一种长期稳定的人格特质,也可以通过特定的操作任务获得情境性的短期启动,而情绪所唤醒的即为情境性的调节聚焦。在营销领域中,调节聚焦也被证明广泛地影响着消费者对广告的评价、对品牌延伸的态度、对产品的选择行为(Higgins,1997)。

基于品牌全球化定位的问题,本研究认为调节聚焦理论(RFT)可以解释全球性(PBG)或本土性(PBL)联想的特点,特别是基于消费者感知的全球性联想具有鲜明的趋近特征。Westjohn 和他的同事们提供了初步证据来支持这一论点,表明消费者的趋近型倾向(Westjohn et al.,2016)与全球化品牌定位偏好有着正向的关系。为了进一步证实全球和本土品牌在趋近和规避倾向上的感知联想特征,本研究首先在中国大学生群体中开展了一项初步测试($n=32$)。具体而言,要求被试回答对全球品牌的联想,并且使用改编自调节聚焦测量的题目来反映对品牌的促进型或防御型联想偏向(Higgins,1998)。促进型联想包括3道题目,反映了品牌在向外开拓、追求成功以及风险尝试方面的联想($\alpha=0.80$),另3个题目用于测量防御型偏好,

包括品牌在追求安全性、向内发展及避免风险方面的特点（$\alpha=0.66$），采用 1~7 的等级评分，1 代表"完全不符合"，7 代表"非常符合"。针对全球品牌的趋近型联想显著高于中点值 4 分（$M=5.65$；$p<0.001$）。然而，规避型的认知平均值并没有明显低于中点值（$M=3.94$；n.s.）。因此，初测表明消费者对品牌全球性联想具有趋近特征，而对本土性联想不具有显著的规避型特征。

四、情绪的动机倾向性与品牌定位态度

基于人类动机的调节聚焦理论，Higgins（1997）进一步提出大部分情绪都会具有一种在趋近或趋避动机上的倾向性。趋近情绪与成功或失败地接近一件奖励事件有关，比如高兴和沮丧情绪；趋避情绪则与成功或失败地避免威胁事件有关（Higgins，1997），比如冷静和焦虑情绪。Raghunathan 和 Pham（1999）的研究发现：虽然情绪的正负效价不同，但悲伤和高兴情绪都会增加人们对风险的寻求和对奖励的敏感性，表现为一种趋近某一事物的目标导向；而焦虑和冷静情绪会增加个体对安全的担忧和对威胁的敏感性，表现出回避某一事物的目标导向。

已有研究证明，情绪的趋近和趋避特征会影响个体后续的态度和行为（Bosmans and Baumgartner，2005；Labroo and Rucker，2010）。例如，Labroo 和 Rucker（2010）关注了消费者即时情绪与之后观看的广告唤醒情绪在动机倾向上的匹配性，他们认为如果先后感知到的两种情绪在动机倾向性上保持一致，就会增强个体认知加工的流畅性，使认知对象获得更积极的评价，并称之为指向匹配（orientation-matching perspective）效应。Raghunathan 和 Pham（1999）证明了相同效价的情感状态可以使个体在赌博和工作选择决策中对涉及不同程度风险和报酬的选项产生偏好。他们进一步将这一现象解释为不同动机类型的情绪所传达的目标和信息指向的差异。由此，本研究认为特定情绪下消费者会激发获取相关信息的动机，并将此类信息作为产品和品牌评估的来源。根据记忆联想网络理论（Collins and Quillian，1969；Collins and Loftus，1975），人类记忆系统是语义概念和图式的网络结构，每两个语义概念相互连接，成为一个记忆节点；反映相关内容的概念在记忆网络中形成集群，集群可以通过它们之间的记忆节点激活

(Collins and Quillian，1969)。Bower(1981)扩展了这一概念，证明了依赖情绪的记忆(mood-dependent-memory)形成过程，即特定情绪在自由联想和感知分类任务中激活与情绪特征一致的信息，使得这些信息优先被提取和加工。例如，在高兴状态下，人们更容易回忆起与快乐相关的词语和个人经历，因为当前的高兴状态会激活反映相同情绪状态的相关记忆节点。

品牌联想即是各种品牌信息通过记忆节点联结存储的网络结构，影响着消费者对品牌的价值感知(Keller，1993)。那些与全球品牌相关的独特却不易察觉的信息节点同样存储在消费者的品牌联想记忆网络中(Özsomer and Altaras，2008)。这些节点共同体现了促进型(promotion)焦点，可以被具有同样动机趋向的外在情绪线索激活(Bower，1981)。相反地，正如预研究所揭示的，本土品牌定位不具有显著的趋避型联想特征，这可能是因为在关于本土品牌的传统认知联想中，本土品牌联想通常与产品类别相关，比如食物、家居产品或服务型产品(Alden, Steenkamp and Batra，1999)，但是在品牌发展全球化的阶段，向外拓展的本土品牌在高科技耐用品类别中也是常见的，比如中国的华为和印度的Tata。在中国市场越来越多的本土品牌呈现出的发展趋势已经弱化和阻断了本土品牌的趋避型联想特征，因为本土品牌也可以表现出积极进取性(aggressive)(Kumar and Steenkamp，2013)。因此，即使有趋避指向情绪作为激发线索，本土定位品牌的趋避型联想也无法被提取。而针对全球品牌定位，趋近导向情绪会激活与其一致的品牌联想内容。由于，全球定位策略引发的全球性联想可以在消费者心智中创造价值和利益(Keller，1993)，包括抱负、声望、全球神话、社会责任等积极的联想内容(Alden et al.，2013；Dimofte, Johansson and Bagozzi，2010；Holt, Quelch and Taylor，2004；Özsomer and Altaras，2008)。也就是说，全球品牌联想会引发消费者对全球定位品牌的积极反应(Zabkar et al.，2017)。因此，本研究进一步假设趋近型品牌定位联想会提升消费者的品牌态度，被激活的趋近型联想在特定情绪和品牌态度的关系中起到中介作用。本研究提出如下假设：

H1：针对全球定位的品牌，消费者在趋近情绪(较趋避情绪)状态下，会具有更积极的品牌态度。

H2：品牌趋近特征联想在趋近情绪与全球性定位品牌的匹配关系中起到中介作用。

五、全球身份认同的调节作用

消费者在对全球或本土品牌进行评价时,还会受到国家文化价值观、全球/本土身份认同等个体因素的影响。以全球身份认同和本土身份认同为例,个体会对自己的多种社会身份产生不同程度的认同感,这种认同感通常来源于个体对与己相关的民族、宗教、文化以及自身所扮演的社会角色的感知与态度。全球身份认同程度高的消费者关注人类的共性,关心全球性事件,并对全球化的趋势表现出积极的态度;而具有本土身份认同感的消费者则倾向于寻找不同地区间人类的差异性,关心当地事件,看重本地的文化风俗(Zhang and Khare,2009)。在消费者长期稳定的认知系统中,这两种社会身份认同并不是完全独立存在的;但在通常情况下,一种身份认同会强于另一种(Arnett,2002)。

根据可及性—诊断理论(accessibility-diagnosticity theory),个体对与他们当前显著身份一致的信息会给予更高的评价(Feldman and Lynch,1988)。具有全球身份认同的消费者会给予全球化品牌更高的评价,因为他们更看重全球性信息(Zhang and Khare,2009)。Swoboda等人(2012)的研究进一步说明与具有本土身份认同感的消费者相比,感知全球性(PBG)更能够影响具有全球身份认同感的消费者光顾零售商店的次数,因为感知全球性提升了这部分消费者对品牌的心理和功能感知。换言之,在具有全球身份认同感的消费者视角,当进行品牌评估时,由全球定位所隐含的品牌联想会被认为更具有诊断性。

近期研究也表明:具有全球身份认同感的消费者更可能关注促进目标,而具有本土身份认同感的消费者更可能关注防御目标(Ng and Batra,2017)。由于与个人当前目标相一致的信息会更容易被流畅地进行认知加工和处理(Freitas,Liberman and Higgins,2002;Labroo and Lee,2006;Lee and Aaker,2004),本研究进行合理预测:具有全球身份认同感的消费者会感知到由趋近导向(而非趋避导向)的情绪激发产生的品牌联想更具有诊断性。因此,本研究提出如下假设:

H3:针对进行全球化定位的品牌,全球身份认同在情绪的动机特征与消费者的品牌态度关系中具有正向调节作用。

本研究通过三项实验来验证假设。具体而言,实验1分析了主效应

(H1);实验2通过验证趋近导向(趋避导向)的情绪在激活与全球品牌定位联想相关的促进型联想时产生的效应,为中介假设(H2)提供了初步证据。实验3检验了品牌联想的中介作用(H2)和全球身份认同感的调节作用(H3),直接探究了情绪的品牌态度影响的过程机制。具体而言,依据之前的情绪研究方法(例如,Bosmans and Baumgartner,2005;Higgins,1998;Labroo and Rucker,2010),笔者采用高兴和渴望作为趋近导向的情绪,激活对全球品牌定位的趋近型联想以冷静和放松作为趋避导向情绪。整体研究框架如图3-1所示。

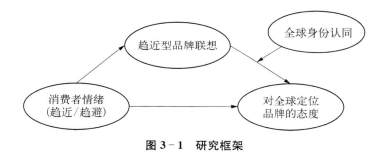

图3-1 研究框架

第二节 研 究 方 法

一、实验1:情绪的动机特征与品牌定位的匹配关系检验

实验1的主要目的是验证H1。借鉴以往研究中采用的强化全球或本土定位方法(如Strizhakova,Coulter and Price,2011;Westjohn et al.,2016),实验1主要强调全球定位策略,但仍然采用本土定位作为控制条件。具体而言,由于本研究认为本土定位品牌没有显著的动机指向性联想,因此预期消费者对带有本土定位信息的品牌态度不会受到即时情绪的影响。

(一)实验前测

本研究首先对实验材料进行了前测,以确立品牌定位(全球与本土)的实验材料。具体而言,研究者通过一个虚构的牙膏品牌(Bachelor)广告来操纵品牌定位,以避免品牌熟悉度的影响。全球或本土定位信息的设计和描述均改编自以往的研究(Westjohn et al., 2016; Zhang and Khare, 2009)。在全球定位的情况下,广告标题为"立足全球市场,走向世界"。广告突出了品牌对全球消费者的承诺,并以世界著名城市地标为背景。在本土定位条件下,广告标题为"立足本土市场,扎根当地"。广告将该品牌描述为致力于满足本土消费者需求,背景是典型的中国建筑形象。其他设计元素(如产品图片和描述)在两个广告版本之间保持一致(见附录3-1)。

研究招募了47名来自中国公立大学的本科生,随机分成两组,分别观看其中的一则广告(全球定位或本土定位)。然后,被试需要表明对该品牌全球化程度的认知(例如"对我来说,这是一个全球品牌")和本土化程度的认知(例如"我把这个品牌和中国联系在一起"),研究使用Steenkamp等(2003)研究中用来测量感知全球性(PBG)和本土性(PBL)的七点量表。被试需表达他们对广告的态度(1=一点也不吸引人/一点也不漂亮,7=非常吸引人/非常漂亮;$\alpha=0.81$)、品牌熟悉度(1=不熟悉/从未听说过,7=非常熟悉/听过;$\alpha=0.68$)、品牌态度(1=不好的/消极的,7=非常好/积极的;$\alpha=0.83$)。

独立样本T检验显示,具有全球定位信息的广告在感知品牌全球化程度(PBG)上的评分高于本土定位信息的广告($M_{全球}=4.00$, $M_{本土}=2.27$, $t(45)=3.89$, $p<0.001$),而这种效应在感知品牌本土化程度(PBL)的评分上则相反($M_{全球}=3.18$, $M_{本土}=5.12$, $t(45)=-4.52$, $p<0.001$)。被试对广告的态度、品牌熟悉度、品牌态度均没有显著差异($ps>0.50$)。因此,证明了品牌刺激材料的有效性,并可在接下来的正式实验中用来操纵品牌定位。

(二)实验过程

共有231名来自中国一所公立大学的本科生(其中58.5%为女性)参加了这项实验以获得课程学分。实验将被试随机分配到6组3(情绪:快乐/冷静/控制)×2(品牌定位:全球/本土)的组间实验设计。并告知被试将参加两个毫不相关的任务。

借鉴Agrawal等(2007)的研究方法,第一个任务是要求被试回忆一个生活故事,由此引发一种特定情绪。参考以往的研究(如Higgins, 1998; Labroo and Rucker, 2010),高兴和冷静分别代表了趋近导向和趋避导向的情绪。具体地,被试需要回忆并写下生活中让他们感到高兴或冷静的事件。在对照组,被试需要回忆他们日常生活中典型的一天,被试需要在 10 分钟内完成这项任务。在完成回忆任务后,被试在李克特七点量表上对他们目前感到高兴(快乐和愉悦;$\alpha=0.90$)和冷静(冷静和镇定;$\alpha=0.86$)的程度进行打分。

接下来,被试需要阅读通过前测设计的牙膏(Bachelor)品牌广告材料,并进行评分。品牌评价采用七点量表(Swaminathan, Page and Gürhan-canli, 2007),包括两个测项(1=低质量/差,7=高质量/好;$\alpha=0.90$)。最后,被试回答了背景问题,并完成了实验。

(三) 实验结果

1. 操作检验

检验情绪的启动效果,以高兴情绪维度评分为因变量,结果表明回忆高兴事件的被试($M_{高兴}=4.84$, $SD=1.18$)比冷静状态下($M_{冷静}=3.64$, $SD=1.47$, $t(228)=6.02$, $p<0.001$)或控制条件下的被试($M_{控制组}=3.85$, $SD=1.13$, $t(228)=4.77$, $p<0.001$)更显著地感受到高兴情绪。相比之下,回忆冷静经历的被试($M_{冷静}=5.34$)比回忆高兴经历的被试($M_{高兴}=4.15$, $t(228)=5.58$, $p<0.001$)或控制组的被试($M_{冷静}=4.89$, $t(228)=2.05$, $p<0.05$)感到更冷静。因此,情绪启动有效。

2. 品牌态度

以品牌态度为因变量进行了 2×3 的方差分析,以即时情绪、品牌定位和其交互作用为自变量。结果显示,无论是情绪($F(2,225)=2.11$, n.s.)还是品牌定位($F(1,225)=0.25$, n.s.)的主效应均不显著。但是,情绪与品牌定位的交互作用显著($F(2,225)=3.90$, $p<0.05$)。见图 3-2。

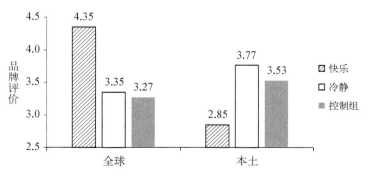

图 3-2 情绪与品牌定位对品牌态度的交互作用

进一步的简单效应检验表明,情绪在全球定位条件下存在显著差异($F(2,225)=4.69$, n.s.),而在本土定位条件下差异不显著($F(2,225)=0.233$, n.s.)。具体而言,在全球定位条件下,具有高兴情绪的被试($M_{高兴}=4.33$, $SD=0.81$)对品牌的评价比具有平静情绪的被试($M_{冷静}=3.59$, $SD=0.82$, $t(225)=2.93$, $p<0.05$)和控制条件下的被试更高($M_{控制组}=3.81$, $SD=1.03$, $t(225)=2.49$, $p<0.05$)。在本土定位条件下,两两比较均无显著差异($ps>0.35$)。

(四)讨论

实验 1 支持 H1,即当对全球定位的品牌进行评价时,具有趋近导向情绪(高兴)的消费者会比具有趋避导向情绪(冷静)或控制组的消费者表示出更积极的态度。然而,目标指向型情绪对本土定位的品牌态度的影响不显著。因为,本土品牌中的高科技耐用品会与趋近联想相关,比如拓展或增长性感知(如 Kumar and Steenkamp,2013);而食品或服装类别中的本土品牌则与趋避型特征相关,包括传统、可靠性、一致性(Schuiling and Kapferer,2004;Steenkam and de Jong,2010;Zhou and Belk,2004)。因此,本研究认为尽管对照品牌全球定位的操作方法,本土品牌不具有鲜明的目标指向型联想特征。为了进一步清晰描述情绪对品牌定位态度的影响过程,实验 2 依然采用本土定位作为品牌全球定位的参考条件。此外,实验 2 旨在扩展实验 1 的发现,采用真实品牌作为实验材料,以及一对新的即时情绪(渴望与放松)进行探究。

二、实验 2:情绪的动机特征与品牌定位的匹配关系检验——以真实品牌为例

(一)实验设计和执行过程

实验 2 采用 2(情绪:渴望/放松)×2(品牌定位:全球/本土)的双因素组间实验设计。渴望和放松为另一对趋近型和趋避型情绪(Higgins,1998;Labroo and Rucker,2010)。在实验 2 中,来自中国某公立大学的 136 名学生被随机分配到四个实验组。

本实验使用了与实验 1 相同的方式对消费者情绪进行启动。在故事回

忆任务完成以后,被试对自己当前的情绪状态进行评估,在 1～7 的等级量表上,渴望程度(渴望的和怀有希望的,$\alpha=0.89$)和放松情绪(轻松的和悠闲的,$\alpha=0.96$)。此外,本实验还测量了情绪效价(1=负性,7=正性)和唤醒水平(1=未唤起,7=唤起)。之后被试完成一个品牌评估测试,以操作全球或本土的品牌定位。实验 2 选择了中国家用电器品牌海尔作为测试品牌。在之前的研究中,该品牌也被用作全球和本土品牌定位研究的实验材料(Westjohn et al., 2016)。为进一步验证品牌选择的适宜性,实验 2 对 41 名被试进行了品牌前测。结果表明,海尔处于全球—本土感知连续轴的中间位置($M=4.66$,$SD=1.88$,1=全球化,7=本土化),消费者对海尔的全球定位感知或本土定位感知易被操控。

广告设计借鉴 Westjohn 等人(2016)的方法,延续实验 1 中使用的全球或当地城市地标元素(详见附录 3-2)。在阅读了广告之后,被试需评估其对海尔品牌的趋近或趋避联想程度。本研究借鉴以往研究中使用的调节聚焦(RFT)量表(如 Higgins,1998),改变测量题目并在前测中进行了验证。具体地,实验 2 分别使用了三个测项测量趋近型的品牌联想("海尔倾向于对外扩张","海尔积极追求成功","海尔倾向于建立积极进取的目标";$\alpha=0.73$),三个测项测量趋避型的品牌联想("海尔倾向于在国内发展","海尔追求稳定和安全","海尔是风险规避型企业";$\alpha=0.74$)。以上测项均使用了李克特七点量表(1=一点也不,7=非常符合)进行测量。最后,被试填写了人口统计学的相关信息,完成测试。

(二) 实验结果

1. 操作检验

单因素方差分析表明,在渴望情绪条件下的被试比那些在放松情绪条件下的被试感到更加渴望($M_{渴望}=5.86$,$SD=1.06$;$M_{放松}=5.28$,$SD=1.61$;$F(1, 134)=6.02$,$p<0.05$)。此外,在放松情绪条件下的被试比在渴望情绪条件下的被试感到更加放松($M_{放松}=5.33$,$SD=1.56$;$M_{渴望}=3.15$,$SD=1.47$;$F(1, 134)=70.66$,$p<0.001$)。因此,对即时情绪的操作有效。

2. 品牌联想

以品牌联想为因变量进行双因素方差分析,将消费者情绪和品牌定位作为自变量,情绪效价和唤醒水平作为协变量。当使用促进聚焦联想作为因变量时,消费者情绪与品牌定位之间的双向交互作用显著($F(1, 130)=4.20$,$p<0.05$)。消费者情绪的主效应不显著($F(1, 130)=3.20$,n.s.),但品牌定位的主效应显著($M_{全球}=5.25$,$SD=1.46$;$M_{本土}=4.65$,$SD=1.04$;$F(1, 130)=7.23$,$p<0.01$)。研究者推断这可能是因为海尔作为一个真实品牌拥有固定的品牌联想,而且这些联想容易被提取,并不会受到即时情绪的影响。进一步的简单效应分析表明,针对融入全球定位的海尔广告信息,在渴望情绪下的被试比在放松情绪下的被试感知到更强的促进聚焦联想($M_{渴望}=5.65$,$SD=0.21$,$M_{放松}=4.82$,$SD=0.22$,$F(1, 132)=7.38$,$p<0.01$)。然而,对于融入本土定位信息的海尔产品,并未存在显著差异($F(1, 132)=0.02$,n.s.)。详见图3-3a。

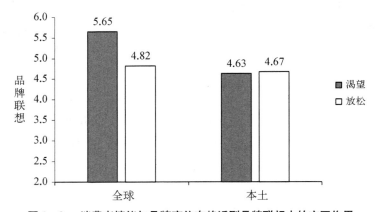

图3-3a 消费者情绪与品牌定位在趋近型品牌联想中的交互作用

相比之下,趋避型的品牌联想作为因变量时,品牌定位的主效应仍然显著($M_{全球}=3.64$,$SD=1.33$;$M_{本土}=4.38$,$SD=1.39$;$F(1, 130)=11.11$,$p<0.001$),而消费者情绪与品牌定位的交互作用均不显著($ps>0.11$)。(详见图3-3b)。

(三)讨论

实验2的结果揭示了消费者情绪和品牌定位对唤起促进聚焦和防御聚焦联想之间的交互作用。即当一个品牌被赋予了全球定位信息时,与那些处于趋避导向情绪状态(放松)的被试相比,处于趋近导向情绪状态(渴望)的被试产生了更多的趋近型品牌联想。

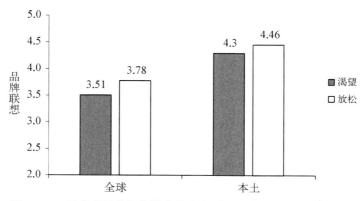

图 3‑3b　消费者情绪与品牌定位在趋避型品牌联想中的交互作用

在实验 3 中,研究者试图通过检验趋近型品牌联想的中介作用来进一步探讨品牌联想如何作用于最终的品牌评价。此外,实验 3 还将继续探讨全球身份认同在趋近型品牌联想与品牌态度之间的关系中所起到的调节作用。正向情绪(如高兴)与负向情绪(如悲伤)相比总能引起更积极的态度(Schwarz and Clore,1983),而本研究认为情绪对品牌定位的影响超越了情绪效价的范畴,是因为受到了具体情绪动机特征的影响。为了证实这一可能性,在实验 3 中将情绪效价(积极程度)作为协变量进行控制。由于实验 2 已经证明了在本土定位条件下(作为对照组)的品牌态度和趋近型品牌联想不受消费者情绪的影响,因此实验 3 不包括本土定位条件。

三、实验 3:全球身份认同调节作用的证明

(一)实验设计和执行过程

在本实验中,研究者将中国一所公立大学的 109 名学生(43% 为女生)随机分配到两种实验环境中,采用单因素组间实验设计(情绪:快乐/冷静)。对即时情绪的处理与实验 1 相同。在情绪回忆和写作任务完成之后,被试需要报告情绪状态,采用 1~7(1=完全没有感受,7=感受强烈)的等级评分测量高兴程度(快乐和高兴;$\alpha=0.82$)和冷静程度(冷静和镇定;$\alpha=0.91$)。

之后,向一组被试呈现全球定位的广告(与实验 1 一致),并要求被试评估品牌态度($\alpha=0.92$)。此外,实验 3 使用了与实验 2 中相同的量表来测量趋近型品牌联想($\alpha=0.64$)。最后,使用 Tu 等(2012)提出的量表测

量被试的全球身份认同感,通过四个测项来衡量全球身份认同感("我的心主要属于整个世界","我认为人们应该更多地意识到我们与世界其他地方的联系","我认为我是一个全球公民","我关心了解全球事件";$\alpha=0.72$),该测试项目均使用李克特七点量表(1=非常不同意,7=非常同意)来进行测量。

(二)实验结果

1. 操作检验

单因素方差分析表明,处于高兴情绪条件下的被试比处于冷静情绪条件下的被试感到更高兴($M_{快乐}=4.90$,$SD=1.19$;$M_{冷静}=3.31$,$SD=1.17$;$F(1, 107)=49.26$,$p<0.001$)。处于冷静情绪条件下的被试比处于高兴情绪条件下的被试感到更冷静($M_{冷静}=5.33$,$SD=1.33$;$M_{快乐}=4.78$,$SD=1.45$,$F(1\ 107)=4.26$,$p<0.05$)。两个实验组在情绪的积极程度上没有显著差异($M_{冷静}=2.29$,$SD=2.51$;$M_{快乐}=3.0$,$SD=2.96$;$F(1, 107)=1.85$,$n.s.$)。因此,情绪操作有效。

2. 品牌态度检验

对于品牌态度的单因素方差分析表明:相比处于冷静情绪(趋避导向)条件下的被试,高兴情绪(趋近导向)条件下的被试对具有全球定位信息的品牌表现出更积极的态度($M_{快乐}=4.10$,$SD=1.04$;$M_{冷静}=3.51$,$SD=1.10$;$F(1, 107)=8.26$,$p<0.01$)。结果再一次支持了 H1。

3. 趋近型联想的中介作用

以趋近型品牌联想作为因变量进行方差分析,结果显示即时情绪对其具有显著影响($F(1, 107)=9.67$,$p=0.002$)。此外,对比表明,具有高兴情绪的被试比具有冷静情绪的被试更容易产生趋近型品牌联想($M_{快乐}=5.17$,$SD=1.29$,$M_{冷静}=4.27$,$SD=1.66$)。为了检验趋近型品牌联想是否能够解释即时情绪(编码 0=平静,编码 1=快乐)与品牌态度之间的关系,进行中介作用检验(Hayes,2013,模型 4;bootstrap 方法,样本量 5 000)。结果表明,趋近型品牌联想的中介作用显著($\beta=0.245$,$SE=0.090\ 1$,95% CI=[0.106 2, 0.462 5]),由此支持了 H2。

进一步检验全球身份认同的调节作用(Hayes,2013,模型 14;bootstrap 方法,样本量 5 000),发现了全球身份认同通过趋近型品牌联想调节了即时情绪对品牌态度的影响($\beta=0.105$, $SE=0.0611$, 95% CI=[0.0164, 0.2811]),支持 H3。具体而言,在具有高全球身份认同感的被试中,趋近型品牌联想可以在即时情绪与品牌态度的关系中起到中介作用(95% CI=[0.1413, -0.6696])。然而,这种作用过程在具有低全球身份认同感的被试中并不存在(95% CI=[-0.0332, -0.3027])。

(三)讨论

实验 3 再一次验证了主假设(H1),通过使用趋近型品牌联想作为中介来探索机制问题(H2),并通过采用全球身份认同作为中介(H3)来进一步检验趋近型联想的中介作用。具体地,当与全球定位相关的趋近联想情绪(高兴)激活时,消费者表现出更积极的品牌态度。然而,这种效应只存在于具有高度全球身份认同感的消费者中,他们更倾向于认同趋近型品牌联想对全球品牌定位的积极贡献。

第三节 结 论 与 讨 论

一、研究结论

本研究检验了即时情绪如何影响消费者对全球品牌定位策略的感知和评价。本研究首先认为与全球定位相关的品牌联想具有趋近特征。继而通过 3 个实验设计验证了:趋近情绪可以激活全球定位品牌的趋近型联想,从而提高消费者的品牌态度(实验 1,实验 3)。本研究进一步探索和确定了趋近型品牌联想在消费者情绪和品牌态度的关系中可以起到中介作用(实验 2,实验 3),具有高全球身份认同感的消费者更容易受到趋近型联想的影响,从而对全球品牌形成更积极的态度。

二、理论贡献与实践意义

(一)理论贡献

在消费者感知方面,本研究通过揭示全球定位信息与趋近型的品牌联想之间的相关性,来扩展品牌全球化理论研究。实际上,已有研究仅从经验层面提及了全球定位信息和本土定位信息,或全球品牌和本土品牌的共同联想,比如感知质量和社会声望(如 Steenkamp, Batra and Alden, 2003; Swoboda, Pennemann and Taube, 2012)。也有研究者试图探索消费者对全球定位或全球品牌最鲜明的品牌联想,但这些研究多依赖于消费者开放式回答的内容分析(如 Dimofte, Johansson and Bagozzi, 2008; Holt, Quelch and Taylor, 2004)。本研究关注尚未被深入探讨的全球定位感知联想,并将其整合到调节定向理论的框架中,从而填补了已有文献的理论空白。除此以外,本研究还在已有研究的基础上,从新的视角探索了消费者全球品牌偏好的潜在机制:全球消费者文化定位信息并不具有自动影响消费者态度的功能,只有触发消费者的情绪才能够激活具体的利益联想。这意味着营销者为了提升品牌评价所提供的关于品牌全球化的诊断性信息,可能并不容易被消费者提取出来,也无法在缺乏情绪激活的情境下影响消费者态度和购买行为。

以往研究表明,消费者对全球品牌的评价是内隐的,并且带有通过晕轮效应机制(halo effect mechanism)发挥作用的情感成分(Dimofte, Johansson and Bagozzi, 2008; Han, 1989),即消费者对国际品牌会更有好感,而这种好感通常会提高其品牌评价。本研究的不同之处在于,笔者发现了独立于产品和品牌的消费者特定情绪也可以提升全球品牌评价,这在某种程度上更类似于总结效应机制(summary effect mechanism)(Han, 1989),即由情境线索引起的具体品牌特质联想会导致良好的品牌态度。另外,这一发现为消费者对全球品牌的偏好提供了一个解释。之前的研究主要探讨消费者特征对全球品牌态度的影响,这主要基于消费者特征与全球消费者文化定位之间认知一致性的需要(Festinger, 1957; Westjohn et al., 2016)。

本研究还探讨了情绪影响认知的机制问题。根据已有的研究,个体情绪和认知加工目标之间的兼容性会提升品牌评价(Bosmans and Baumgartner, 2005; Labroo and Rucker, 2010)。然而,以往研究中的兼容性是指认知目标和个体情绪状态在动机方面的直接对应关系。这是一种启发式过程,即个体将他们当前的感受作为决策判断的依据(如 Bosmans and Baumgartner, 2005; Kim, Park and Schwarz, 2010)。而本研究则揭示了另一种情绪对认知产生影响的模式,即消费者情绪通过认知激活的方式(substantive process)影响个体的态度(Forgas,1995a),在这个过程中,情绪首先激活与全球品牌定位相关的记忆节点,有选择地从记忆系统中检索、编码和解释信息,进而完成对认知对象(全球定位品牌)的判断,此为情绪间接影响认知的过程。

本研究对有关全球身份认同的研究也做出了一定的贡献。本研究表明,情绪对全球定位品牌态度的影响只有在具有高全球身份认同感的消费者中才有显著作用,即趋近型品牌联想更容易被这类消费者理解和作为诊断性信息。因此,本研究为 Ng 和 Batra(2017)的一项研究提供了进一步的实证证据,他们指出具有全球身份认同感的消费者往往具有趋近性。

(二)实践意义

本研究的实践意义是丰富的。首先,品牌经理在利用与全球消费者文化定位相关的"全球品牌资产"的利益联想时,应该考虑消费者情绪的作用(Hsieh,2004;Torres et al.,2012)。一方面,当营销者试图建立自己的品牌的全球定位时,可以在引入全球定位信息之前,选择具体的趋近情绪(如高兴、渴望),可以采用与高兴情绪有关的情境、音乐或视频,加强营销效果,以此来帮助消费者获得趋近型品牌联想,从而提升消费者的品牌态度。另一方面,本研究结果表明,一些独特和隐含的品牌联想很容易与即时情绪产生关联。因此,全球品牌应该根据消费情景传达的具体情感,选择是否明确传达其全球定位信息。例如,中国的春节等节假日,让整个国家的消费者都处于一种趋近指向的快乐情绪状态下。因此,作为全球知名品牌的可口可乐,可能不会考虑在广告和促销活动中引入全球消费者文化定位元素(如不同肤色的人物形象)。然而,在引发趋避型情绪(如放松、平静、放松)的活动(如筹款、捐赠)中,如果可口可乐依然突出呈现其全球消费者文化定位的元素,则可能会受到不利的评价。

其次,突出品牌定位(全球/本地)并不会直接地、显著地影响消费者的品牌态度,但可以通过激活目标导向型联想获得有利的消费者反应。本研究有助于管理者认识到如果只提到品牌的全球性或本土性并不能保证市场的成功。营销人员应该在传播定位信息的品牌策划中利用恰当的消费者联想。例如,在营销广告中,可以使用一些带有趋近性特征的广告语,如扩张性、野心或冒险性。世界著名的路虎品牌就在其口号"超越"(Beyond)中准确地表达了这些内涵。

最后,在实践上述方法时,建议营销人员遵循一个有针对性的战略(即使用全球身份认同感作为细分标准)。具体来说,趋近型品牌联想应该传达给具有全球身份认同感的消费者。与此同时,营销人员也应该考虑如何利用外部情绪来唤起与全球消费者文化定位相关的利益联想,从而建立全球定位,因为具有低全球身份认同感的消费者可能不太容易受到这些方法的影响。

三、未来研究方向

本研究的局限和未来的发展方向在于:首先,本研究的被试仅为中国消费者,然而新兴市场和发达市场的消费者可能对与全球和本土定位相关的联想持有不同的看法(如 Özsomer, 2012; Dimofte, Johansson and Bagozzi, 2010)。未来的研究应该采用和比较来自不同市场的被试,以扩展本研究结论的适用性。其次,正如 Forgas(1995b)所指出的,与情绪对认知影响的启发式模式相比,深入加工模式下,个体的认知判断时间更长,信息记忆程度更深。因此,在未来的研究中可以通过测量认知加工时间和加工深度的作用,进一步解释和验证情绪对全球品牌定位态度的影响过程问题。

附　　录

附录 3-1　实验 1 和实验 3 的广告材料

附录 3–2　实验 2 的广告材料

第四章
情绪对品牌价值观传播的影响

越来越多的公司开始意识到塑造独特的品牌概念的重要性。经济合作与发展组织(OECD)与世界贸易组织(WTO)在 2013 年共同提出"增值贸易"(Trade in Value Added,TiVA)的倡议,强调了体现象征意义在品牌形象建设中的重要性,并认为这是产品可以获得额外溢价的最基本途径之一(Park,Jaworski and MacInnis,1986)。品牌可以表达与人类相似的价值观,如 TOMS 的"一对一"(One-for-One)捐赠项目;也可以表达与人类相似的行为目标,如劳力士的品牌口号"优质的典范"(The benchmark for excellence);表达人类的情绪体验,如可口可乐的口号"体会这个感觉"(Taste the feeling)。根据 BrandZ[①] 在 2014 年发布的一份报告,那些传达了人类精神和意志的品牌,能够获得更高的基于消费者的品牌资产。然而,尽管抽象品牌意义已经被普遍认可,但在如何利用这些品牌意义来增强品牌资产方面,可行的指导方法仍然有限。

从市场营销学的角度来看,抽象的品牌意义可以被归类为"抽象的品牌概念"(brand concept),品牌概念是"独特的、具有抽象含义的",形成于品牌的属性、利益和各种营销努力(Park,Jaworski and MacInnis,1986;Park,Milberg and Lawson,1991)。品牌概念既可以表现在品牌的实际有形属性方面,也可以表现在品牌的抽象无形方面(Keller,1993),且后者比前者更能引发消费者的积极态度(Monga and John,2010)。但是,关于抽象品牌概念的研究是有限的,且主要集中在如何更好地在重大但不常见的品牌决策中发挥品牌概念的作用。Torelli 等(2012)在其开创性研究中提出,抽象的品

---

① BrandZ 最具价值全球品牌 100 强是全球最大传播集团 WPP 旗下调研公司凯度华明通略(Millward Brown)发布的品牌报告,每年发布一次。

牌概念能够以人类价值观的形式来表达和构建,并进一步证明,跨国公司应该考虑品牌概念和不同国家消费者的文化取向之间的兼容性。与此同时,Torelli 等(2011)也研究了品牌概念对消费者对于企业社会责任(CSR)活动反应的影响。然而,除了在需要付出大量精力的营销情境中(如品牌推广、国际营销、企业社会责任等),很少有研究探讨如何恰当地将已经建立的品牌概念嵌入一般营销方式中(如广告、店内促销等)。

因此,本研究试图探索情境和个人因素之间的关联,以促进抽象品牌概念在产生消费者响应中的作用。根据以往的情绪类文献,情绪和个人当前目标之间的"定向匹配"(orientation matching)将产生更积极的消费者评价(Bosmans and Baumgartner, 2005; Labroo and Rucker, 2010)。由于人类价值观被定义为"生活中的优先目标"(Schwartz, 1992),本研究推测类似于人类价值观的品牌概念也应当对应于特定的人类情绪体验。因此,本研究的关注点在于品牌概念如何通过与消费者情绪的互动来影响品牌评价。具体来说,选择并触发与抽象品牌概念动机一致的个体情绪,从而带来处理品牌相关信息时的流畅体验,加强消费者对品牌的响应。此外,本研究通过引入个体特质变量即解释水平,进一步解释潜在机制问题,并证明情绪对品牌价值观传播效果的影响不会在低解释水平特征的消费者中出现。

本章结构如下:首先,通过阐述理论背景提出主体假设;之后进行两个实验前测以确定在主实验中使用的刺激材料,并通过三个正式实验来验证假设;最后,基于实验的结论探讨本研究在理论与管理方面的意义。

第一节 文献综述和假设提出

一、具有人类价值观意义的品牌概念

价值观是人们所期望的、理想状态的抽象表现,并且是人们在生活中的行为原则(Schwartz, 1992)。也就是说,人类价值观是抽象于具体行为的标准,能够指导行为的选择、表现,以及自我的评价(Kluckhohn, 1951; Rokeach, 1973)。价值观内容的普遍类型学是基于人类生存的两种基本需求提出的:作为生物有机体的个人主义需求和作为群体确保生存和社会福

祉的集体主义需求。基于这些人类需求，Schwartz 和 Boehnke(2004)提出了一个连续的，由 11 个动机目标排列而成的圆形模型，形成了基本的人类价值观结构(如图 4-1 所示)。

图 4-1　人类价值观结构图

(来源：Torelli et al., 2012)

由于个体不能同时具有所有的价值观，因此相容的价值维度位于相邻的位置，而冲突的价值维度位于相对的位置(Schwartz, 1992; Schwartz and Boehnke, 2004)。在该模型中，11 个价值维度产生了四个更高层次的价值类型，这四个价值类型进而产生了两个基本的、对立的概念型动力(集体层面和个人层面)。其中一组相对的维度反映了实现不确定目标时，乐于改变(个人指向与刺激)和保守(传统与安全)之间的冲突；另一组自我超越和自我强化维度，则反映了人们在追求自我利益(如个人成就、对他人支配)与关注自然和社会福祉之间的冲突。享乐主义之所以被单独列出，是因为它同时具有开放和自我提升的意义。

人类价值可以反映在品牌的抽象概念上(Torelli et al., 2012)。例如，苹果公司著名的口号"不同凡想"(Think different)，将其与独立和创造力联系在一起，而这正是表现了刺激(stimulation)的价值维度。与 Schwartz(1992)的人类价值类型学相同，抽象的品牌概念也可以用这种方式构建(Torelli et al, 2012)。此外，由于品牌概念会自发地、无意识地激活消费者的动机和目标(Fitzsimons, Chartrand and Fitzsimons, 2008)，因此，人类价值观体系中体现的动机冲突和兼容性也存在于品牌概念中(Torelli et al.,2012;何佳讯和吴漪,2015)。即营销过程中不应该传达与现有品牌概念价值意义相反的信息,否则就会引起消费者对品牌不利的评价。例如,奢侈品牌(具有自我提升概念)不应该进行企业社会责任活动(具有相反的自我超越概念)(Torelli,Monga and Kaikati,2011)。本研究认为,个体的外在情绪线索应该与品牌概念相匹配,以激发消费者潜在的动机倾向,从而对与之匹配的品牌评价产生积极的影响。接下来,本研究将首先阐述具体情绪的动机特征,然后建立情绪与品牌概念之间的理论联系。

二、具体情绪的价值观特征

情绪也与动机相关(Ellsworth and Scherer,2003)。根据情绪功能(functional)和评价(appraisal)理论(如 Frijda,1988;Keltner and Gross,1999),特定的情绪状态是由"实现某种特定目标的机会或障碍"(Nelissen,Dijker and Vries,2007)产生的,甚至可以指导行为来解决基本的、与目标相关的问题,例如生理和社会生存目标的需求(如 Plutchik,1991;Tooby and Cosmides,1990)。因此,可以说情绪与目标密切相关(Nelissen,Dijker and Vries,2007)。

而人类价值观又直接决定和指导了人们行为的抽象目标,一些研究进一步系统地阐明了情绪与人类价值观之间的联系。特别是 Tamir 等(2016)将价值观作为情绪映射的框架。在这个框架中,四个高阶价值类型首先被划分为动机内容和方向。具体来说,保守与乐于改变这两种价值观体现了对期望获得和避免的目标及其结果的关注(Leikas et al.,2009;Higgins,1997),被称为改变调节(change-regulating)的价值观。而自我提升和自我超越与对自我和他人的关系认知有关(Markus and Kitayama,1991),被总结为自我调节(self-regulating)的价值观。此外,这些价值观类型还反映了实现目标时候的个体卷入倾向:乐于改变和自我超越分别反映了主动获取期望的目标状态,以及建立与他人的关系;而保守则代表了远离非期望的结果,自我提升则是脱离社会的联结(Tamir et al.,2016)。建立在这种类型学的基础上,认同某一特定价值观类型的人会希望获得或体验到与这种动机一致的事物(Nelissen,Dijker and Vries,2007;Tamir et al.,2016)。而情绪可以被融入这个与动机相关的框架。

情绪的相关研究为这一论点提供了理论支持。情绪与认知评价主题相关联(Bower,1981),从而为认知评价和决策设立了潜在的目标(Lerner and Keltner,2000)。而关于情绪的认知评价特征有诸多的分类,其中的两种即趋近/趋避倾向(如 Bosmans and Baumgartner,2005)和自我/他人指向(如 Agrawal,Menon and Aaker,2007)。其中,趋近和趋避的目标指向将情绪与追求成就(如悲伤、兴奋)或避免损失的目标导向(如焦虑、平静)关联起来(Higgins,1997;Raghunathan and Pham,1999)。自我/他人的情绪指向促使人们关注自己的需求(如骄傲、高兴)或关注他人的感受(如爱、共情)(Agrawal,Menon and Aaker,2007;Markus and Kitayama,1991),反映了与自我调节价值观相一致的动机内容。由此,可以得出的结论是:在动机内容和方向方面,情绪特征与两对高阶价值类型具有关联性。

三、消费者情绪与品牌价值观的一致性

有关情绪与认知的研究认为:与个体情绪一致的信息更容易被激活或处理(Bower,1981),因为这类信息似乎更具有个人的相关性(Agrawal,Menon and Aaker,2007);即特定的情绪体验会使个体对一致性的信息更加敏感(Labroo and Rucker,2010)。此外,由于人类情绪和价值观之间的关系应该是相互的和双向的(Nelissen,Dijker and Vries,2007),即人类的价值导向(如成就)不仅会引发一种特定的情绪体验(如骄傲),特定情绪的频繁体验(如兴奋)也可能会导致与其目标一致的价值观的形成(如刺激)。总而言之,情绪可以激活与人类价值观的动机一致性关联。

将这些概念扩展到品牌研究背景中,本研究进一步提出,当即时情绪与品牌概念信息在动机上一致时,它们有助于消费者对品牌概念信息的处理。这一认知过程在目标流畅性的相关研究中获得了广泛证明(如 Freitas,Liberman and Higgins,2002;Labroo and Lee,2006;Lee and Aaker,2004)。也就是说,当消费者看到促进目标导向的广告(如用于柔顺头发的护发素)之前,刚刚接触到另一个预防导向的广告(如杀虱洗发水),他们就会经历情绪被抑制的过程(Labroo and Lee,2006)。这种被抑制的过程是由

两个广告所带来的相互冲突的目标引起的。重要的是,信息处理本身的困难程度会影响消费者对品牌的评价(Lee and Aaker,2004;Lee and Labroo,2004)。综上所述,这两个广告品牌信息框架之间的目标兼容性所带来的感知流畅性增强了品牌评价(Labroo and Lee,2006)

根据这些发现,本研究推测在即时情绪和品牌价值观的目标兼容时将提升信息处理的轻松性或流畅感,从而产生更有利的品牌评价。相反,如果品牌概念的目标指向与消费者当前情绪状态的动机倾向相冲突,则会触发不流畅的信息加工体验,进而抑制消费者对品牌的评价。由此,提出如下假设:

H1:具体情绪与品牌概念之间的动机一致性(较不一致性)会产生更积极的消费者品牌评价。具体而言:

H1a:针对自我提升(较自我超越)型品牌价值观,在自我关注(较他人关注)情绪下,消费者会对品牌具有更积极的评价。

H1b:针对乐于改变(较保守)型品牌价值观,在趋近导向(较趋避导向)情绪状态下,消费者对品牌具有更积极的评价。

H2:感知流畅性在情绪和品牌概念对品牌评价的交互作用中具有中介效应。

四、解释水平的调节作用

本研究引用解释水平理论来探索其对中介变量的调节作用,从而更深入地揭示情绪对品牌态度的影响过程。根据解释水平理论,个体在环境中对刺激物的表征在抽象程度上是不同的(Trope and Liberman,2003;Vallacher and Wegner,1987)。抽象表征(即高解释水平)与具体表征(即低解释水平)相比,驱使人们以一种更简单的、去文本化、更连贯、更系统的方式来解释事件或行为,涉及高层次的目标和概念(Freitas,Gollwitzer and Trope,2004;Fujita and Han,2009;Liberman,Sagristano and Trope,2002)。有研究表明,解释水平通过改变对个人抽象或具体的思维定式相匹配的信息偏好,在判断、决策和行为中发挥着重要作用(Kim and John,2008)。

强调抽象的目标或具体的细节会影响个人对情境性价值观的理解

(Freitas，Gollwitzer and Trope，2004)。Torelli 和 Kaikati(2009)认为,当人们抽象思考并且关注解释其行为的高层次动机时,价值观更有可能影响人们的行为,但是当个体倾向于具体思考并关注低层次动机时,这种影响并不显著(Torelli and Kaikati，2009)。换言之,与价值观相关的信息可能更容易被具有抽象思维定式的人所获取,而不是具有具体思维定式的人。

将该研究结论延伸到本研究背景中,与具有具体思维定式的消费者相比,具有抽象思维定式的消费者对以人类价值观为代表的品牌概念信息更为敏感,也更容易获得这些信息。在这种情况下,抽象品牌概念与消费者情绪之间的兼容关系更容易在具有抽象思维定式的消费者中产生和建立,从而促进流畅体验,最终产生对品牌评价的积极影响。综上所述,本研究推测解释水平调节了品牌概念和消费者情绪之间交互产生的流畅性过程。总体理论模型如图 4-2 所示,本研究正式提出假设:

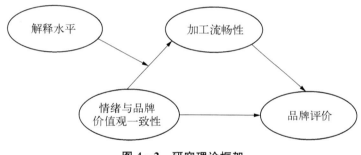

图 4-2 研究理论框架

H3:针对高(较低)解释水平的消费者,情绪与品牌概念之间的动机一致性对品牌评价的影响更显著。

H4:加工流畅性在情绪—品牌概念的一致性和解释水平对品牌评价的交互影响中起到中介作用。

本研究开展了三个实验来检验这四个假设。实验 1a 和实验 1b 使用代表某一价值观的真实品牌对 H1 和 H2 进行检验。具体而言,实验 1a 侧重于自我调节价值观和自我/他人相关情绪(H1a)的关系验证,而实验 1b 则考察了改变调节价值观和趋近/趋避导向情绪(H1b)之间的对应关系。实验 2 使用一个虚拟品牌重复实验 1a,并通过测量长期性解释水平(chronic construal level)的调节作用验证 H3 和 H4。在正式实验之前,本研究首先进行了两次前测来确定实验中使用的刺激材料。

第二节　研　究　方　法

一、前测和实验材料编制

（一）前测 1：确定实验 1a 和实验 1b 的真实品牌

为了确定体现品牌概念的真实品牌，前测选择了能够代表四种高阶价值观之一的 16 个品牌（Torelli et al.，2012）。品牌信息介绍（包括产品描述、品牌故事、广告图片）均从品牌的官方网站上获取，以直接描述研究所需要的突出的品牌概念。

37 名被试对这些品牌在自我提升（两个项目：权力和成就，$\alpha=0.78$）、自我超越（三个项目：社会关注、自然关注、仁慈，$\alpha=0.77$）、乐于改变（两个项目：刺激和成就，$\alpha=0.70$）、保守（三个项目：传统、安全、遵从，$\alpha=0.71$）四个方面的品牌价值观表现用李克特七等级量表进行评分（Schwartz and Boehnke，2004）。测试中，研究者对每一个品牌概念的意义都进行了解释，同时为了避免顺序效应，所有品牌和评级项目均为随机呈现，最后被试还表明了他们对每个品牌的熟悉程度。

四个最不熟悉的品牌首先被排除在外（$M_{熟悉度}=2.70\sim3.81$；$1=$非常不熟悉，$7=$非常熟悉）。然后，确定了四个品牌，它们与目标品牌概念的关联性（$M=5.20\sim6.35$）比其他非目标品牌概念的关联性（$M=3.32\sim5.30$）更强（完整列表见表 4-1）。具体来说，本研究选择伊利代表自我超越的品牌理念，选择劳力士代表自我提升的品牌价值观，选择六神代表保守型品牌价值观，选择苹果品牌代表乐于改变的价值观（广告材料见附录 4-1 和 4-2）。

（二）前测 2：确定实验 2 中的虚拟品牌

来自上海的 86 名被试被分配到两个实验情境（自我超越型和自我提升型品牌描述）。在两种情况下，除了品牌描述以外，其他产品信息保持一致。在自我超越条件下，广告标题是"自然，和平，纯洁"，该文案突出了品牌致力于自我超越的价值（"通过购买仁慈的 Vesalus 超越个人利益"，"采用环保技术生产，口味纯正"）。在自我提升的情况下，标题为"权力，声望"，文案描述

表 4-1 前测 1 中品牌概念在四个维度上的差异

测试品牌	来源国	分类	自我超越	保守	自我提升	乐于改变	熟悉度
自我超越							
伊利	中国	乳制品	5.36[a]	4.79[b]	3.62[c]	3.65[c]	4.87
海尔	中国	家用电器	5.06[a]	5.42[a]	3.73[b]	3.52[b]	4.73
农夫山泉	中国	软饮料	4.72[a]	4.45[a]	3.39[b]	3.35[b]	4.41
保守							
六神	中国	日化品	4.57[a]	5.20[b]	4.37[a]	3.85[c]	5.28
云南白药	中国	非处方药	4.54[ab]	4.71[a]	7.54[ab]	4.17[b]	5.17
洪福祥	中国	食品	5.12[a]	5.15[a]	3.59[b]	3.71[b]	5.46
自我提升							
劳力士	新西兰	手表	3.32[a]	3.28[a]	6.35[b]	5.30[c]	4.48
路易威登	法国	奢侈品	3.77[a]	3.46[a]	6.13[b]	5.75[b]	4.32
保时捷	德国	汽车	3.30[a]	3.26[a]	5.96[b]	5.43[c]	4.09
乐于改变							
苹果	美国	电子产品	3.36[a]	4.03[b]	5.02[c]	5.74[d]	5.52
佳能	日本	电子产品	3.73[a]	3.88[a]	4.91[b]	5.20[b]	4.19
耐克	美国	运动产品	3.48[a]	3.72[a]	5.41[b]	5.67[b]	5.22

注：同一行中不具有相同上标字母 a、b 或 c 的单元格差异显著（$p<0.05$）

了品牌如何构建自我提升的概念（"通过购买强大且成功的 Vesalus 来提升个人成就"，"通过先进的生产技术来品味优越感"）（广告材料见附录4-3）。

被试阅读完这些信息之后，使用七级量表评估了 Vesalus 与自我提高的关联程度（$\alpha=0.85$）和自我超越的关联程度（$\alpha=0.88$）。被试对广告的可信度（1＝一点都不可信，7＝非常可信）、广告的可读性（1＝难以理解，7＝容易理解）、吸引力（1＝一点都不吸引人/一点都不漂亮，7＝非常吸引人/非常漂亮；$\alpha=0.78$）、广告的说服性（1＝弱/没有说服力，7＝强/非常有说服力；$\alpha=0.92$）也进行了评价。最后，被试表达了自己的态度取向（"好品牌"和"感觉积极"；$\alpha=0.85$）和对 Vesalua 的品牌熟悉程度（"听说过"和"熟悉"；$\alpha=0.92$）。

独立样本 T 检验的结果显示，传递自我超越信息的广告相对于传递自我提升信息的广告会使消费者对自我超越的品牌概念评价更高（$M_{自我甚升}=$

3.69，$SD=1.36$，$M_{自我超越}=5.48$，$SD=1.20$，$t(84)=6.41$，$p<0.001$）；而这种效应对自我提升的品牌概念恰好相反（$M_{自我提升}=4.99$，$SD=1.53$，$M_{自我超越}=3.53$，$SD=1.62$，$t(84)=4.20$，$p<0.001$）。被试在可信度、可读性、吸引力、论点强度、品牌熟悉度和对 Vesalus 的态度评价上均没有差异（$ps>0.21$）。

二、实验1a：针对自我提升型和自我超越型品牌价值观的研究

（一）实验设计和执行过程

本实验在上海某本科院校进行，通过公开招募的形式，共邀请了113名志愿者，最终获得有效数据103份（女性占63%），排除未完成测试的10个样本。所有被试被任意分配到四个实验组2（具体情绪：骄傲/共情）×2（品牌价值观：自我提升/自我超越）的双因素组间实验设计。被试被告知整个实验分为相互独立的两个部分，首先是一个故事回忆任务，之后是关于品牌态度的测量。

实验的第一部分借鉴了 Tiedens 和 Linton（2001）的研究，来启动被试的骄傲（自我相关）或者共情（他人相关）的情绪。实验要求被试回忆并写出一件生活中让他们感到骄傲或者共情的事情。根据以往的文献，实验者对两种情绪的内涵进行了解释（Werner，1986；Wondra and Ellsworth，2015）。被试需要在5～10分钟内完成回忆任务。回忆完成后，被试需要在改编自 Aaker 和 Williams（1998）的李克特七点量表上表达他们感到的骄傲情绪的程度（"骄傲的""自信的""兴奋的"；$\alpha=0.66$）和共情情绪的程度（"感动的""温暖的""充满感情的"；$\alpha=0.67$），以及另外两个试题用来测量情绪唤醒水平（1=未被唤醒的，7=被完全唤醒的）和正负效价的水平（1=消极的，7=积极的）。

接下来被试将会随机获得两种品牌概念中的一个。根据前测1，劳力士和伊利被分别证明反映了自我提升和自我超越的品牌概念。在阅读完相应信息后，被试对品牌进行七点量表等级评分（1=低质量的/低劣的/不受人喜爱的/消极的/没有吸引力的，7=高质量的/优质的/受人喜爱的/积极的/有吸引力的），品牌描述词语的选取参照了 Swaminathan 等（2007）的研究。感知流畅性是通过要求被试表明他们处理信息的熟练程度来衡量的，

被试对加工流畅度进行李克特七点量表评分(1=非常难理解,7=非常容易理解),描述词语的选取参照了 Sundar 和 Noseworthy(2014)、Labroo 和 Lee(2006)(1=非常难以理解/想象,不符合逻辑的,7=非常容易理解/想象,符合逻辑的;$\alpha=0.97$)。另外两个测项来自 Torelli 和 Ahluwalia(2011)的研究,用来测量品牌概念和诱发情绪之间的一致性(1=不兼容的/不一致的,7=兼容的/一致的;$\alpha=0.61$)。另外,被试需要评价他们对品牌的熟悉程度和购买产品的参与程度(1=不重要的/不相关的/无意义的,7=重要的/相关的/有意义的)。最后,被试回答了人口统计方面的问题。

(二)结果分析

1. 操作检验

本研究以消费者情绪、品牌概念及其交互作用为自变量,针对情绪的自我报告进行了 2×2 的方差分析。结果显示,骄傲情绪组被试比共情情绪组被试感受到更强烈的骄傲情绪($M_{骄傲}=5.23$,$SD=0.94$;$M_{共情}=4.69$,$SD=1.36$,$F(1, 97)=4.74$,$p<0.05$)。类似的,回忆共情事件的被试共情得分更高($M_{骄傲}=4.58$,$SD=1.05$,$M_{共情}=5.29$,$SD=1.21$,$F(1, 97)=10.82$,$p<0.001$)。除此之外,没有其他情绪维度的显著作用,在情绪效价和唤醒水平分数上均没有显著的差异($ps>0.43$)。因此,对消费者的情绪操纵起到了预期的作用。

为了检验情绪和品牌价值观在动机上的一致性,以"感知一致性"为因变量进行方差分析,结果显示品牌概念和情绪之间的交互作用显著($F(1, 97)=9.97$,$p<0.01$)。比起自我超越与骄傲,伊利在自我超越与共情之间获得了较高的消费者感知一致性($M_{伊利-骄傲}=4.54$,$SD=1.31$,$M_{伊利-共情}=5.36$,$SD=1.07$,$F(1, 97)=5.94$,$p<0.05$)。比起自我提升与共情,劳力士在自我提升与骄傲之间获得了较高的感知一致性($M_{劳力士-骄傲}=5.08$,$SD=1.06$,$M_{劳力士-共情}=4.30$,$SD=1.14$,$F(1, 97)=4.10$,$p<0.05$)。

2. 因变量的检验

为了证明 H1a,以品牌评价为因变量,进行双因素方差分析($F(1, 97)=9.52$,$p<0.01$)。结果显示,品牌概念($F(1, 97)=2.18$,n.s.)与消费者情绪($F(1, 97)=0.05$,n.s.)之间的主效应不显著。后续对比表明,比起回忆了共情故事的被试,那些回忆了骄傲相关故事的被试会给予具有自我

提升概念的品牌（劳力士）更高的品牌评价（$M_{骄傲}=5.42$，$SD=0.74$，$M_{共情}=4.89$，$SD=0.57$，$F(1,97)=4.06$，$p<0.05$）。而比起那些回忆了共情事件的被试，那些回忆了骄傲相关事件的被试会给予具有自我超越概念的品牌（伊利）更低的品牌评价（$M_{骄傲}=5.05$，$SD=0.73$，$M_{共情}=5.54$，$SD=0.85$，$F(1,97)=5.49$，$p<0.05$）（见图4-3）。总体而言，自我相关情绪与自我调节的价值观之间的匹配效应会使消费者对品牌产生更积极的评价，因此H1a获得证实。

3. 加工流畅性的中介作用

关于加工流畅性的双因素方差分析揭示了品牌概念和消费者情绪之间有显著交互作用（$F(1,97)=7.47$，$p<0.01$）。与品牌评价结果一致，进一步的简单效应分析表明：与共情状态相比，在被试处于骄傲情境并评估具有自我提升价值观的品牌时，感知到的流畅性更高（$M_{骄傲}=5.44$，$SD=1.30$，$M_{共情}=4.74$，$SD=1.17$，$F(1,97)=4.25$，$p<0.05$），而比起被试处于骄傲情境，在被试处于共情情境并评估具有自我超越价值观的品牌时，感知到的流畅性更高（$M_{骄傲}=4.92$，$SD=1.28$，$M_{共情}=5.92$，$SD=0.79$，$F(1,97)=11.46$，$p<0.01$）。

为了确定加工流畅性是否影响品牌评价，本研究进行了中介效应分析，参照Hayes（2013）提出的bootstrap方法（模型7，样本量5 000，95%置信区间），其中自变量采用虚拟编码。结果表明两种不同的品牌价值观的情况下（自我提升编码为-1，自我超越编码为1；95% CI=[0.105 0，0.676 9]）；感知流畅性在消费者情绪（骄傲编码为-1，共情编码为1）与品牌评价之间起

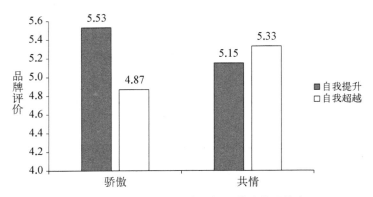

图4-3 自我/他人指向情绪与品牌价值观的交互
作用在品牌评价上的表现

到了中介作用,H2 被证明。具体来说,加工流畅性解释了为什么具有骄傲情绪的被试给予具有自我提升品牌价值观的劳力士更高的品牌评价(95% CI=[−0.416 7, −0.003 8]),具有共情情绪的被试给予具有自我超越品牌价值观的伊利更高的品牌评价(95% CI=[0.000 1, 0.383 9])。

三、实验 1b: 针对保守型和乐于改变型品牌价值观的研究

(一)实验设计和执行过程

来自上海某公立大学的 92 名学生(37%为女性)参与了这项实验。被试被随机分配到四种实验情景中,即 2(具体情绪: 冷静/兴奋)×2(品牌概念: 保守/乐于改变)的组间实验设计。为了激活特定的情绪状态,被试被要求回忆并写下一件令自己觉得冷静或兴奋的事件。然后,他们被要求评价他们当前的感受("冷静"和"平静";$\alpha=0.85$)和快乐("紧张"和"激动";$\alpha=0.83$),测项改编自 Agrawal 等(2007)的李克特七点量表。此外,实验还测量了情绪的唤醒水平和效价。

随后,随机提供六神或苹果的品牌信息给被试,六神和苹果在前测 1 中分别代表保守或乐于改变的品牌概念。在阅读品牌材料之后,使用与实验 1a 中相同的测项来评估品牌评价($\alpha=0.83$)、处理流畅性($\alpha=0.79$)、品牌熟悉度和购买卷入度($\alpha=0.92$)。最后,被试回答了人口统计学方面的问题,完成测试。其中,品牌熟悉度和购买卷入度被用作分析的协变量。

(二)实验结果

1. 操作检验

兴奋组被试比冷静组被试报告了更强烈的兴奋情绪体验($M_{冷静}=3.12$, $SD=1.29$, $M_{兴奋}=5.45$, $SD=1.28$, $F(86)=70.42$, $p<0.001$)。同样的,冷静组的被试对冷静情绪的感知高于兴奋组($M_{冷静}=5.56$, $SD=1.08$, $M_{兴奋}=3.38$, $SD=1.43$, $F(1, 86)=62.23$, $p<0.001$)。此外,情绪唤醒水平的差异也是显著的($M_{冷静}=3.17$, $SD=1.61$, $M_{兴奋}=5.70$, $SD=1.40$, $F(86)=62.17$, $p<0.001$),证明兴奋比冷静具有更高的唤醒水平(Agrawal, Menon and Aaker, 2007)。效价评分($p>0.20$)无显著差异。这说明情绪操控有效。

为了进一步确定动机一致性操作的成功,研究以认知一致性(congruency)为因变量,检验品牌概念和情绪的交互作用,采用双因素方差分析($F(1, 86)=32.2$, $p<0.001$)苹果(乐于改变)—兴奋(较苹果—冷静)的感知一致性更高($M_{苹果-兴奋}=5.30$, $SD=1.15$, $M_{苹果-冷静}=3.83$, $SD=1.15$, $F(1, 86)=19.52$, $p<0.001$)。六神(保守)—冷静(较六神—兴奋)也是如此($M_{六神-冷静}=4.96$, $SD=0.98$, $M_{六神-兴奋}=3.83$, $SD=0.93$, $F(1, 86)=13.10$, $p<0.001$)。

2. 品牌评价

为检验 H1b,以品牌评价为因变量,进行双因素方差分析。情绪和品牌价值观的交互作用显著($F(1, 86)=13.27$, $p<0.001$),而品牌价值观($F(1, 86)=0.02$, $n.s.$)和具体情绪($F(1, 86)=0.720$, $n.s.$)的主效应不显著。进一步的简单效应检验表明:针对乐于改变概念的品牌(苹果),在兴奋情绪状态下被试给予的品牌评价高于在冷静情绪下($M_{兴奋}=5.52$, $SD=1.37$, $M_{冷静}=4.46$, $SD=1.15$, $F(1, 86)=9.14$, $p<0.01$)。相反,针对保守概念的品牌(六神),在冷静情绪状态下的被试对品牌的评价高于具有兴奋情绪的被试($M_{兴奋}=4.69$, $SD=0.76$, $M_{冷静}=5.40$, $SD=0.93$, $F(1, 86)=4.46$, $p<0.05$)。综上所述,H1b 从改变调节价值观和趋近/趋避情绪的角度得到支持(见图 4-4)。

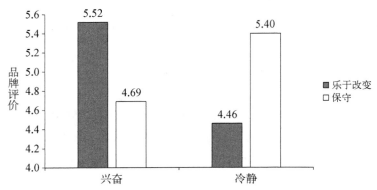

图 4-4 趋近/趋避倾向情绪与品牌价值观在品牌评价上的交互作用

3. 信息加工流畅性的中介作用

方差分析得出品牌概念和情绪在信息加工流畅性上存在显著的交互作

用($F(1, 86)=13.67$, $p<0.001$)。该作用因品牌概念的不同而存在差异：在乐于改变（苹果）的品牌概念的条件下，当兴奋情绪被激活时，被试感知的信息流畅性高于在冷静情绪状态下（$M_{兴奋}=5.63$，$SD=1.02$，$M_{冷静}=4.86$，$SD=1.08$，$F(1, 86)=3.86$，$p<0.05$）。相反，针对保守型品牌（六神）概念，当冷静情绪被激活时，被试比兴奋情绪被激活时感受到的流畅性更高（$M_{兴奋}=4.35$，$SD=1.45$，$M_{冷静}=5.58$，$SD=1.02$，$F(1, 86)=12.63$，$p<0.001$）。

进一步验证加工流畅性是否能解释品牌态度的变化，进行中介作用分析（Hayes，2013，模型 7；bootstrap方法，样本量5 000）。结果表明，感知流畅性在两种品牌概念情境（编码 0＝冷静，编码 1＝兴奋）与品牌评价的关系中间具有中介作用（编码 0＝保守，编码 1＝乐于改变）（95％ CI＝[0.128 8, 1.068 6]），再次支持H2。具体来说，信息加工流畅性解释了为什么具有兴奋情绪的被试给予苹果品牌（开放型品牌概念）更高的评价（95％ CI＝[0.003 7, 0.462 7]），而具有冷静情绪的被试给予六神品牌（保守型品牌概念）更高的评价（95％ CI＝[－0.697 6, －0.078 2]）。

4. 结果讨论

综上所述，实验 1a 和实验 1b 的结果支持本研究的主假设，即具体情绪和品牌概念之间的动机一致性能够让消费者产生对品牌的良好反应，而这种影响是因为对品牌概念信息处理得更加流畅。

然而，这两项实验采用的均是真实品牌，因此可能存在品牌使用经验和刻板印象的混淆。尽管前测 1 已经验证了所使用的品牌仅代表一个特定的、较高层级的价值概念，两项实验中选择的品牌都包括一个本土品牌（伊利和六神）和一个全球品牌（劳力士和苹果）。消费者可能更熟悉全球品牌的产品，因此他们不太可能受到即时情绪的影响。同样，劳力士和苹果的产品与伊利和六神的产品相比，可能需要消费者更多的认知参与，这可能会减弱具体情绪对品牌态度的影响作用。虽然在上述的分析中，研究者均控制了卷入度和品牌熟悉度两个变量，但更优的方式是通过使用相同的虚拟品牌来塑造不同的品牌概念，从而排除可能的干扰因素。

因此，本研究设计了实验 2，通过一个虚拟的矿泉水品牌来再次验证H1 和 H2，以清晰地操纵品牌概念，并进一步检验解释水平是否会调节这一交互效应（H3 和 H4）。实验 2 特别关注自我/他人相关情绪（骄傲/爱）

和自我调节型品牌价值观(自我超越/自我提升)。

四、实验2：采用虚拟品牌对品牌价值观与情绪一致性关系的再次验证

(一)实验设计和执行过程

实验2在上海某本科院校进行,通过公开招募形式共获得了221个有效样本,其中女性占52.3%。本实验为2(消费者情绪：骄傲/爱)×2(品牌价值观：自我提升/自我超越)的组间实验设计,所有被试被随机分配到四个实验组。这次实验将共情情绪换成了爱,爱强调了与他人相关的"照看"的内涵,而区别于共情相关的"人际依恋"内容(Tamir et al.,2016)。对于消费者情绪的操作处理与实验1a相同,对爱的描述改编自Cavanaugh等(2015)的研究。完成第一部分的回忆以及书写任务后,被试被要求对是否感知到爱("爱"和"有感情",$\alpha=0.81$)和骄傲情绪("骄傲"和"自信",$\alpha=0.70$)进行七点量表评分(1=毫无感受,7=感受强烈)。之后,采用"新产品测试"任务操纵品牌概念。品牌刺激在前测2中被设计并证明有效。要求被试仔细阅读新产品的广告,以便在阅读完品牌相关资料后能做出品牌评价。具体来说,实验2采用了与实验1a和1b同样的方式对品牌的态度($\alpha=0.80$)、信息加工流畅度($\alpha=0.75$)、感知一致性($\alpha=0.89$)进行测量。

值得注意的是,解释水平是用Vallacher和Wegner(1989)的行为识别量表(behavior identification form)进行测量的。研究者向被试提供了一组两个不同的目标行为,并要求他们选择每组里符合他们个人行为的描述。对于每一组描述,其中一个描述了行为是如何被表现的(具体),而另一个描述了执行行为的原因(抽象)。总分是被试在所有行为中选择的抽象选项的数量。用平均分割法来确定两种解释水平：得分15分及以上的被试被归类为"高"解释水平者,14分及以下的被试被归类为"低"解释水平者。最后,被试回答了人口统计学的相关问题,完成测试。

(二)实验结果

1. 操作检验

以骄傲情绪为因变量,检验情绪启动情境、品牌概念类型以及两者的交

互变量对消费者情绪的影响,发现情绪的主效应显著($M_{骄傲}=5.49$,$SD=1.28$,$M_{爱}=3.87$,$SD=1.61$,$F(1,217)=68.14$,$p<0.001$)。同样的,在冷静情绪评价的分析中,也仅发现情绪变量的主效应显著($M_{骄傲}=5.49$,$SD=1.28$,$M_{爱}=3.87$,$SD=1.61$,$F(1,217)=68.14$,$p<0.001$)。因此,情绪操作有效。

此外,以感知一致性为因变量做进一步检验,双因素方差分析发现情绪启动情境和品牌概念的交互作用显著($F(1,217)=9.14$,$p<0.01$)。与启动爱情绪的实验组相比,骄傲情绪实验组被试在具有自我提升型的品牌概念条件下具有更强的感知目标一致性($M_{骄傲}=4.52$,$SD=1.47$,$M_{爱}=3.92$,$SD=1.50$,$F(1,217)=4.54$,$p<0.05$),而比起具有骄傲情绪的被试,具有爱情绪的被试在具有自我超越的品牌概念条件下会感知到更高的一致性($M_{骄傲}=4.43$,$SD=1.46$,$M_{爱}=5.03$,$SD=1.46$,$F(1,217)=4.60$,$p<0.05$)。

2. 品牌评价

以品牌评价为因变量,检验消费者情绪、品牌概念、解释水平的三方交互作用,呈现出显著水平($F(1,213)=5.91$,$p<0.05$)。如 H3 所述,解释水平能够调节品牌概念与情绪之间的一致性关系强度。具体来说,针对具有高解释水平的消费者,情绪与品牌概念具有显著的交互作用($F(1,213)=9.9$,$p<0.01$)。如图 4-5(a),简单效应证实了与爱情绪组的被试相比,骄傲情绪组对具有自我提升概念的品牌给予更高的评价($M_{骄傲}=4.60$,$SD=1.12$,$M_{爱}=4.00$,$SD=1.30$,$F(1,213)=4.50$,$p<0.05$)。而爱情绪组被试给予自我超越型品牌更积极的评价($M_{骄傲}=4.43$,$SD=1.17$,$M_{爱}=5.07$,$SD=0.96$,$F(1,213)=5.80$,$p<0.05$)。

与此相对,在低解释水平的消费者群体中这一效应受到削弱。情绪—品牌概念的交互作用不显著($F(1,213)=0.24$,n.s.)。进一步的简单效应分析也发现,情绪和品牌概念的交互不会影响品牌评价(自我提升:$M_{骄傲}=4.63$,$SD=0.91$,$M_{爱}=4.79$,$SD=0.99$,$F(1,213)=0.32$,n.s.;自我超越:$M_{骄傲}=4.80$,$SD=0.92$,$M_{爱}=4.83$,$SD=0.91$,$F(1,213)=0.01$,n.s.)。详见图 4-5(b)。由此,解释水平的调节作用显著,H3 被支持。

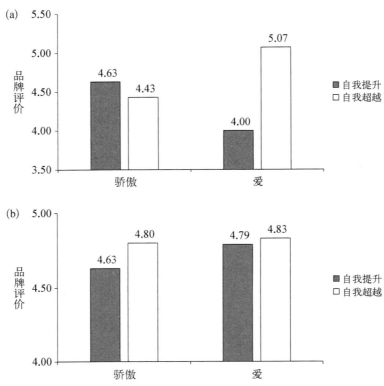

图4-5 趋近/趋避指向情绪与改变调节型品牌
概念在品牌评价上的交互影响

注：(a) 高解释水平；(b) 低解释水平

3. 加工流畅性的中介作用

以加工流畅性为因变量，消费者情绪、品牌概念、解释水平之间具有显著的三方交互作用（$F(1,213)=7.386$，$p<0.01$）。并且，该交互作用的强度会受到解释水平的影响。具体来说，在高解释水平的被试之间，情绪—品牌概念的交互作用显著（$F(1,213)=17.39$，$p<0.001$）。对于具有自我提升概念的品牌，与爱情绪状态相比，在骄傲情绪下的被试会感知到更高的信息加工流畅性（$M_{骄傲}=4.99$，$SD=1.15$，$M_{爱}=3.97$，$SD=1.41$，$F(1,132)=5.93$，$p<0.05$）。同样对于具有自我超越概念的品牌，与骄傲情绪状态的被试相比，在爱情绪状态下，被试会感知到更高的信息流畅性（$M_{骄傲}=4.32$，$SD=1.21$，$M_{爱}=5.19$，$SD=1.19$，$F(1,132)=6.22$，$p<0.05$）。相反，在低解释水平的被试之间，情绪—品牌概念的交互作用不显著

($F(1, 213)=0.01$, n.s.)。此外,在感知流畅性上也没有获得显著性的结果(自我提升:$M_{骄傲}=4.63$,$SD=0.91$,$M_{爱}=4.79$,$SD=0.99$,$F(1, 213)=2.56$,n.s.;自我超越:$M_{骄傲}=4.80$,$SD=1.15$,$M_{爱}=4.38$,$SD=1.23$,$F(1, 213)=1.49$,n.s.)。

为了进一步验证感知流畅性是否解释了品牌评价的变化,实验2进行了有调节的中介效应分析(Hayes,2013,模型11;bootstrap方法,样本量5 000)。实验结果表明,在具有高解释水平的被试中,感知流畅性中介了消费者情绪(骄傲情绪编码为0,爱编码为1)与品牌概念(自我提升编码为0,自我超越编码为1)对于品牌评价的交互作用(95% CI=[0.135 7,0.879 4]),但是在低解释水平的被试中,该影响并不显著(95% CI=[−0.213 6,0.224 1])。具体来说,在高解释水平的被试中,加工流畅性解释了消费者情绪在评价具有自我提升概念的品牌(95% CI=[−0.523 5,−0.050 2])和具有自我超越概念的品牌(95% CI=[0.044 8,0.428 3])时的影响机制。然而在低解释水平的消费者中,流畅性不能够解释为什么与爱情绪状态相比,骄傲情绪的被试会给予自我提升概念的品牌更高的评价(95% CI=[−0.287 4,0.020 2]);与骄傲情绪状态相比,爱情绪状态下的被试会对具有自我超越概念的品牌做出积极的评价(95% CI=[−0.305 0,0.052 2])。总体而言,H4被支持。

4. 讨论

实验2的结果支持H3和H4。当品牌概念与消费者情绪存在动机的一致性时,会获得更高的品牌评价。然而,当消费者具有低解释水平时,这一匹配效应不会存在。仅在高解释水平的消费者群体中,品牌概念和消费者情绪的目标一致性效应才会引发更高的品牌评价。此外,通过使用虚拟品牌刺激,实验2也强化验证了本研究的主假设(H1)和潜在机制(H2)。

第三节 结论与讨论

基于品牌价值观可以体现人类的价值观的论述(Torelli et al.,2012;

Torelli，Monga and Kaikati，2011)，本研究为此提供了进一步的经验证据，说明抽象品牌概念的传播应该考虑其激发情绪的关键作用。激发与品牌概念相一致的特定情绪会引起评价的提升。值得注意的是,这种提升既发生在具有自我调节价值观的品牌概念和自我相关的情绪之间(实验1a,实验2),也发生在具有改变调节价值观的品牌概念和趋近/趋避导向的情绪之间(实验1b)。此外,情绪与价值观呈现的匹配效应是由感知流畅性驱动的,流畅性是由品牌概念和情绪在动机上的一致性所触发的。而且品牌概念和情绪的交互作用只在高解释水平的消费者中出现,因为他们倾向于概括性、抽象化地理解信息(实验2)。

一、理论贡献

本研究具有重要的理论意义。尽管之前的品牌研究提出抽象的品牌概念比基于功能属性的品牌形象更能引起消费者的响应(Park，Milberg and Lawson，1991)，但是极少有研究探索如何利用品牌概念所激发的利益性联想。这是一个更为重要的问题,因为依据本研究的发现,在各个实验中,品牌概念的主效应均不显著,这意味着各类品牌价值观并不会单一地影响品牌评价；而与品牌本身固有特征无关的情境因素和个人因素则可以促进抽象品牌概念的积极作用,即看似无关的情绪线索也可以用来建立品牌资产。本研究提出了可以贡献品牌资产的特殊来源,并深入探讨了偶发性消费者情绪与企业已建立的抽象品牌概念之间的关联；除此之外,确定了个体的解释水平作为情绪与抽象品牌概念兼容效应的边界条件。

本研究结论可以贡献于有关价值观和情绪关联的研究主题。先前的研究表明人们期望并实际上能够更多感受到与他们价值观一致的情绪(Tamir et al.，2016；Nelissen，Dijker and Vries，2007)。例如,自我超越价值的显著性会导致个体表现出对信任情绪情感的更高期待,而自我提升价值观会增加人们对愤怒情绪的感受。本研究首先激活了个体的即时性情绪,然后呈现品牌概念信息。也就是说,本研究通过转换价值观和情绪的呈现顺序来区别以往的观点。这进一步表明了特定情绪的激活会增加个体对相应的一致性价值观信息的处理需求。

此外，本研究为情绪研究领域提供了更为丰富的经验性证据。尽管先前的研究已经检验了广告信息特征和情绪特征之间的兼容性如何提高消费者的评价，如情绪效价和调节目标（如 Bosmans and Baumgartner，2005），但尚未有研究从人类价值观的角度去理解情绪的特征，或在品牌概念的研究主题中关注情绪的作用。本研究首次尝试证明，具有目标特征的个体情绪会促进以人类价值观为代表的兼容性品牌概念信息的加工，从而产生更有利的品牌评价。

在情绪对认知影响的过程方面，本研究的发现有助于对认知加工流畅性问题的理解。以往的研究证明流畅性存在于个体的调节目标指向（如趋近性）和品牌信息指向特征（同为促进性）相匹配的情境中（Labroo and Lee，2006）。本研究与之前研究的不同之处在于：由情绪激活的目标指向性特征会与后续呈现的品牌概念信息相匹配，并促进产生认知流畅性的效果。此外，高解释水平个体的认知模式为本研究中提出的流畅性的中介作用提供了额外的支持，强化证明认知流畅性源自情绪与抽象品牌概念之间的一致性联结。

二、实践意义

从管理实践的角度来看，本研究的主要发现为营销者如何有效地向消费者传递抽象品牌概念提出了建议。营销管理者应该意识到，品牌概念的接受程度会受消费者情绪状态的影响。在设计广告或其他具有说服力的信息以尝试和消费者沟通品牌概念时，应当选择适当的情绪激活线索，使其与品牌概念保持一致。品牌管理者还应该在不同的营销活动中，如店内促销、季节性促销或其他互动性活动中，仔细考虑这些活动实施之前或过程中可能引发的消费者情绪，从而决定是否强调已经确立的抽象品牌概念。例如，在中国市场上，当中国运动员在奥运会上获得奖牌后，国内知名品牌往往在举国上下都沉浸在骄傲的气氛中时发布广告。然而，对于自我超越价值突出的品牌，如伊利（其口号是"滋养生命的活力"）和海尔（其口号是"建设智慧家园，定制美好生活"），这可能不是一个好的策略。事实上，在骄傲气氛中发布包含民族自信信息和自我提升概念的广告效果会更好（如"有伊利，中国表现更好，冠军品质！"），而表达保守型品牌价值观的广告在奥运会开始前发布会更具有说服力(如"伊利的质量已经被过去十年的奥运信赖验证了")。

本研究的发现也可以帮助营销经理减轻已经建立的品牌概念和情境事件引发的冲突性不利后果。由于本研究发现这种一致性效应在低解释水平的消费者中并不存在,因此在营销互动活动中情境化地触发具体的思维模式(如强调未来或远距离使用),可能有助于企业避免那些与既定品牌概念不相容的情境性事件的负面影响。相反,激活一个抽象的思维模式,将有助于利用外部情绪线索推进品牌概念对品牌评价的积极影响。

三、未来研究方向

首先,在实验设计方向,所有实验使用的结果变量是测量的品牌态度。可以在未来的研究中引入实际行为变量来验证假设,如购买意愿或支付意愿。

其次,由于本研究是采用实际品牌考察趋近/趋避导向情绪与改变调节型品牌价值观之间的一致性效应,未来的研究可以在一个虚拟的品牌上复制实验1b,从而排除潜在的混杂因素,如参与度和品牌熟悉度的影响。另外,本研究仅选择了四种特定情绪开展实验,未来的研究应该考虑引用更多的具体情绪验证本研究结论的普适性。例如,可以包括更多代表趋近/趋避取向(如放松、激情)和自我/他人相关的情绪(如信任、同情)。此外,可以借鉴 Tamir 等(2016)的方法采用问卷调查法来广泛评估消费者在日常生活中所体验到的多种特定情绪,以及他们对不同价值观品牌的整体态度,从而获得更完整和充分的解释与经验证据。

最后,在实验2中测量的是长期特质性解释水平,未来的研究应该采用操纵任务(如 Torelli and Kaikati, 2009)来建立即时的解释水平对情绪和品牌概念一致性效应的影响。此外,解释水平的作用也可以从一个更实际的角度来考察。例如,与解释水平操作相关的市场营销变量(如无意识状态诱导消费者注意广告的内容或主旨),可以为公司提供进一步的可操作性指导。

第四章 情绪对品牌价值观传播的影响

附　　录

附录 4-1　实验 1a 广告材料：自我超越和自我提升型价值观

131

附录 4-2　实验 1b 广告材料：乐于改变和保守型品牌价值观

附录 4-3　实验 2 广告材料

自我超越型品牌价值观

自我提升型品牌价值观

第五章
孤独感对品牌延伸评价的影响

随着现代科技的发展，社会保障体系的完善，个体的独特性需求增强，越来越多的人选择独立生活，社会的多元化和包容性也给"独身主义"提供了自由的空间。然而，与此同时，在快节奏、高强度的都市生活中，人们又不得不学会跟孤独和睦相处，在享受孤独的时候，也需要克服伴随孤独感产生的负面心理效应。

孤独感在心理学上被描述为一种"主观的社会孤立"，发生在个体对于社会关联的期待与现实之间存在差异的时候（Peplau and Perlman，1982）。早在 20 世纪 90 年代，孤独感在心理学和社会学方面的研究开始兴起，研究者们集中探讨了孤独感对于个体心理和生理健康造成的负面影响，如低幸福感、抑郁、高血压、失眠等（Cacioppo and Patrick，2008），并将产生孤独感的原因归结于个体的社会能力缺失和社会环境的改变（Zhou et al.，2008）。2018 年，针对中国公众孤独感的一项现状调研显示：中国社会孤独感指数平均得分为 73.4 分，显示出高孤独感的倾向；当被问及"最近一周感受到孤独感的频率"时，17.8% 的受访者选择了"绝大多数时候"感受到孤独，17.4% 的受访者表示自己承受了严重的孤独感。

然而，从营销实践的视角上，我们却可以发现，人们正在通过多样化的消费方式来对抗孤独。比如，最开始针对单身贵族准备的"天猫双十一"购物节，已衍变成全民购物狂欢的盛会。品牌商们也在借助新媒体的平台，营造着孤独情调的消费者共鸣，比如鸡尾酒品牌 RIO 的包装上的标题为"一个人的小酒"和广告语中强调"只在一个人时，你才敢放任去想的人，是谁？"不难发现，在这一场孤独危机中，孤独经济也正在悄然崛起。

从营销研究的视角，研究者们已经研究发现，有孤独感体验的消费者会选择通过在消费市场中寻求安全的关系来进行补偿（Lastovicka and

Sirianni,2011),也会通过怀旧消费、拟人化产品寻求来尝试与社会建立情感关联(如 Chen,Wan and Levy,2017)。那么,在品牌管理的视角,孤独特质是否会影响消费者对品牌的认知,以及改变消费者与品牌的关系呢? 本章选取了品牌延伸评价的视角进行探讨。

第一节 文献综述和假设提出

一、孤独感的研究概述

(一)孤独感的成因及概念

孤独感被定义为一种主观的社会孤立,当个体对于社会关联的期待与现实之间存在差异时,就会产生孤独感(Peplau and Perlman,1982)。Wang、Zhu 和 Shiv(2012)认为,对于社会关联的期待并不只停留于数量和频率,更关键的是社会互动的质量和深度。即使是在人群之中,高孤独感的人也会感受到孤独;反之,即使是在一个人的情况下,低孤独感的人也未必会感受到孤独。Rokach(1989)认为,孤独感产生的一大前提,是满足个体所需要的支持、亲密感和归属感的人际关系的缺失。作为生活的重要组成部分,人际关系的缺失会显著地增加个体的孤独感(Peplau and Perlman,1982)。此外,Akdogan(2017)还发现,不安全感和自卑感会正向影响孤独感。相应的缓解孤独感的方法包括:发现生活意义(Tam and Chan,2019),提升自我评价和重获社会支持(Zhao et al.,2018)。

在概念上,孤独(loneliness)与孤单(solitude)和单独(aloneness)有着完全不同的含义。Lay 等(2018)提出,单独被定义为个体在某一时刻在生理上独立于他人,而孤单则被定义为个体在社会关联上独立于他人。无论是孤单还是单独,都只是一种客观状态的表达,并没有任何情绪上的联系(Larson,1990)。换言之,有一些人是享受并且积极去寻找孤单或单独的状态,他们认为一个人的状态令他们感到舒适和向往(Burger,1995)。孤独感(loneliness)不同于前两者,它是一种负面的情绪。一旦孤独感被激发,就会对个体的认知、情绪甚至行为产生一系列的影响,而这样的影响是极其危险的。在过去的心理学和医学研究中,Cacioppo 等(2006)发现,当个体处于社会孤立的状态下时,他们会产生一种不安全感,进而使得他们在处理社会关系时产生警觉、压力和焦虑的情绪。Ernst 和 Cacioppo(1999)则提出,孤独的个体会对他人缺乏信任,并且感知到自己对于生活和外界发生的事情缺乏控制。而长期处在这种状态下更会使得个体在生理和心理上处于一种不健康的状态,造成不自律、酗酒、高血压、失眠、抑郁、不幸福,甚至是过早死亡的现象发生(Cacioppo and Patrick,2008)。

另外,孤独的概念与社会排斥(social exclusion)也有着一定的区别。社会排斥涉及被拒绝或被忽略的行为过程,而孤独感则是一种主观的感知状态,不涉及行为过程(陈瑞和郑毓煌,2015)。

(二)孤独感的特征及其影响

当个体感受到自己的社会关系系统没有达到预期的质量和深度时,孤独感会被激发,这会使得他们更加渴望与社会建立联系(Sergin and Kinney,1995)。Gardner 等(2005)提出,高孤独感的人会更容易回忆起周围发生的事件,甚至对于视觉和听觉上的信息更加敏感,并能够进行更深入的解读。Shin 和 Kim(2019)也发现,孤独的个体会出现一种关注偏差,他们对于负面的社会信息的传播声调更加敏感,并且更关注未来相关的社会交流信号。基于这种对社会信号的敏感和对社会关系的渴望,在消费行为方面,个体也会表现出特定的行为偏好。Zhou 等(2008)发现怀旧偏好会增加消费者的社会支持感知,进而使得他们对于怀旧诉求的产品产生更加强烈的购买意愿,从而缓解孤独感。此外,孤独的消费者还会由于在集体参与行为中获得权力感而更倾向于团购行为(Leem et al.,2012)。与孤独感的情感需求特征类似,有研究发现消费者和品牌之间建立的关系和人与人之间的关系需求是一致的,品牌承担着关系构建的角色。因此当消费者被社会排斥的时候对于拟人化的产品会产生更强的偏好,因为他们可以在与拟人化的品牌建立关系的过程中获得社会情感支持(Chen,Wan and Levy,2017)。

另一方面,尽管对于高质量的社会关系十分渴望,孤独的个体却会更倾向于花更多的时间独处,并且对于孤单有着更高的偏向性(Burger,1995)。部分学者通过孤独个体的能力特征来解释,认为这是由于他们的社交技能不足,因而避免接触需要建立社会关系的情境。例如,Anderson 和 Martin

(1995)提出,高孤独感的人在社会交往的过程中缺少灵活的交流技巧,对于别人发出的认同信号会不够敏感,因此,在处理社会认同信号时也会更加困难(Yamaguchi, Smith and Ohtsubo, 2017)。另一类解释则认为这是由于孤独的人对于社交缺乏动力。例如,Cacioppo 和 Patrick(2008)发现,孤独的人在面对社交情况时,相较于尝试改变现状,他们更愿意选择被动忍受。但是,Vitkus 和 Horowitz(1987)进一步探讨孤独者的社交特征,发现在非被动人际关系(如帮助他人)的情况下,孤独个体与非孤独个体的社交能力并无区别。

不难发现孤独作为一种负面情绪,其实存在着矛盾的两面性:一方面孤独者渴望与社会建立联系,关注社会信息;另一方面却又更偏向被动的独处。正因如此,在一些关于消费行为偏好的研究中发现:孤独的消费者具有不一致的认知和行为偏好。例如,Wang、Zhu 和 Shiv(2012)的研究发现:高孤独感的人在私下场合会因为自身的孤独状态而偏好小众的产品,而低孤独感的人偏好大众的产品;但是在公众场合,高孤独感的人则会转而迎合群体的意见去选择大众的产品。此外,Pieters(2013)探讨了孤独感和物质主义之间的关系,认为孤独感会提升物质主义进而造成在投资消费上趋向于冒险。而陈瑞和郑毓煌(2015)则持有完全相反的意见,认为高孤独感的人会由于感知控制缺失而规避不确定性消费。

二、品牌延伸的理论概述

(一)品牌延伸的概念和形成

Tauber(1981)于 20 世纪 80 年代初率先提出了品牌延伸(brand extension)这一理论概念,并将其定义为企业将已有的品牌名称延伸至新产品的一种策略;后又被认为是企业出于促进市场发展考虑,推出新产品和增加品牌销售成本效益的一种途径(Tauber, 1988)。Keller 和 Aaker(1992)进一步提出,当企业推出新产品时,通常会从三种品牌策略中做选择:一是单独为新产品开发一个新品牌;二是完全沿用一个现有品牌的名称,实现品牌延伸;三是将一个新品牌与一个现有品牌名称建立联系,那么这一新的延伸品牌就被称作子品牌(sub-brand),原品牌即为母品牌(parent brand)。而与多个子品牌相关联的母品牌亦可称为家族品牌(family brand)。广义上的品牌延伸可分为产品线延伸(line extension)和类别延伸(category extension)两类。其中产品线延伸是指企业对某一产品线不断提升和完善,在产品款式、配方、工艺等方面推陈出新,从而利用同一品牌推出同种品类下的不同口味、色彩、配方、包装的产品;而类别延伸则是指企业在母品牌的基础上推出跨品类的新产品(Keller and Aaker,1992)。作为公司竞争优势的一大战略要素,品牌延伸具有很强的现实意义,并且可以帮助公司扩大更强的品牌资产,将品牌的优势转移到其他的新的细分市场中去(卢泰宏和谢飙,1997)。

品牌延伸策略以消费者对母品牌的知识和好感为基础,这是因为消费者在初次接触品牌延伸产品时缺乏外界的信息输入,所以延伸评价主要是由母品牌的推断得来的(雷莉和马谋超,2003)。在20世纪90年代以前,情感迁移模型(affect-transfer model)是发展品牌延伸理论的基础,并且被认为是解释消费者对品牌延伸产品评价的经典工具。该模型由Boush和Loken(1991)率先提出,其核心思想在于消费者对延伸产品的评价源于对母品牌的情感,并且可以通过两条迁移路径延伸至产品(见图5-1)。其中,迁移路径1是一种较少认知加工卷入的直接迁移,是在消费者体验欠缺情况下的一种低卷入度的迁移模型(Boush and Loken,1991)。Boush等(1987)认为品牌态度作为一种条件反射模式存在于母品牌和消费者之间,当相似的信息如品牌名称等暴露在消费者面前时,就会唤起消费者对于延伸产品类似母品牌的态度情感,即产生刺激泛化的模式。而路径2是一种间接的迁移过程,受到母品牌和延伸产品之间契合度的调节,契合度越高,消费者对于母品牌的态度就能够越顺利地转移到延伸产品,品牌延伸效果就越积极,而当相似度较低时,消费者对母品牌的情感不仅不能够顺利迁移,甚至会因为信息不对称而产生对于延伸品牌的负面评价(Boush and Loken,1987)。

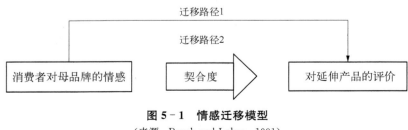

图5-1 情感迁移模型

(来源:Boush and Loken,1991)

(二)品牌延伸评价模型的拓展

20世纪90年代起,研究者们基于情感迁移模型就品牌延伸评价的影响因素进行了一系列的实证研究,按照两条迁移路径集中于两大方向:一是围绕母品牌与延伸产品的契合度感知(perceived fit);二是聚焦于母品牌自身特征(如质量)对于品牌延伸评价的影响。

关于母品牌与延伸产品的契合度研究,由Aaker和Keller(1990)首次提出,他们发现当消费者认为品牌延伸的子母品牌之间有符合或相似之处,他们就更容易对品牌延伸做出好的评价,而这样的品牌延伸契合度包括三个维度:互补性、替代性、转移性。其中互补性是指消费者认为原有产品与新产品互为补充共同满足其特定需求;替代性则是指两种产品相互替代以满足消费者的某种需求;而转移性是指被消费者感知到的品牌将原产品生产技术制作能力转移到延伸产品上的重叠程度(Aaker and Keller, 1990)。Park、Milberg和Lawson(1991)拓展了Aaker和Keller(1990)的模型,从产品和品牌两个维度来阐释母品牌与延伸产品的一致性,其中产品层面的匹配性指的是产品品类的功能特征属性、适用情形等方面的匹配性;而品牌层面的匹配则是以品牌联想为基础的品牌与延伸产品之间的概念和价值理念上的相似度。此外,品牌个性的契合度也能正向影响消费者对品牌延伸的评价(Ferguson, Lau and Phau, 2016)。

而回到母品牌层面本身,母品牌不是一个孤立存在的标记,而是一个与消费者和产品息息相关的重要概念(吴川和张黎,2012)。母品牌作为一种信息符号,消费者将对其的态度储存于记忆,并在消费者心智中产生晕轮效应,当消费者接触到延伸产品与母品牌之间的关联信息时,很容易凭借对母品牌的印象与态度对延伸产品做出评价(Smith and Park, 1992)。也就是说,消费者对于母品牌本身的好感度会直接影响品牌延伸评价(Yeung and Wyer, 2005)。更进一步地,母品牌质量和品牌延伸评价之间也存在着紧密的关联(Aaker and Keller, 1990)。其中,母品牌质量是指消费者基于对母品牌下设产品的耐用性、服务、失误率和性能等具体属性的综合判断而形成的总体态度(Garvin, 1984)。研究者们发现在品牌延伸的宽度较窄时,母品牌质量能够正向影响消费者对延伸产品的态度,但是只有当母品牌与延伸品牌契合度较高时,母品牌质量才会对品牌延伸的评价有显著的作用

(Aaker and Keller,1990)。也有研究者从感知觉的角度对母品牌的质量所起到的延伸评价影响进行分析。例如 Meyvis、Goldsmith 和 Dhar(2012)指出,当消费者受到具体的信息刺激,如视觉上的图片信息或是竞争品牌的比较信息时,则易使消费者认为母品牌的质量更加重要,而不是品牌延伸契合度。

三、研究假设的提出

（一）孤独特质与关系认知

基于之前的研究,孤独作为一种负面情绪存在着一定的两面性,孤独个体一方面渴望与社会建立联系,另一方面他们又对社会交流产生过高的预期,造成对孤单更多的偏向性。这很大程度上与孤独作为一种负面情绪所造成的认知偏差有关,同时也反映在孤独者认知社会关系的过程中。具体而言,在应当保持相对紧密的积极关系中,高孤独感的个体会对自己的人际交流产生一定的不信任(Duck, Pond and Leatham, 1994),并且会对社会认同的信号更加不敏感(Yamaguchi, Smith and Ohtsubo, 2017);而在相对疏离的消极关系中,他们又能够对一些并不容易察觉的负面社会信息进行更多的解读(Gardner et al., 2005)。这种对关系的认知偏差也可能影响对母品牌和延伸产品关系的认知。基于品牌延伸评价的路径 2 模型,即个体会通过母品牌和延伸产品之间的相似度(契合程度)来做出延伸效果评价。那么,基于高孤独感特质群体的关系认知特征,他们可能会对亲近的(积极的)社会关系产生不信任偏向,由此可能较低孤独感的群体,对近延伸的母品牌和延伸产品之间的关联性(相似性)不够敏感或认同;而在疏远的(消极的)关系中,高孤独感的个体可能会错误解读客体间的关系性,认为其他客体间的关系较近,而形成社会关系的比较落差,一方面感受到自己是被社会疏离的,另一方面对社会联系又充满了较高的期待,这也是孤独感产生的一种来源。

由此,本研究提出了基本假设:

H1：高孤独感(较低孤独感)的消费者会认为近延伸产品与其母品牌有更低的关联性。

H2：高孤独感(较低孤独感)的消费者会认为远延伸产品与其母品牌有更高的关联性。

（二）孤独特质与品牌延伸评价

品牌延伸的情感迁移模型解释了消费者的母品牌态度对于品牌延伸评价产生影响的过程，即消费者会获取母品牌和延伸产品的信息，并基于一系列的认知活动，发现两者之间的联系性和匹配性关系，从而实现从母品牌到延伸产品的情感迁移。依据迁移模型的路径 2，即在品牌延伸的评价过程中，母品牌和延伸产品之间的匹配关系起到决定性的作用。那么当孤独感作为影响消费者认知的情绪参与到品牌延伸评价的过程中改变消费者对契合度的认知时，是否也能够最终影响消费者对品牌延伸的态度呢？由此，本研究提出进一步假设（整体研究假设图见 5-2），具体如下：

图 5-2 研究假设示意图

H3：品牌延伸关联性感知中介了品牌延伸类型对于品牌延伸评价的影响。

H3a：在近延伸中，孤独感会调节品牌延伸关联性感知的中介效应，降低延伸产品评价，即孤独感具有负向调节作用。

H3b：在远延伸中，孤独感会调节品牌延伸关联性感知的中介效应，提升延伸产品评价，即孤独感具有正向调节作用。

第二节　研　究　方　法

一、实验前测

为了确定虚拟品牌 Farber 的不同延伸类型，研究者首先以 40 名大学生为被试,进行了广告材料和产品的前测。在前测中,参与者被告知参加一个Farber品牌的市场调查。首先,向他们呈现虚拟品牌Farber的简要描述:"Farber是国际著名的体育用品品牌,受到业界和众多消费者的认可。其主要业务包括运动鞋和运动服的设计、生产和销售。为了更好地满足消费者日益增长的需求,进一步拓展国际业务,Farber品牌正计划丰富产品线,开发新的产品类别,经过公司内部的初步研究,提出了八个新的产品类别,现在向公众市场征求意见和反馈。"八个产品类别是:运动手环、运动饮料、音乐播放器、洗发水、燕麦片、手表、糖果、休闲服。

在阅读品牌描述之后,被试需要对延伸产品类别做出评价,参考Loken和John(1993)的研究,设计延伸产品类别与母品牌的一致性感知问题,包括两个方面:产品类别相似性和品牌概念一致性。产品类别相似性通过两个题项来测量,即"你认为延伸产品与运动服装属于同一个产品类别么?""你认为延伸产品在多大程度上与运动装在产品类别上相似?"($\alpha = 0.91$)。品牌概念一致性通过两个项目来测量,即"你认为延伸产品在多大程度上与运动概念一致""你认为延伸产品在多大程度上与健康概念一致"($\alpha = 0.85$)。采用李克特七点量表进行评价(1=认同程度非常弱,7=认同程度非常强)。结果表明:运动手环在产品类别相似度和概念一致性上均显著高于其他七个产品类别(结果详见表5-1)。因此,运动手环被选为近延伸产品。燕麦片和糖果在产品类别相似性方面是远延伸,因为它们在产品类别相似性方面的评分显著低于运动手环($t_{手环-燕麦片}(38) = 6.014$,$p < 0.001$;$t_{手环-糖果}(38) = 7.529$,$p < 0.001$)。燕麦片在品牌概念一致性上显著高于糖果($p = 0.004$)。因此,燕麦为概念一致的近延伸产品,而糖果为概念不一致的远延伸产品。

表5-1 八种延伸产品在产品类别相似性和概念一致性上的比较($n = 40$)

	运动手环	休闲服	运动饮料	音乐播放器	洗发水	燕麦片	手表	糖果
产品类别相似性 $M(SD)$	4.78 (1.21)	3.29 (1.94)	3.26 (1.73)	3.09 (1.88)	2.74 (1.80)	2.88 (1.95)	3.6 (1.72)	2.46 (1.84)
概念一致性 $M(SD)$	5.46 (1.11)	3.18 (1.71)	4.05 (1.65)	3.15 (1.84)	3.03 (1.80)	3.87 (1.68)	3.60 (1.69)	2.61 (1.86)

二、实验设计和执行过程

实验通过问卷星数据收集平台招募被试,除去未填写完全和网络地址重复的无效问卷,总计获得258份问卷,其中208份为有效问卷。本次实验中问卷的有效利用率为80.6%。其中女性(72.1%)和本科(68.8%)人群比例较高。

每名被试被随机分配到四个产品类别中的一组,即本研究为单因素四组的组间实验设计(品牌延伸类别:近概念近品类/远概念近品类/近概念远品类/远概念远品类)。本研究使用了虚拟品牌Farber作为实验操纵材料,来控制被试原有的品牌体验对于实验结果的干扰。根据前测结果,本研究选取虚拟品牌Farber的四种产品:运动手环(近概念近品类)、家居服(远概念近品类)、燕麦片(近概念远品类)和糖果(远概念远品类),通过不同的文字描述和产品类别组合为同一个虚拟运动鞋服品牌(Farber)设计了四种不同延伸产品的广告。实验材料的设计严格控制了除产品外的其他属性变量,所有广告均使用一致的背景,文字字体、大小以及商标的用色(见附录5-1)。

阅读广告内容后,被试对品牌延伸的关联度和延伸产品进行评价。其中,品牌延伸的关联度的测量参考Loken和John(1993)、Cai和Mo(2019)的研究,包含五个测项:"我认为产品的形象和Farber品牌是相似的;我认为产品的形象和Farber品牌是一致的;我认为产品的形象是典型的Farber品牌的形象;我认为产品的形象更能代表Farber品牌的形象;我认为该产品和运动鞋服是服务于同一消费对象的"(内部一致性系数$\alpha=0.915$)。延伸产品评价的测量参考Taylor和Bearden(2002)、Aaker和Keller(1990)的研究,包含两个测项:"我认为Farber产品质量高;我认为Farber产品是相关产品中最好的"(内部一致性系数$\alpha=0.848$)。问卷选项采用七点李克特量表,其中"7分"表示"非常同意","1分"表示"非常不同意",得分越高说明被试对品牌延伸的评价越积极。接下来,被试完成测量孤独量表,量表采用了Russell、Peplau和Cutrona(1980)的修正版孤独量表UCLA(Loneliness Scale,Univesity of California at Los Angels)。该量表共计20个题项,在以往研究中被证明有良好的信度和效度水平(Cacioppo and Patrick,2008)。

被试针对 20 个陈述题项,依次评价生活中感受到此状态的频率(1 表示从来没有,2 表示几乎没有,3 表示有时候,4 表示总是),其中包括 9 个反转题项。所有 20 个题项的加总平均分被作为孤独感变量的结果,分值越高表示孤独感越强烈。

三、实验结果

(一)品牌延伸关联性感知的分析

为检验 H1 和 H2,以品牌延伸关联性感知为因变量,以品牌延伸类别(远/近)和孤独感分组为自变量,进行双因素方差分析。以孤独感量表得分的平均值($M=2.17$,$SD=0.39$)为分组标准,高于平均分的为高孤独感组($n=105$),低于评分的为低孤独感组($n=97$)。结果表明:品牌延伸类别的主效应显著($M_{近延伸}=5.18$,$SD=1.16$,$M_{远延伸}=4.34$,$SD=1.87$,$F(1,129)=15.300$,$p<0.001$)。孤独感(高/低)的主效应不显著($M_{高孤独感}=4.74$,$SD=1.40$;$M_{低孤独感}=4.76$,$SD=1.97$,$F(1,129)=0.006$,$p=0.938$)。孤独感(高/低)与品牌延伸类别(远/近)对品牌延伸关联性感知的交互影响显著($M_{低孤独-近延伸}=5.41$,$SD=1.10$,$M_{高孤独-近延伸}=4.90$,$SD=1.00$,$M_{低孤独-远延伸}=4.07$,$SD=1.89$,$M_{高孤独-远延伸}=4.62$,$SD=1.74$,$F(1,129)=6.169$,$p<0.05$)。

为进一步检验 H1 和 H2,进行简单效应分析。具体来说,高孤独感的消费者相比低孤独感的消费者认为近延伸产品(运动手环)与母品牌的关系更远,且效应显著($M_{低孤独-近延伸}=5.41$,$SD=1.10$,$M_{高孤独-近延伸}=4.90$,$SD=1.00$,$t(129)=-2.232$,$p<0.05$);对于远延伸产品(家居服),孤独感越高的消费者相比低孤独感的消费者认为其与母品牌的关联有更高的趋势,该效应为边际显著($M_{低孤独-远延伸}=4.07$,$SD=1.89$,$M_{高孤独-远延伸}=4.62$,$SD=1.74$,$t(129)=1.691$,$p=0.093$)(详见图 5-3)。由此假设 H1 得到验证,H2 没有获得完全验证。

那么针对更远的延伸产品(燕麦片和糖果),也检验了孤独感对品牌关联性感知的影响。以品牌延伸关联性感知为因变量,孤独感为自变量的方差分析结果显示:对于燕麦片($M_{低孤独}=4.32$,$SD=2.10$,$M_{高孤独}=4.57$,$SD=3.34$,$t(36)=-0.442$,$p=0.661$)和糖果($M_{低孤独}=3.09$,$SD=3.11$,

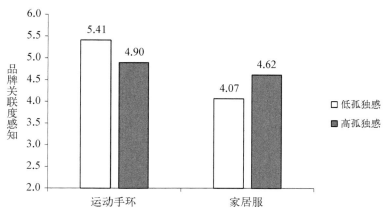

图 5-3　孤独感与品牌延伸类型对品牌延伸关联性感知的影响

$M_{高孤独}=2.96$，$SD=2.54$，$t(35)=0.226$，$p=0.822$），孤独感对品牌延伸关联性感知的影响不显著。由于延伸过远，消费者不会将其与母品牌建立紧密关联，个体变量（如孤独感）也很难产生影响作用。因此后续分析均选择运动手环组（$n=62$）作为近延伸产品代表，家居服（$n=63$）作为相对远延伸产品代表进行验证。

进一步将孤独感作为连续变量，对假设 H1、H2 进行检验，以品牌延伸关联性感知为因变量，以品牌延伸类别（1＝近延伸；2＝远延伸）和孤独感（连续变量）为自变量，进行了交互效应检验。参考 Hayes 和 Matthes (2009) 的方法，分析采用模型 1，其中 bootstrap 样本量为 5 000，采取偏差校正的方法，选取 95% 的置信区间，结果显示：品牌延伸类型与孤独感对于品牌延伸关联性感知的交互作用显著（$\beta=1.443$，$SE=0.518$，LLCI＝0.418 4，ULCI＝2.467 2，$t=2.787$，$p=0.01$）。具体而言，孤独感越高的消费者对近延伸产品（运动手环）会产生更低的品牌关联性感知（$M_{低孤独-近延伸}=5.41$，$SD=1.10$，$M_{高孤独-近延伸}=4.90$，$SD=1.00$，$\beta=-0.849$，$SE=0.381$，LLCI＝-1.602 2，ULCI＝-0.096 3，$t=-2.232$，$p<0.05$），而对于远延伸产品（家居服）的品牌关联性没有产生显著影响（$M_{低孤独-远延伸}=4.07$，$SD=1.89$，$M_{高孤独-远延伸}=4.62$，$SD=1.74$，$\beta=0.593\ 5$，$SE=0.351$，LLCI＝-0.101 1，ULCI＝1.288 1，$t=1.691$，$p=0.093$）（详见图 5-4），由此假设 H1 再次得到验证，H2 在以孤独感为连续变量检验时没有获得证明。

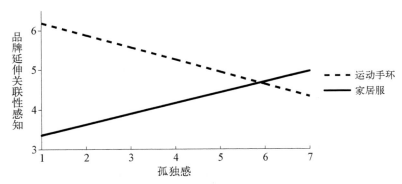

图 5-4 孤独感与品牌延伸类型对品牌延伸关联性感知的交互作用

（二）孤独感对品牌延伸关联性中介效应的调节

首先,本研究为了检验 H3 中品牌延伸关联性感知的中介效应,以延伸产品评价为因变量,以品牌延伸类型为自变量,以品牌延伸关联性感知为中介变量,对实验结果进行方差分析,结果表明:品牌延伸类型对品牌延伸关联性感知的影响效应显著($M_{近延伸}=5.18$, $SD=1.16$, $M_{远延伸}=4.34$, $SD=1.87$, $F(1,129)=15.300$, $p<0.001$)。进行中介效应分析,参照 Hayes(2013)提出的 bootstrap 方法(模型 4,样本量 5 000,95％置信区间),结果显示:品牌延伸关联性感知对品牌延伸类型和延伸产品评价之间的中介效应显著($\beta=-0.634$, $SE=0.180$, 95％ CI=[-0.9933, -0.3161])。由此假设 H3 得到验证。

接下来,本研究为了验证孤独感对品牌延伸类型(1＝近延伸;2＝远延伸)与品牌延伸评价的调节作用,以品牌延伸评价为因变量,首先进行孤独感的调节效应检验。结果显示:孤独感对品牌延伸类型与品牌延伸评价关系的调节作用显著($\beta=1.383$, $SE=0.577$, $LLCI=0.2408$, $ULCI=2.5248$, $t=2.396$, $p<0.05$)。具体而言,对于近延伸产品(运动手环),孤独感越高的消费者的延伸产品评价越低($\beta=-0.512$, $SE=0.424$, $LLCI=-1.6657$, $ULCI=-0.0130$, $t=-1.948$, $p=0.054$)。而孤独感越高的消费者对远延伸产品(家居服)的评价虽有更高的趋势,但调节作用没有达到显著水平($\beta=0.557$, $SE=0.391$, $LLCI=-0.2179$, $ULCI=1.3308$, $t=1.422$, $p=0.157$)(详见图 5-5)。

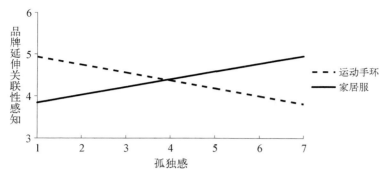

图 5-5 孤独感对品牌延伸类型与品牌延伸评价关系的调节作用

接下来,在品牌延伸关联性感知中介效应的基础上,本研究为了进一步验证 H3a 和 H3b,即孤独感对中介效应(品牌延伸关联性感知)的调节作用,以延伸产品评价为因变量,品牌延伸类型为自变量,品牌延伸关联性感知为中介变量,对实验结果进行了有调节的中介效应分析。选择 bootstrap 的样本量为 5 000,采用偏差校正的方法,使用模型 7,选取 95% 的置信区间(Hayes,2013)。数据结果显示:品牌延伸关联性的中介效应显著($\beta=-0.634$,$SE=0.180$,95% CI=[-0.993 3,-0.316 1]),且该中介效应的强度会受到孤独水平的影响($\beta=1.084$,$SE=0.396$,95% CI=[0.349 4,1.903 2])。具体来说,对于近延伸产品,孤独感会调节品牌延伸关联性感知的中介效应,产生消极的延伸产品评价($\beta=-0.849$,$SE=0.381$,95% CI=[-1.060 3,-0.166 4])。而对于远关联度的延伸产品,孤独感会调节品牌延伸关联认知的中介效应,产生积极的延伸产品评价,但此时品牌延伸关联性感知的中介效应变得不显著($\beta=0.594$,$SE=0.351$,95% CI=[-0.126 1,0.947 7])。因此,H3a 得到证明,而 H3b 效应不显著。

第三节 结论与讨论

一、研究结论

本研究围绕孤独感对于品牌延伸评价的影响共提出了五个假设,其中假设 H1、H2 针对孤独感对子产品与母品牌的关系性感知，H3、H3a、H3b 针对孤独感对延伸类型与延伸评价之间的调节效应进行验证，H2 在孤独感为分组变量检验时为边缘性显著，H3b 没有获得验证。具体而言，实验发现了孤独感较高的被试对近延伸的产品感知到较低的品牌延伸关联性，而对远延伸的产品则感知到较高的品牌延伸关联性（部分验证）。进一步地，孤独感较高的被试会对近延伸的产品做出更消极的评价，并且其中品牌延伸关联性感知起到了中介作用；但对于品牌关联性较远的产品，孤独感的调节作用就没有那么明显。而对于边际显著的假设 H2，从不同孤独水平所对应的关联性感知的调节效应来看，随着孤独感的增强，其对品牌延伸关联性感知的调节也具有增强的趋势，推测可能是样本不足造成 H2 边际显著。

二、理论贡献与实践意义

本研究的理论意义体现在两个方面：第一，丰富了对孤独感特质的研究，特别是针对高孤独感群体的社会关系的认知特征及认知偏差的探索。以往的研究解释了具有孤独感的个体对社会关系的渴望更强烈，但对社会关系的获取缺少动力，而本研究针对"孤独感影响人们对社会关系感知"的研究主题，并借助营销领域中子产品与母品牌的关系感知问题，进一步剖析了具有高孤独感的个体如何进行社会关系认知的问题。第二，本研究为品牌延伸的相关研究找到了一个有重要影响作用的个体特质变量。以往的研究关注了个体的调节聚焦导向、自我建构特质等（如 Yeo and Park，2006；Monga and John，2007），而孤独感是一种带有负面情绪体验的个体特质，这有助于营销领域的学者理解品牌延伸评价如何受到负面情绪特质影响的问题。

从营销实践的角度来看，依据本研究的结论，企业在进行品牌延伸设计时，可以考虑在购买情境中消费者的情绪状态。针对消费者孤独水平较低的购买场景，比如人流量高的购物商圈，管理者可以更多地去拓展关系较近的品牌延伸，提高消费者对品牌延伸的评价，通过这样细分市场的方式有针对性地推出相应的营销策略，这将会对企业的品牌管理发挥重要的价值。另外，当企业制定品牌延伸的广告文案时，也可以通过孤独场景的渲染，提升消费者对远延伸产品的评价。

三、未来研究方向

由于孤独感既可以是长期的个体特征,也可以是一种短期的情绪状态,而本研究中只探究了消费者孤独特质对于品牌延伸的影响,但情境性孤独感的研究对营销实践来说更具有操作意义,营销者不仅可以通过关注或激活消费者短期的孤独状态来推行对应的品牌延伸策略,也可以关注如何通过营造消费体验降低负面孤独情绪,帮助消费者提升生活满意度。从学术研究的角度,即时性情绪与长期情感状态也具有一定的差异性,未来研究可以从即时性孤独体验对于品牌延伸的影响方面来完善本研究的结论。

另外,孤独感对于其他品牌管理相关主题的影响也值得继续探究。例如,品牌依恋是品牌情感的一种重要来源,能够反映消费者对品牌的情感以及品牌与消费者之间情感联结的紧密度。既然拥有孤独感体验的消费者会选择通过在消费市场中寻求安全的关系来弥补负面状态(Lastovicka and Sirianni, 2011),那么消费者是否能够通过与品牌之间建立情感依恋来缓解负面心理效应呢?这是未来研究可以探索的方向。

附　　录

附录 5-1　广告 1　运动手环（近延伸）

附录 5-2　广告 2　家居服（中等远延伸）

附录 5-3 广告 3 燕麦片（远延伸）

附录 5-4 广告 4 糖果（远延伸）

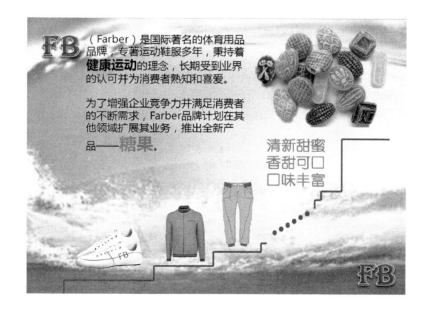

第六章
感恩情绪对产品和品牌依恋的影响

近些年来,消费升级成为社会发展中各个行业谈论的热点话题。根据现代营销理论的观点,消费者的消费需求变化大致可以分为三个阶段,分别是"满足数量和价格需求的时代""满足质量需求的时代""满足情感需求的时代"。而现在,随着物质生活水平的不断提高,我们已经逐渐步入情感消费的时代,不仅产品越来越趋于情感化,人们的情感也越来越趋向产品化。因此,在这样的情感消费时代,探究和把握消费者情感与其消费行为的关系变得尤为重要,不仅可以帮助企业顺应消费趋势的变化获得更好的发展,也可以帮助消费者理解自身的消费行为,从而更好地通过消费提高幸福感。

具体到营销和消费者行为研究领域,近些年来,越来越多的研究者开始深入探究某一特定情绪对消费行为的影响,如骄傲、敬畏感、孤独感、嫉妒等情绪(Huang, Dong and Mukhopadhyay, 2014; Piff et al., 2015; Huang, Dong and Wyer, 2017;杨强、张康和孟陆,2018),而且研究范围也超越了积极消极的效价特征,更多地关注更为具体的特征,如感知内容特征、关系指向特征、动机目标特征、认知评价特征等,取得了非常丰富的研究成果。但目前有关感恩情绪对消费行为的影响的研究还较少。感恩是人们日常生活中经常能体验到的一种情绪,几乎每天的某个时刻,人们都可能会产生感恩之情,例如受到他人的帮助时,感受到冬日里温暖的阳光时,又或是觉得自己身体很健康时。在心理学领域,已有大量研究表明,感恩不仅对个体具有积极影响(如幸福感、认知、亲密关系等),还有助于推动个体的亲社会行为,具有传递支持和联系的社会功能(Watkins et al., 2003; Algoe, Fredrickson and Gable, 2013; Bartlett and DeSteno, 2006)。然而,在营销和消费者行为领域,感恩却未受到足够的关注。此外,在营销实践中,感恩元素其实一直被企业或品牌广泛运用,例如在感恩节、母亲节、父亲节等节日里,许多品牌会借机推出感恩主题的广告或活动,引发消费者的情感共鸣;又如在消费者关系维护方面,企业会希望通过向用户表达感恩增强与消费者的情感联结。因此,无论是在人们的日常生活中,还是实际的营销环境中,感恩情绪都非常普遍。那么,感恩到底会影响消费者的哪些行为呢?具体又是如何影响呢?企业和品牌又该如何有效地利用感恩情绪呢?这些问题即为本研究的出发点。

第一节 感恩的基本概念和相关研究

一、感恩特质和情绪的基本解读

（一）感恩的定义

感恩一词来源于拉丁文"gratia",包含慈悲、善意和感激之意(Emmons and Shelton,2002)。在中国,感恩最早出现在《三国志》:"今皆感恩戴义,怀欲报之心。"目前比较权威的词典中对感恩的解释如下:《辞海》将感恩解释为"感恩戴德",其中"感"为"感谢;感激","恩"为"恩惠,待人的好处";《现代汉语词典》中认为感恩是"对别人所给的帮助表示感激";另外,《牛津简明英语词典》中,感恩的含义为"being grateful; readiness to show appreciation for and to return kindness",即表达感激并回报善意的意愿。

具体到研究领域,国内外学者们从不同的研究角度对感恩(gratitude)的概念进行了界定。通过文献梳理,感恩的定义大致可以归纳为以下几类:（1）认知观点:基于认知的视角,感恩被视为个体对所受恩惠或帮助的积极认知结果,以及对自身所获利益的外部归因(Weiner,1986)。（2）情绪观点:即感恩是一种移情情绪,其核心是人们在受到恩惠之后产生的一种积极的情绪体验,如感激、愉悦等(Lazarus and Lazarus,1994)。（3）特质观点:该观点认为感恩是个体识别自身所获利益中他人的帮助,并通过感恩情绪做出积极回应的一种人格特质,反映了个体体验感激情绪的可能性和心理倾向(McCullough, Emmons and Tsang,2002)。特质感恩高的个体倾向于更容易、更频繁、更强烈地经历和表达感恩。（4）美德观点:该观点强调感恩对社会的积极价值,认为感恩是一种推动个体关心他人和传递社会支持的道德情绪(McCullough et al.,2001)。综合上述四种观点,可以发现感恩的本质是一种情感体验,具体可以从两个层次进行理解:一是状态性的感恩情绪,具有外显、冲动和即时性的特征;二是特质性的感恩情感,表现为内隐、稳定和持久性的特征。

围绕感恩的基本定义,不少学者从不同角度对感恩的类别进行了划分,并进一步拓展了感恩的内涵。例如,根据感恩的产生原因,Lambert 和 Laurent(2010)将感恩分为利益驱动感恩(benefit triggered gratitude)和普遍感恩(generalized gratitude)。其中,利益驱动感恩是指个体在得到他人具体帮助时产生感恩,而普遍感恩则延伸到对生活中自己认为重要或者有价值的事物的感恩。此外,基于感恩的对象属性,丁如一等(2014)将感恩分为对人的感恩与对自然的、对上帝的感恩等。而 Watkins 等(2003)则将感恩划分为三个维度:对他人的感恩(appreciation for others)、对简单事物的感恩(simple appreciation)、充实感(sense of abundance)。其中,对他人的感恩针对社会交往中他人的帮助,对简单事物的感恩表现为对生命、自然美景等抽象事物的感恩,充实感则体现了个体对生活的满足,较少体验到不公平、愤怒、不满或被剥夺等负面感受。因此,相较于对社会感恩的维度,对简单事物的感恩和充足感维度则属于非人际来源的感恩,进一步丰富了感恩的范畴和内涵。

(二)感恩与其他情绪的区别

感恩作为一种具有道德特征的积极情绪,学者们在研究中经常会将感恩与其他情绪如亏欠、骄傲、共情等进行对比和区分,探索感恩特有的情绪特征及影响作用。早期的研究者曾将亏欠(indebtedness)和感恩作为一种情绪,认为两者均是个体接受恩惠后的常见反应(Greenberg,1980;Trivers,1971)。然而,近来的研究发现两者存在很大的区别,主要体现在情绪来源、情绪效价及其导致的行为倾向(Tsang,2006b;Bartlett and DeSteno,2006;Watkins et al.,2006)。首先,感恩相较于亏欠具有更为广泛的情绪来源。除了获得他人的帮助这一人际来源,感恩还存在于非人际环境中(Emmons and Crumpler,2000)。例如,当面对自然界的美好事物如阳光、大海、花草树木时,人们也会产生感恩,而亏欠感则仅限于人际交往中,与互惠规范相关。其次,在情绪效价上,感恩给人带来的情绪体验往往是积极而愉悦的,而亏欠情绪下个体会认为自己有义务或责任偿还他人的恩惠,因此常常伴随着觉醒、焦虑等不舒适的情感体验(Greenberg,1930)。最后,当人们体验亏欠感时,注意焦点会变得狭窄,倾向于对受恩者做出等价的回报行为,而感恩情绪下,人们会参与更多亲社会行为,而不仅限于施恩者(Bartlett and DeSteno,2006)。

从情绪的归因特征来看,感恩情绪也常常与骄傲情绪进行对比。具体而言,感恩和骄傲同属积极情绪,且情绪的产生都伴随着积极的结果,但两种情绪在归因指向上存在显著的区别。骄傲情绪下个体会将积极结果归因于自身,而感恩情绪下个体则会在积极结果中识别和承认他人的贡献,因此是一种外部归因的情绪(Schlosser,2015)。此外,基于明显的道德特征,感恩与其他道德情绪如共情一样,会对亲社会行为产生积极的影响,但不同的是,共情情绪是对应他人需求的一种情感回应,而感恩情绪是对他人恩惠的回应(McCullough et al.,2001)。感恩虽然与其他积极情绪具有共同特征,但又存在显著的区别,因此是一种独特的具体情绪。

二、感恩的测量与研究范式

（一）感恩的测量

目前对于感恩的测量,主要采用自我报告的问卷测评方法。国外公开发表的测量工具主要包括四种:感恩形容词评定量表(The Gratitude Adjective Checklist,GAC)、六项目感恩问卷(GQ-6)、感恩、愤恨和感激问卷(GRAT)、感激量表(AS)。其中,GAC 和 GQ-6 均由 McCullough 等(2002)编制,GAC 由"感恩的""感激的""欣赏的"(grateful, thankful and appreciative)三个形容词构成,要求被试评定每个情绪形容词与自身感受的匹配程度。GQ-6 基于感恩气质层面理论,从感恩个体差异的四个层面即"强度、频度、密度、广度"对感恩进行考察。GRAT 由 Watkins 等(2003)编制,从感恩个体的特征出发是该问卷编制的理论基础,该问卷包括三个维度:充实感、对他人的感恩、对简单事物的感恩。AS 则由 Adler 和 Fagley(2005)编制,他们认为感恩是识别事物(包括人、事件、物体)的价值并与之建立一种积极的情感联系,该量表包括八个分量表:关注"拥有"、敬畏感、宗教仪式、当前时刻、自我/社会比较、致谢、失去/逆境、感激他人。国内感恩的测量还处于探索阶段，一些学者基于我国的文化背景对国外的感恩问卷进行了本土化修订，具有代表性的量表有马云献和扈岩（2004）编制的大学生感恩量表，赵国祥和陈欣（2006）编制的初中生感恩量表。

（二）感恩的研究范式

在感恩的研究中，研究者们需要通过有效的方式唤起个体的感恩情绪或提高个体的感恩特质。目前国内外学者们应用较多的范式有感恩干预、情境回忆、实际模拟范式（Ma, Tunney and Ferguson, 2017）。

感恩干预范式目前主要应用于探索感恩干预与主观幸福感、健康水平等的关系，形式包括感恩记录、感恩冥想、感恩行为表达等。例如，感恩记录通过要求被试以日记或周记的形式记录值得感恩的事件来提高个体的感恩体验（Emmons and McCullough, 2003）。而感恩行为表达则是通过写感谢信等形式向施恩者表达感谢。情境回忆范式主要通过指导语让被试回忆一段时间内让自己体会到感恩的情境，并进行具体描述。通过回忆范式可以简单有效地激发个体即时性的感恩情绪，进而探索感恩状态下对后续行为的影响，因此是目前应用最为广泛的一种范式。例如，Watkins 等（2006）在研究感恩与亏欠的区别时，将被试分为感恩情绪组、亏欠情绪组，利用情境回忆法有效地操纵了相应的情绪体验。实际模拟范式是指创设一种实际情境，让被试在这一情境中切实得到他人的恩惠，激发起感恩的情绪。这一范式实施难度较大，但操控效果良好，目前多应用于感恩情绪与亲社会行为的研究（Tsang, 2006b; Bartlett and DeSteno, 2006）。

（三）感恩的影响作用研究

1. 心理学领域中感恩的相关研究

目前，关于感恩的影响作用研究多集中于教育和心理学领域，研究主题包括感恩与幸福感、感恩与人际关系、感恩与亲社会行为。作为一种积极的情绪状态或生活取向，大量研究表明感恩具有广泛的适应性功能，对个体的幸福感具有独特的预测功能（如 Emmons and McCullough, 2003; Watkins et al., 2003; Wood et al., 2008）。例如，McCullough 等（2002）以大学生为被试,研究表明,感恩个体报告经历更多的生活满意度、乐观、更少抑郁和妒忌。Watkins 等(2003)也得到了一致的结论,并指出感恩与幸福存在循环性相互加强效应。此外,感恩实验干预研究(Emmons and McCullough,2003;Grant and Dutton,2010)和纵向研究(Wood et al.,2008)进一步表明了感恩与幸福感存在因果关系。Emmons 和 McCullough(2003)通过一系列实验发现,记录感恩事件的被试表现出更高水平的积极情感、生活满意度、主观幸福感。感恩可以提升个体的幸福感,部分原因是感恩的个体珍惜自己当前拥有的事物,对生活持有一种充足感(Watkins et al.,2003)。此外,感恩还可以增加个体对积极事件的体验、解读和回忆,从而促进个体的主观幸福感(Watkins,2014)。

此外,感恩可以促进人际关系的巩固和维系。在一系列关于感恩与人际关系的研究中(包括夫妻、情侣或重要的朋友等),研究者们发现,感恩不仅能够提升双方的关系满意度,也能够让双方做出更多促进关系成长的行为(如 Algoe,Fredrickson and Gable,2013;Gordon et al.,2012;Algoe,Gable and Maisel,2010;Lambert and Fincham,2011)。基于受惠者的角度,Lambert 和 Fincham(2011)的研究表明:体验感恩并将其表达,可以促进受惠者对施恩者的积极认知,从而有利于让受惠者表现出保持双方关系的行为。另一方面,从施恩者的角度看,当施恩者接收到受惠者表达的感恩后,其本身感激之心也会被激发,因而也会做出更多巩固双方关系的行为(Gordon et al.,2012)。此外,Algoe 等人(2013)研究了感恩在亲密关系中的影响作用,结果发现:当情侣中的一方表达感恩时,另一方的响应性知觉也得到了显著提升,且这种响应性知觉可以最终预测双方六个月后的关系改善情况。换而言之,感恩的作用可以通过表达在亲密关系中得到传递:施恩者觉得自己得到了理解、珍视和关心,进而继续维持与受惠者的亲密关系(Algoe,2012)。

感恩作为一种道德情绪,还可以激发和强化个体的亲社会行为,包括帮助、分享、合作、捐赠等(McCullough et al.,2001;Algoe and Haidt,2009;DeSteno et al.,2010)。当个体意识到他人施与的恩惠,且认为这种利益并非自己应得时,会产生一种道德动机,驱动人们做出亲社会行为来回报得到的恩惠(Emmons and McCullough,2003)。感恩不仅引发受恩者对施恩者的回报,也会表现为对陌生人的帮助行为,或针对整个社会的利他行为,比如早年获得过他人指导的大学生更倾向于在中年为慈善事业做出贡献（Peterson and Stewart，1996）。在 Bartlett 和 DeSteno（2006）关于感恩与亲社会行为的研究中，采用实际模拟范式（帮助被试解决电脑故障问题）来唤起感恩情绪，并考察被试后续的助人行为。研究结果表明，感恩情境组相较于积极情绪组和中性情绪组，被试愿意花费更多时间帮助陌生人。另一方面，感恩还可以增强施恩者在未来继续做出亲社会行为的可能性（Emmons and McCullough，2003），这是因为感恩表达可以使施恩者感受到更高的社会价值，从而更愿意继续帮助他人，表现出一种广泛、持久的亲社会行为（Grant and Dutton，2010）。

2. 营销领域中感恩的相关研究

在营销领域，目前有大量的研究关注消费者的具体情绪如骄傲、悲伤、恐惧等对消费行为的影响作用，但目前有关感恩的研究甚少。举例来说，DeSteno 等（2014）研究了感恩在消费者经济决策中的影响作用。一般观点认为，个体在做出有利的经济决策时，需要通过自我控制来避免情绪波动的干扰（Berns，Laibson and Loewenstein，2007）。而基于感恩的上游互惠特征（upstream reciprocity），即感恩的个体愿意付出短期成本换取未来收益，DeSteno 等（2014）通过实验研究证明：相较于高兴情绪，感恩情绪可以通过减弱消费者对未来收益折价程度的感知，增强其在经济决策中的耐心水平。这一结果不仅说明了感恩有助于个体做出适当的经济决策，同时还证明了人们并非一定要通过自我调节来压制情绪才能表现得更为耐心。此外，一项最新的研究发现：感恩会促进消费者对甜味食品的偏好（Schlosser，2015）。由于感恩中包含了识别和感知他人对自己的善意行为，而善意（kindness）和甜（sweet）之间存在着隐喻关联（例如人们常用甜来形容善良的人）。因此，Schlosser（2015）推测感恩情绪下，消费者会做出自己值得甜的推断，从而在食物选择上更加偏好甜味，并通过六个实验研究证明了这一结论。除了关注感恩对消费行为的影响，Walker 等（2016）还探究了不同形式的消费行为如何影响消费者的感恩情绪。研究结果表明，体验消费（experiential consumption）如看电影、旅游等，相较于物质消费（material consumption）如购买衣服、首饰等，更能触发消费者的感恩情绪，并进一步促进消费者后续的利他行为（Walker，Kumar and Gilovich，2016）。

综上，通过对感恩相关文献阅读和梳理可知：（1）虽然感恩在心理学领域已有大量的研究,但在营销领域尚处于起步阶段,感恩相关的实证研究还非常缺乏。(2)作为一种日常生活中常见的积极情绪,感恩具有丰富的内涵和特征,而目前已有的研究多局限于对人际感恩的研究,尚未有研究关注感恩的其他维度,如对简单事物的感恩。因此,本研究将聚焦于非人际来源的感恩,即对简单事物的感恩进行研究。研究者结合 Watkins 等(2003)对简单事物感恩这一维度的解释,以及 Watkins 等(2006)后续关于感恩与欣赏自然美景研究中的具体操作方法,提出了本研究中对简单事物感恩的操纵性定义:具体是指个体因自然事物的美好而产生的感激之情,包含了一种欣赏、珍惜和亲近的感受。

第二节 消费者情感依恋的研究概述

一、消费者情感依恋的概念

情感依恋(emotional attachment)这一概念最早出现在心理学领域,学者 Bowlby(1973)研究了幼儿与母亲分离时的不同情感反应,并由此提出了经典的依恋理论(attachment theory)。随后,依恋理论的研究范围从幼儿时期扩展到了人一生中的各个阶段,被认为是解释人亲密关系最可行和最全面的理论(Simpson and Rholes,1998)。依恋理论不仅被广泛应用于研究人与人之间情感纽带的形成、维系和消退等方面(Bartholomew and Horowitz,1991),在后续的研究中,学者们还进一步将依恋理论拓展至营销研究领域。相关研究表明,情感依恋广泛存在于人与物品之间,消费者会对自己拥有的产品、品牌,甚至特定的地点产生依恋(Ball and Tasaki,1992;Lambert and Laurent,2010;Yuksel,Yuksel and Bilim,2010)。

在依恋理论进入营销研究领域后,许多学者对消费者情感依恋的概念和构成进行了界定。例如,早期的营销学者 Schultz(1989)基于社会认知的视角,提出依恋是消费者自我与所有物之间的一种情感关系,所有物作为消费者自我的延伸,可以帮助消费者满足界定自我边界和控制环境的需求。类似地,Ball 和 Tasaki(1992)也将情感依恋定义为消费者通过自己拥有的或期望拥有的物品来支撑其自我概念的行为。而 Thomson 等学者(2005)

则认为消费者情感依恋反映了个体与产品或品牌之间的心理或情感连接，是消费者在与特定物品的互动过程中，经过情感占有、去商品化后形成的一种特定关系。消费者对产品或品牌的情感依恋与人际关系中的依恋存在相似之处，也是一个多维构念。例如，Albert 等（2008）根据人际依恋中的情感表征如信任、激情、喜悦等，将消费者情感依恋解构为 11 个维度。而 Thomson 等（2005）则通过实证研究，将消费者情感依恋区划分为喜爱（affection）、热情（passion）、联系（connection）三个维度，并开发了测量消费者情感依恋的量表。其中，喜爱是指消费者对产品或品牌的温暖感觉；热情反映消费者对产品或品牌热切的、积极的感受；联系则是指消费者感受到的自己与产品或品牌之间的联结。类似地，许多其他学者也对消费者情感依恋进行了维度区分，这些维度包括信赖、诚实、自豪、热爱、自我表达、关系持久性等（如 Sivadas and Venkatesh，1995；Carroll and Ahuvia，2006；Yim，Tse and Chan，2008）。

综上，结合已有研究对消费者情感依恋的界定和解读，在本研究中，研究者参考 Thomson 等（2005）的观点，将消费者情感依恋定义为消费者与产品之间建立的富有情感的纽带关系。具体而言，当消费者购买某个产品，就意味着与该产品建立了某种联系，而随着对产品的使用，产品会成为消费者自我延伸的一部分，进而形成了产品与消费者之间的情感依恋（Brough and Isaac，2012）。

二、消费者对产品和品牌的情感依恋

作为消费者与产品或品牌关系的重要表征之一，消费者情感依恋自引入营销学领域之后，就受到了学者们的密切关注。目前，已有大量研究分别对消费者情感依恋的形成机理、影响因素和结果变量等进行了深入探讨（如 Thomson，2006；Dunn and Hoegg，2014；Shah et al.，2016）。

首先，围绕消费者情感依恋的形成机理，Park 等（2006）认为产品或品牌具有的享乐性、功能性、象征性三类资源与消费者情感依恋的形成密切相关。具体而言，当产品或品牌满足消费者感官、审美需求，或是提供功能性资源，赋予消费者自我效能，再或者通过象征性资源帮助消费者表征、实现理想自我时，都会唤起情感依恋。此外，情感依恋也可以来源于对物品长时间的所有权(Strahilevitz and Loewenstein，1998)，甚至是与产品或品牌的简单互动，如触摸、参与产品制作等(Peck and Shu，2009)。

其次，大量研究从产品/品牌角度和消费者角度考察了影响情感依恋形成的因素。例如，Grisaffe和Nguyen(2011)通过定性研究发现了营销特征、产品功能、品牌诱发的情感回忆等因素可以帮助营销管理人员增强消费者的情感依恋。而Dunn和Hoegg(2014)的研究则发现，恐惧的情绪体验会促进消费者对陌生品牌形成情感依恋。这是因为恐惧情绪下，人们会倾向于寻找社会依附，当环境中没有他人可以依附时，个体就会在品牌或者产品上寻求依附，从而对品牌和产品形成情感依恋。

除了对消费者情感依恋形成机制和影响因素的探究，研究者们还围绕情感依恋的影响结果开展了研究。例如，情感依恋会提高消费者对品牌的忠诚度，甚至愿意溢价购买特定产品(Thomson，MacInnis and Park，2005)。情感依恋还可以促进消费者在购买后对产品或品牌的分享和维护行为。例如，Fedorikhin、Park和Thomson(2008)在研究品牌延伸时发现，当消费者对某一品牌具有强烈的情感依恋时，也会愿意购买该品牌的新产品，并向他人推荐新产品。此外，消费者情感依恋对产品处置行为的影响也获得了不少学者的关注。例如，Price等(2000)研究了老年消费者对自己珍惜物品的情感依恋，并发现当在不得不放弃物品时，他们会努力找到懂得这份情感的人来保管物品。类似地，Lastovicka和Fernandez(2005)在研究消费者二手出售自己产品的情境中，发现具有强烈情感依恋的消费者会将产品交给他们觉得愿意好好照顾自己所放弃产品的人。Ferraro等(2011)则指出，产品—自我联系会使得消费者在放弃自己所有物时产生悲伤、痛苦的情绪。这是因为当消费者对某一物品产生了情感依恋时，这一物品便具有了个人和象征意义，即消费者会认为该物品承载了生动的记忆，并将其与生活中特定的时间、特定的人物相联系，因而会产生强烈的产品留存倾向(Belk，1988；Coulter and Ligas，2003)。

三、感恩对消费者产品和品牌依恋的影响

简单事物感恩是个体欣赏和感受到自然事物的美好，并认为是自然事物主动给予了自己恩惠而产生的情绪状态(Watkins，2014)。具体而言，这

一情绪包含了两个具体的认知特征：首先，个体需要意识到自然事物的美好与价值，换而言之，在简单事物感恩的个体眼中，相同的事物会具有更高的主观价值；其次，个体会将这种美好与价值归因于外部，认为是自然事物主动给予了自己恩惠，因此会与自然事物建立一种积极的联系（Watkins，2014；Alder and Fagley，2005）。研究者推测，简单事物感恩引发的这种关注身边事物，欣赏并建立积极联系的倾向可能会影响消费者对其他物品的关系感知。将个体对产品和品牌的依恋之情延伸到具体的行为表现上，消费者会对产品和品牌具有强烈的忠诚感，不愿意更换或者舍弃（如Fedorikhin，Park and Thomson，2008；Huang，Dong and Wyer，2017）；而本研究预计采用闲置物品处置行为作为下端变量，来进一步考察消费者依恋情感对实际消费行为的影响。闲置产品是对消费者来说无用的或者用途不大的物品（Guillard and Pinson，2012）。但对于唤起了简单事物感恩情绪的消费者来说，他们欣赏和建立积极联系的倾向会使其在处置闲置产品时，更可能感知并重视自己与闲置产品之间的情感联系。而情感依恋正是消费者与产品或品牌之间的情感联系的表征（Brough and Mathew，2012），因此，笔者推测，简单事物感恩可以增强消费者对自身拥有产品的情感依恋。

进一步地，当消费者对自己拥有的产品和品牌产生情感依恋以后，就会不愿意丢弃，倾向于留存下来（Frost，Steketee and Tolin，2012；Guillard and Pinson，2012）。此外，在情感依恋的相关研究中，也有大量研究证明了消费者情感依恋会影响消费者的产品处置行为（Price，Arnould and Curasi，2000；Ferraro，Escalas and Bettman，2011）。例如，Coulter和Ligas（2003）的研究表明，当消费者对某一物品产生了情感依恋时，这一物品便具有了个人的象征意义，即消费者会认为该物品承载了生动的记忆，并将其与生活中特定的时间、特定的人物相联系，因而会产生强烈的产品留存倾向。Haws等（2012）则进一步证明了情感依恋对产品留存倾向的促进作用普遍存在于日常消费品之中，例如使用过的旧毯子、需要修理的自行车等。

综上，本研究认为，消费者感知到的与产品之间更强的情感依恋可能是一个合理的解释机制，即简单事物感恩通过增强消费者对产品的情感依恋感知，进一步影响消费者处置行为。由此，提出以下假设：

H1：对简单事物的感恩会引发消费者对产品和品牌的情感依恋。

H2：情感依恋在简单事物感恩对产品留存行为的影响中具有中介作用。

第三节　研 究 方 法

一、实验1：简单感恩情绪与依恋形成

1. 实验设计

实验1的目的是验证简单感恩情绪是否能够促发消费者对自己所属的产品和品牌产生依恋情感，即便针对那些闲置的物品也会产生情感上的紧密相关性。从而证明本研究的主假设，即普遍意义的感恩情绪会使个体对非生命的物品产生广泛的留恋和情感关联感知。

实验1采用单因素（情绪：简单事物感恩组/控制组）组间实验设计，在Amazon Turk平台上开展。通过发布有偿调研链接的形式，共招募了134名美国地区的消费者参与，其中，男性86人，女性48人，平均年龄为36岁。每位参与者在调研最后会获得相应的编码，并通过编码获得相应的调研报酬。

2. 执行过程

首先，告知所有参与实验的被试，本次调研分为几个独立不相关的部分，请大家根据指导语认真完成各部分内容。同时，向被试强调所有题目均无正确错误之分，只需按照自己的真实情况填写，以降低社会期许效应。

实验的第一部分为情绪启动任务。所有参加实验的被试随机分配到两个实验组。控制组的被试需要简单描述自己普通一周的日常活动，例如工作、上课、与朋友相聚等，作为无情绪唤起的对照组。而简单事物感恩组则首先向被试展示自然美景的图片，并通过指导语引导被试回忆一次自己因自然美景而感恩的经历，并将当时的情景和感受尽可能详细地写下来，感恩组的操作如下：

简单事物感恩组操控材料：
目前我们正在收集一些大家关于感恩的经历。
日常生活中，我们经常能体验到感恩这种情绪。例如，当身处绿意

隐隐的山林,呼吸着清新自然的空气时,我们可能会觉得感恩;当看到落日的余晖洒在波光粼粼的湖面时,我们可能会觉得感恩;当冬日里看着窗外的雪花纷纷飘落时,我们可能会觉得感恩;甚至偶然发现某处盛开的小花也可能让我们觉得感恩……

你是否也有过类似的经历和感受呢？在此,我们想邀请你进行一次分享。

接下来,请你用几分钟的时间,回想一次你<u>因为自然的美好而觉得感恩的经历。请你尽可能地回忆这次经历,包括你当时的感受和想法,就好像你又重新经历了这次经历</u>。然后,请将这次情景以及你当时的感受写下来。

在完成情绪启动的写作任务后,所有的被试需要对刚才情景回忆后的感受进行评分(其中 1 代表完全没有感受,7 代表感受强烈),即感恩情绪检验的测项,包括"感恩的""感激的""欣赏的"($\alpha=0.947$)共三个测项。

实验的第二部分为针对自己的闲置物品测量情感依恋程度,请被试想象自己即将搬到一个新的但是更小的住处,由于新的住处空间较小,需要处理一些物品。在清理的过程中,发现了一个闲置的咖啡机,是几年前购买的,最近有一段时间未使用。请被试根据自己此刻的感受做出情感依恋的评价,测量参考了 Thomson 等(2005)开发的情感依恋量表中联系感维度的两个测项,在本研究情境中的具体测项为"我感觉我和这个咖啡机是相联结的""我感觉我对这个咖啡机在情感上是有依恋的"($\alpha=0.908$)。被试需要对测项进行 1～7 等级评分,1 代表非常不同意,7 代表非常同意。实验的最后,所有被试需完成性别、年龄等背景题目的回答。

3. 实验结果

(1) 情绪操控检验。

首先,对情绪启动的有效性进行检验。方差分析结果表明：启动简单事物感恩情绪组的被试在感恩分数($M=6.00, SD=1.09$)上显著高于控制组的被试($M=5.06; SD=1.63; F(1, 132)=13.29, p<0.001$),说明本次情绪操控有效。

(2) 因变量检验。

采用方差分析对主效应,即简单事物感恩对物品情感依恋的影响进行检验。以情绪为自变量(控制组编码为 0,简单事物感恩情绪组编码为 1),情感依恋为因变量,方差分析结果表明:感恩情绪的主效应显著,具体而言,相较于控制组无情绪启动的情况下,消费者在唤起了对简单事物感恩的情绪后表现出更强的对闲置产品的依恋情感($M_{感恩组} = 3.70$,$SD = 2.10$;$M_{控制组} = 2.89$,$SD = 1.94$;$F(1, 132) = 5.189$,$p = 0.024$),假设 H1 获得证明。(如图 6-1)

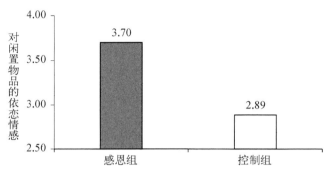

图 6-1　感恩对闲置产品依恋的效应

二、实验 2:产品(品牌)情感依恋的中介作用检验

1. 实验设计

实验 1 证明了普遍感恩可以引发消费者对自身闲置物品产生的依恋,那么这种依恋情感会促进何种实际行为的变化呢?在实验 2 中,将借助物品处置情境探索情感依恋所起到的中介作用。此外,除了简单事物的感恩情绪,人际感恩情绪是否也可以对消费者处置行为产生影响呢?两种感恩来源是否会在激发消费产品依恋方面存在差异?因此,实验 2 将通过进一步的实验设计,解决上述尚未探究的问题。首先,实验 2 将重点对研究假设部分提出的情感依恋这一内在机制进行验证,并排除其他可能性的解释,以证明假设 H2。其次,实验 2 还将引入人际感恩情绪作为又一对照组,验证简单事物感恩情绪对消费者产品囤积行为的影响是否具有独特性。除此之外,实验 2 还对产品类别进行了更换,选取了另一日常用品背包作为实验情境中的闲置产品,对研究结果进行再次验证,以提升外部效度。

实验 2 采用单因素三水平(情绪:简单事物感恩组/人际感恩组/控制组)的组间实验设计。实验在上海某本科院校进行,通过广告招募的形式,共邀请了 159 位同学（本科生和研究生）报名参加本次实验，其中，男生 44 人，女生 115 人。所有参与者在认真完成调研后，可以得到一份小礼品作为调研报酬。

2. 执行过程

与实验 1 类似，本实验同样采用了个体施测的方式，所有操作均由同一名研究助理主持，保持了一致的态度和指导语。所有被试均被告知本次调研分为几个独立不相关的部分，请大家根据每部分的说明完成相应内容，且所有题目均无正确错误之分，只需按照自己的真实想法填写。

实验的第一部分为情绪启动任务。所有参加实验的被试随机分配到三个实验组。与实验 1 相同，控制组的被试需要回忆自己本周中度过的普通的一天并简单记录下来，作为无情绪唤起的对照组；简单事物感恩组采用回忆法来启动被试对简单事物的感恩情绪，同实验 1。人际感恩组的操控则参考了 Lambert 等（2010）研究中的启动材料，让被试回忆一次自己受益于他人的帮助而觉得感恩的经历，同时在指导语部分提供了一个简单的例子，帮助被试进一步理解，控制组和人际感恩组操作如下：

控制组操控材料：

目前我们正在收集大学生的一些日常生活情景。在此，我们想邀请你进行一个简单的分享。请你用几分钟的时间，回忆并简单记录下本周中你度过的普通的一天，以及在这一天中<u>你从醒来开始做了哪些事情</u>。（例如，我早上 8 点起床，去食堂吃了早餐，早上我在图书馆看书……）

人际感恩组操控材料：

目前我们正在收集一些大家关于感恩的经历。

日常生活中，我们常常会因为受益于他人的帮助，包括<u>他人时间上的付出、情感上的支持或是物质上的帮助</u>等而心怀感激。

例如下面的情境中主人公小王的感受：

小王回忆了一次她因为朋友的帮助而很感恩的经历：在课程论文提交前的一晚，她的电脑突然死机，无法打开。在她很着急不知道怎么办时，一位朋友主动过来帮她修电脑，花了很久的时间终于帮她修好了电脑，让她赶在系统关闭前上传了论文。当她再次想起那位朋友，依旧会有一种温暖的感觉,以及一种发自内心的感恩之情。

你是否也有过类似的经历和感受?在此,我们想邀请你进行一次分享。

接下来,请你用几分钟的时间,回忆最近一段时间里,你因为<u>受益于他人的帮助而觉得感恩</u>的一次经历。请尽可能地回忆这次经历,<u>包括发生的过程,当时的感受和想法,就好像又重新经历一次</u>。然后,请将这次情景以及你当时的感受写下来。

完成情绪启动任务后,所有的被试需要完成情绪操控检的测量,即请被试对刚才情景回忆后多大程度上感受到"感恩的""感激的""欣赏的"($\alpha=0.908$)进行1~7的等级评分,1代表完全没有感受,7代表感受强烈。随后,进入实验的第二部分即生活行为选择,实际为囤积行为的测量。囤积行为的测量参考了Frost和Gross(1993)的研究,让被试进入一个闲置物品处置的场景并做出自己的选择。本实验中,采用的具体场景描述为:

现在请想象这样的场景:

你即将毕业了,需要搬离宿舍,正在收纳你将要带去新住所的物品。由于新住所空间不大,你需要处理一些多余的物品。在整理的过程中,一个闲置的背包出现在你面前,这个背包是你两年前买的,当时使用了挺长一段时间,但近期没有再使用过。

在阅读完场景描述后,被试需要决定如何处置这个背包,并根据自己此刻的感受和想法,对囤积行为测项"我倾向于将这个背包保留,带去新住所"进行打分(1~7评分,1代表非常不同意,7代表非常同意)。

实验的第三部分为中介变量的测量,询问被试在刚才决策过程中的想法与感受。其中,情感依恋的测量参考了Thomson等(2005)开发的情感依恋量表中联系感维度的两个测项,在本实验情境中的具体测项为:"我感觉我和这个背包是相联结的""我感觉我对这个背包在情感上是有依恋的"($\alpha=0.825$)。而感知可用性的两个测项为:"我认为这个背包对我来说是有用的""我认为我有一天还会用到这个背包"($\alpha=0.894$)(Guillard and Pinson,2012)。所有测项均采用1~7等级评分,1代表非常不同意,7代表非常同意。实验的最后,所有被试需完成性别、年龄等背景题目的回答。

3. 实验结果

(1) 情绪操控检验。

采用方差分析对情绪启动效果进行检验,结果表明:情绪的主效应显著 ($F(2,156)=47.07$, $p<0.001$)。进一步两两比较发现,启动简单事物感恩情绪组的被试在感恩分数($M=5.13$, $SD=1.17$)上显著高于控制组的被试($M=3.09$, $SD=1.43$, $p<0.001$),启动人际感恩组的被试在感恩得分上($M=5.42$, $SD=1.36$)也显著高于控制组($M=3.09$, $SD=1.43$, $p<0.001$),而两个感恩情绪组在感恩得分上没有显著差异($p>0.05$),由此说明情绪启动成功。

(2) 因变量检验。

采用方差分析对三组被试在囤积行为上是否有差异进行检验。以情绪为自变量(控制组编码为0,简单事物感恩情绪组编码为1,人际感恩情绪组编码为2),以被试在"我倾向于将这个背包保留,带去新住所"测项上的得分为因变量,方差分析结果表明:情绪的主效应显著($F(2,156)=3.51$, $p<0.05$),三组在囤积行为上存在显著差异。进一步进行两两分析,结果显示,相较于无情绪启动的控制组,唤起了对简单事物感恩的消费者表现出更高的囤积行为,即更可能将闲置的背包带去新住所($M_{简单事物感恩组}=5.80$, $SD=1.27$; $M_{控制组}=5.10$, $SD=1.91$; $p<0.05$)。同样地,简单事物感恩组在囤积行为上的得分也显著高于人际感恩组($M_{简单事物感恩组}=5.80$, $SD=1.27$; $M_{人际感恩组}=5.09$, $SD=1.54$; $p<0.05$)。而控制组和人际感恩组在囤积行为上并没有显著的差异($p>0.05$)。(图6-2)由此,假设H1b的稳健性再次得到了证明。

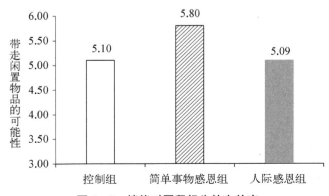

图6-2 情绪对囤积行为的主效应

(3) 情感依恋的中介效应检验。

对情感依恋在简单事物感恩与囤积行为关系中的中介效应进行检验。根据 Hayes 和 Preacher(2014)建议的类别变量的中介效应分析方法,当自变量为多类别变量时,需要先对自变量进行虚拟编码。在本实验中,构建了两个虚拟变量 D1、D2 分别代表控制组和人际感恩组(D1 变量的编码为：1 代表控制组,0 代表非控制组；D2 变量的编码为：1 代表人际感恩组,0 代表非人际感恩组)。编码完成后,参照 Zhao 等(2010)提出的中介效应分析程序,并参照 Hayes(2013)提出的 bootstrap 检验方法(模型 4,样本量 5 000,95% 置信区间),进行中介作用的检验。由于本实验共有三个组别,需要进行两次中介效应分析。首先,将 D1 作为自变量,D2 作为协变量,检验控制组和简单事物感恩组通过情感依恋对囤积行为影响的间接效应,结果表明,情感依恋的间接作用显著,置信区间为(LLCI=$-$0.642 3,ULCI=$-$0.035 0),不包含 0,效应值大小为 $-$0.270 5。随后,将 D2 作为自变量,D1 作为协变量,检验人际感恩组和简单事物感恩组通过情感依恋对囤积行为影响的间接效应,结果显示,情感依恋的间接效应也显著,置信区间为(LLCI=$-$0.523 0,ULCI=$-$0.020 3),不包含 0,效应值大小为 $-$0.224 4。由此可见,情感依恋解释了简单事物感恩情绪对消费者产品囤积行为的影响,证明了假设 H2,即简单事物感恩情绪下的消费者会感知到更高水平与自身闲置物品的情感依恋,从而不舍得丢弃,表现出更高的囤积倾向。

进一步地,对感知有用性进行中介效应检验,操作方法与情感依恋的中介检验相同。两次中介分析的结果表明：控制组和简单事物感恩组通过感知有用性对囤积行为影响的间接效应不显著,置信区间为(LLCI=$-$0.482 0,ULCI=0.331 4)；人际感恩组和简单事物感恩组通过感知有用性对囤积行为影响的间接效应也不显著,置信区间为(LLCI=$-$0.325 7,ULCI=0.402 7)。因此感知有用性无法解释简单事物感恩情绪对消费者产品囤积行为的影响,也就是说,简单事物感恩情绪并不是通过提高消费者对闲置产品功能及用途的感知而引起更高的囤积行为的。

4. 结论

实验 2 通过实验法证明了情感依恋在简单事物感恩情绪对囤积行为影响中的中介效应,具体而言,相较于无情绪的控制组和人际感恩组,当消费者产生了对简单事物的感恩情绪时,会对自己拥有的产品具有更强的情感依恋,从而表现出更愿意保留闲置物品。同时,本实验还对感知有用性的中介效应进行了检验,并排除这一可能的解释。此外,本实验的贡献还在于,通过引入人际感恩组作为对照组,证明了简单事物感恩情绪对囤积行为的影响作用是简单事物感恩独有的特征,也首次发现了不同来源感恩情绪对消费者同一行为产生影响的差异。

第四节 结论与讨论

一、研究结论

本研究以感恩与消费者物品(产品或品牌)依恋为研究主题,对简单事物感恩作用于消费者对闲置产品(品牌)的情感依恋(实验1),并进而影响消费者对闲置物品的处置行为(实验2)。研究发现:消费者情感依恋在简单事物感恩对消费者产品处置行为的影响中发挥了中介作用。也就是说,当消费者产生了简单事物感恩情绪时,会更关注自己与闲置产品(品牌)之间的情感联系,即增强对自身拥有产品的情感依恋感知,而情感依恋会进一步成为消费者留存行为的动机,从而使消费者不舍得丢弃闲置产品,表现出更高的囤积行为。此外,实验2还排除了产品感知有用性这一可能的中介机制,即证明了产品感知有用性并无法解释简单事物感恩对消费者物品处置行为的影响。

二、理论贡献与实践意义

(一)理论贡献

本研究的理论价值主要体现在以下两个方面。

首先,本研究丰富了感恩主题的研究。以往有关感恩的研究多集中在心理学和社会学领域,证明了感恩可以提高个体主观幸福感、巩固亲密关系、促进亲社会行为等(Emmons and McCullough, 2003; Bartlett and DeSteno, 2006; Algoe, Fredrickson and Gable, 2013),但在营销和消费行为领域的研究却十分缺乏。因此,本研究将感恩的影响作用延伸至个体的消费行为层面,是营销和消费行为领域中对感恩影响作用和影响机制的一次探索和尝试,在一定程度上丰富了感恩与消费者行为关系的研究;此外,虽然许多研究者都指出了感恩的产生并不局限于人际交往,还有更广泛的来源,如自然美景、生活的满足感等(Watkins et al.,2003;Lambert,Graham and Fincham,2009;Emmons and Crumpler,2000),但却没有具体的研究对非人际来源的感恩的影响作用进行探索。而本研究首次关注了简单事物感恩,并揭示了其对消费者依恋情感的影响。更值得注意的是,即便对于无用的闲置物品,个体也会在具有普遍感恩之心后对其产生情感上的依恋。这对后续研究更好地理解和探究非人际来源感恩的特征具有重要的启发意义。

其次,本研究丰富了产品(品牌)处置行为的研究领域。目前消费行为领域研究中的因变量主要聚焦于消费链前端的品牌态度和购买决策行为,而消费者购买后与产品或品牌的关系却受到了忽视(Jacoby,Berning and Dietvorst,1977)。例如,产品囤积行为在日常生活中非常普遍,在处置使用过的产品(品牌)时消费者经常要面临丢弃还是留存的决策,但目前在消费者行为研究领域却鲜有此类研究。而本研究则在消费行为研究领域对囤积行为进行了探究,将研究视角聚焦于消费链后端的消费者行为,通过实证研究证明了简单事物感恩会增加消费者的囤积行为,这为产品处置行为的研究提供了新的思路。此外,以往关于囤积行为的研究多集中于临床心理学,将其视为一种心理疾病或行为障碍(Frost and Gross,1993),本研究则基于产品处置的视角,在消费者群体中对更为普遍的留存行为进行探究,为解读囤积行为提供了新的视角。

(二)实践意义

本研究的实践贡献可以体现在对消费者、对企业(品牌商)和对社会的价值三个方面。首先,基于消费者的视角。本研究结论可以帮助消费者更好地理解自己在感恩情绪影响下的消费行为。更为具体地,本研究的发现可以帮助消费者理解自己为什么有时候很难丢弃闲置物品。因此,对于那些想要"断舍离"的消费者,可以在处置物品时有意识地剥离情绪的影响作用,更多地从功能性的角度进行考虑,帮助自己更容易地做决策。此外,简单事物感恩可以影响消费者对自己闲置物品的认知，让消费者不再简单地将闲置物品作为垃圾丢弃，这也有助于减少浪费，并培养消费者可持续的消费意识。

其次，基于企业商家的角度。本研究有助于企业更好地理解和把握消费者在感恩状态下的具体行为，尤其体现在消费者与产品的关系层面；同时，也为企业在情感消费时代取得消费者的认同和忠诚度提供了理论指导，企业可以在营销实践或品牌管理中善用感恩情绪，制定更为有效的营销手段和品牌管理策略，提升品牌的情感价值。更为具体地，本研究发现，简单事物感恩会通过提高消费者对产品的情感依恋，增加对消费者的产品（品牌）留存意愿。基于此，企业可以在品牌传播或营销策划中融入自然美景等元素，引发消费者的简单事物感恩情绪，从而增强消费者与产品或品牌的情感联系，提升忠诚度。

最后，基于社会的角度。随着生态环境问题的突出，关于可持续发展、浪费和过度消费等问题也逐渐受到重视，如何减少垃圾产生、促进物品的循环利用已经成为政府的重要议题，而消费者如何处置闲置或不需要的产品也正与此密切相关。本研究的研究结果表明，简单事物感恩可以影响消费者对自己与闲置产品关系的认知，从而使消费者在产品处置决策中，相较于将闲置产品直接丢弃，更愿意选择保留。由于丢弃代表着产品生命周期的终结，而保留则意味着后续更多的产品使用可能性，例如捐赠、二手市场转卖、再设计等，因此，在某种程度上，简单事物感恩可以有助于减少浪费以及垃圾的产生，这对于社会的可持续发展也具有积极意义。此外，研究者发现一家提倡可持续生活方式的社会创新企业 Bottle Dream，已经在实践中部分体现了本研究的研究内容。今年上半年，Bottle Dream 在其内容社区平台小蓝星上发布了一系列促进可持续消费的话题讨论，如"小确幸邮局""老家旧物有故事""超棒二手货"等。其中，"老家旧物有故事""超棒二手货"话题均与产品处置行为相关，而"小确幸邮局"话题则邀请大家关注和分享日常生活中的小美好，正好契合了本研究中的简单事物感恩。因此，如果本研究的研究主题和结论可以融合于生活实践中，在一定程度上帮助消费者可持续消费意识的培养，将更具有实践意义。

（三）未来研究方向

首先，本研究中感恩情绪的启动方式上比较单一，均采用了情境回忆范式,即通过指导语让被试回忆并描述一次相关经历来唤起感恩情绪。虽然回忆范式相对简单易操作,但也可能会造成被试认知的卷入或损耗,从而对研究结果造成影响。在以往的研究中,感恩其实还有其他的研究范式,例如感恩冥想、感恩行为表达、实际模拟等,此外,情绪研究中也会采用看视频、听音乐等方式来唤起情绪。因此,未来的研究可以采用更为丰富的感恩启动方式,以增强结论的稳健性。

其次,本研究的另一不足在于,虽然证明了简单事物感恩可以通过情感依恋增加消费者的囤积行为,但尚未与其他情绪如怀旧、爱等进行比较,因此无法直接证明这一影响作用是否是简单事物感恩区别于其他情绪的特有特征。也就是说,在未来的研究中,可以扩展积极情绪研究的范畴,探索各类情绪对消费者—品牌(产品)关系建立的作用。本研究还主要集中于产品的依恋和留存行为方面,而未对真实品牌进行探究,这也是未来需要补充的方面,因为已有研究证明了消费者对品牌的依恋较产品依恋,更能够产生不愿意更换或寻找替代品牌的行为(Huang,Dong and Wyer,2017)。

参考文献

Aaker, D. A. and K. L. Keller (1990), "Consumer Evaluations of Brand Extensions," *Journal of Marketing*, 54(1), 27 – 41.

Aaker, J. L. and P. Williams (1998), "Empathy versus Pride: The Influence of Emotional Appeals across Cultures," *Journal of Consumer Research*, 25 (December), 241 – 261.

Aaker, J. L. and A. Y. Lee (2001), "'I' Seek Pleasures and 'We' Avoid Pains: The Role of Self-regulatory Goals in Information Processing and Persuasion," *Journal of Consumer Research*, 28(1), 33 – 49.

Adler, M. G. and N. S. Fagley (2005), "Appreciation: Individual Differences in Finding Value and Meaning as a Unique Predictor of Subjective Well-being," *Journal of Personality*, 73(1), 79 – 114.

Agarwal, S. and S. Sikri (1996), "Country Image: Consumer Evaluation of Product Category Extensions," *International Marketing Review*, 13(4), 23 – 39.

Agrawal, N. and A. Duhachek (2010), "Emotional Compatibility and the Effectiveness of Antidrinking Messages: A Defensive Processing Perspective on Shame and Guilt," *Journal of Marketing Research*, 47(2), 263 – 273.

Agrawal, N., Menon, G. and J. L. Aaker (2007), "Getting Emotional about Health," *Journal of Marketing Research*, 44(1), 100 – 113.

Akaah, I. P. (1991), "Strategy Standardization in International Marketing: An Empirical Investigation of Its Degree of Useand Correlates," *Journal of Global Marketing*, 4(2), 39 – 42.

Akaka, M. A. and D. L. Alden (2010), "Global Brand Positioning and

Perceptions: International Advertisingand Global Consumer Culture," *International journal of Advertising*, 29(1), 37 – 56.

Akdogan, R. (2017), "A Model Proposal on the Relationships between Loneliness, Insecure Attachment, and Inferiority Feelings," *Personality and Individual Differences*, 111(June), 19 – 24.

Albert, N., Merunka, D. and P. Valette-Florence (2008), "When Consumers Love Their Brands: Exploring the Concept and Its Dimensions," *Journal of Business Research*, 61(10), 1062 – 1075.

Alden, D. L., Steenkamp, J. B. E. M. and R. Batra (1999), "Brand Positioning Through Advertising in Asia, North America, and Europe: The Role of Global Consumer Culture," *Journal of Marketing*, 63(1), 75 – 87.

Alden, D. L., Kelley, J. B., Riefler, P., Lee, J. A. and G. N. Soutar (2013), "The Effect of Global Company Animosity on Global Brand Attitudes in Emerging and Developed Markets: Does Perceived Value Matter?," *Journal of International Marketing*, 21(2), 17 – 38.

Algoe, S. B., Fredrickson, B. L. and S. L. Gable (2013), "The Social Functions of the Emotion of Gratitude via Expression," *Emotion*, 13(4), 605 – 609.

Algoe, S. B., Gable, S. L. and N. C. Maisel (2010), "It's the Little Things: Everyday Gratitude as a Booster Shot for Romantic Relationships," *Personal Relationships*, 17(2), 217 – 233.

Algoe, S. B. and J. Haidt (2009), "Witnessing Excellence in Action: The 'Other-praising' Emotions of Elevation, Gratitude, and Admiration," *The Journal of Positive Psychology*, 4(2), 105 – 127.

Algoe, S. B. (2012), "Find, Remind, and Bind: The Functions of Gratitude in Everyday Relationships," *Social and Personality Psychology Compass*, 6(6), 455 – 469.

Alpert, J. I. and M. I. Alpert (1990), "Music Influences on Mood and Purchase Intentions," *Psychology and Marketing*, 7(2), 109 – 133.

Al-Sulati, K. and M. J. Baker (1998), "Country of Origin Effects: A

Literature Review," *Marketing Intelligence and Planning*, 16(3), 150–199.

Anderson, C. M. and M. M. Martin (1995), "The Effects of Communication Motives, Interaction Involvement and Loneliness on Satisfaction: A Model of Small Group," *Small Group Research*, 26(1), 118–137.

Arnett, J. J. (2002), "The Psychology of Globalization," *American Psychologist*, 57(10), 774–783.

Anderson, J. R. and G. H. Bower (2014), "Human Associative Memory," *Psychology press*.

Balabanis, G. and A. Diamantopoulos (2004), "Domestic Country Bias, Country-of-origin Effects, and Consumer Ethnocentrism: A Multidimensional Unfolding Approach," *Journal of the Academy of Marketing Science*, 32(1), 80–95.

Ball, D. and L. H. Tasaki (1992), "The Role and Measurement of Attachment in Consumer Behavior," *Journal of Consumer Psychology*, 1(2), 155–172.

Banaji, M. R. and C. D. Hardin (1996), "Automatic Stereotyping," *Psychological Science*, 7(3), 136–141.

Bard, P. (1934), "On Emotional Expression After Decortication with Some Remarks on Certain Theoretical Views: Part I," *Psychological Review*, 41(4), 309–329.

Bargh, J. A., Gollwitzer, P. M., Chai, A. L., Barndollar, K. and R. Trotschel (2001), "The Automated Will: Nonconscious Activation and Pursuit of Behavioral Goals," *Journal of Personality and Social Psychology*, 81(6), 1014–1027.

Bartholomew, K. and L. M. Horowitz (1991), "Attachment Styles among Young Adults: A Test of A Four-category Model," *Journal of Personality and Social Psychology*, 61(2), 226–244.

Bartlett, M. Y. and D. DeSteno (2006), "Gratitude and Prosocial Behavior: Helping when It Costs You," *Psychological Science*, 17

(4), 319 – 325.

Belk, R. W. (1988), "Possessions and the Extended Self," *Journal of Consumer Research*, 15(2), 139 – 168.

Berenbaum, H. (2002), "Varieties of Joy-related Pleasurable Activities and Feelings," *Cognition and Emotion*, 16(4), 473 – 494.

Berns, G. S., Laibson, D. and G. Loewenstein (2007), "Intertemporal Choice — Toward an Integrative Framework," *Trends in Cognitive Sciences*, 11(11), 482 – 488.

Bilkey, W. J. and E. Nes (1982), "Country-of-origin Effects on Product Evaluations," *Journal of International Business Studies*, 13(1), 89 – 100.

Blair, I. V. and M. R. Banaji (1996), "Automatic and Controlled Processes in Stereotype Priming," *Journal of Personality and Social Psychology*, 70(6), 1142 – 1163.

Bless, H. (2000), "The Interplay of Affect and Cognition: The Mediating Role of General Knowledge Structures," Forgas, J. P. (Ed), *Feeling and thinking: The role of affect in social cognition*, New York: Cambridge University Press.

Bless, H., Clore, G. L., Schwarz, N., Golisano, V., Rabe, C. and M. Wölk (1996), "Mood and the Use of Scripts: Does a Happy Mood Really Lead to Mindlessness?" *Journal of Personality and Social Psychology*, 71(4), 665 – 679.

Bless, H., Mackie, D. M. and N. Schwarz (1992), "Mood Effects on Attitude Judgments: Independent Effects of Mood before and after Message Elaboration," *Journal of Personality and Social Psychology*, 63(4), 585 – 595.

Bloemer, J., Brijs, K. and H. Kasper (2009), "The CoO-ELM Model Theoretical Framework for the Cognitive Processes Underlying Country of Origin-effects," *European Journal of Marketing*, 43(1/2), 62 – 89.

Bodenhausen, G. V., Kramer, G. P. and S. Karin (1994), "Happiness and

Stereotypic Thinking in Social Judgment," *Journal of Personality and Social Psychology*, 66(4), 621–632.

Bosmans, A. and H. Baumgartner (2005), "Goal-relevant Emotional Information: When Extraneous Affect Leads to Persuasion and When It Does No," *Journal of Consumer Research*, 32(3), 424–434.

Boush, D. M. and B. Loken (1991), "A Process-Tracing Study of Brand Extension Evaluation," *Journal of Marketing Research*, 28(1), 16–28.

Boush, D. M., Shipp, S. and B. Loken (1987), "Affect Generalization to Similar and Dissimilar Brand Extensions," *Psychology and marketing*, 4(3), 225–237.

Bower, G. H. (1981), "Mood and Memory," *American Psychologist*, 36(2), 129–148.

Bowlby, J. (1973), "*Attachment and Loss: Anxiety and Anger*," Random House, New York: Basic Books.

Brough, A. R. and M. S. Isaac (2012), "Finding a Home for Products We Love: How Buyer Usage Intent Affects the Pricing of Used Goods," *Journal of Marketing*, 76(4), 78–91.

Bruner, G. C. (1990), "Music, Mood, and Marketing," *Journal of Marketing*, 54(4), 94–104.

Burger, J. M. (1995), "Individual Differences in Preference for Solitude," *Journal of Research in Personality*, 29(1), 85–108.

Buzzell, R. D. (1968), "Can you Standardize Multinational Marketing?" *Harvard Business Review*, 46 (November-December), 102–113.

Cacioppo, J. T., Hawkley, L. C., Ernst J. M., Burleson, M., Berntson, G. G. and B. Nouriani (2006), "Loneliness within a Nomological Net: An Evolutionary Perspective," *Journal of Research in Personality*, 40(6), 1054–1085.

Cacioppo, J. T. and W. Patrick (2008), "*Loneliness: Human Nature and the Need for Human Connection*," New York: W. W. Norton and Company.

Cai, Y. and T. Mo (2019), "When Independents Favor Far Extension: Self-construal, Brand Extension and Brand Concept Consistency," *Social Behavior and Personality*, 47(1), 1–11.

Cai, Y. Y., Pan, L. and J. X. He (2014), "Self or Other: Compatibility between Emotion and Message Referent," *Social Behavior and Personality*, 42(9), 1575–1584.

Cannon, W. B. (1927), "The James-Lange theory of emotions: A Critical Examination and an Alternative Theory," *The American Journal of Psychology*, 39(1/4), 106–124.

Carroll, B. and A. Ahuvia (2006), "Some Antecedents and Outcomes of Brand Love," *Marketing Letters*, 17(2), 79–89.

Cavanaugh, L. A., Bettman, J. R. and M. F. Luce (2015), "Feeling Love and Doing More for Distant Others: Specific Positive Emotions Differentially Affect Prosocial Consumption," *Journal of Marketing Research*, 52(5), 657–673.

Chao, P. (1989), "The Impact of Country Affiliation on The Credibility of Product Attribute Claims," *Journal of Advertising Research*, 29(2), 35–41.

Chen, H. C. and A. Pereira (1999), "Product Entry in International Markets: The Effect of Country-of-origin on First-mover Advantage," *Journal of Product and Brand Management*, 8(3), 218–231.

Chen, R. P., Wan, E. W. and E. Levy (2017), "The Effect of Social Exclusion on Consumer Preference for Anthropomorphized Brands," *Journal of Consumer Psychology*, 27(1), 23–34.

Chowdhury, H. K. and J. U. Ahmed (2009), "An Examination of the Effects of Partitioned Country of Origin on Consumer Product Quality Perceptions," *International Journal of Consumer Studies*, 33(4), 496–502.

Chu, P. Y., Chang, C. C., Chen, C. Y. and T. Y. Wang (2010), "Countering Negative Country-of-Origin Effects: The Role of Evaluation Node," *European Journal of Marketing*, 44(7/8), 1055–

1076.

Collins, A. M. and E. F. Loftus (1975), "A Spreading-activation Theory of Semantic Processing," *Psychological Review*, 82(6), 407–428.

Collins, A. M. and M. R. Quillian (1969), "Retrieval Time from Semantic Memory," *Journal of Verbal Learning and Verbal Behavior*, 8(2), 240–247.

Cordell, V. V. (1992), "Effects of Consumer Preferences for Foreign Sourced Products," *Journal of international business studies*, 23(2), 251–269.

Coulter, R. A. and M. Ligas (2003), "To Retain or to Relinquish: Exploring the Disposition Practices of Packrats and Purgers," *Advances in Consumer Research*, 30, 38–43.

Desteno, D., Bartlett, M. Y., Baumann, J., Williams, L. A. and L. Dickens (2010), "Gratitude as Moral Sentiment: Emotion-guided Cooperation in Economic Exchange," *Emotion*, 10(2), 289–293.

Desteno, D., Li, Y., Dickens L. and J. S. Lerner (2014), "Gratitude: A Tool for Reducing Economic Impatience," *Psychological Science*, 25(6), 1262–1267.

DeSteno, D., Petty, R. E., Wegener, D. T. and D. D. Rucker (2000), "Beyond Valence in the Perception of Likelihood: The Role of Emotion Specificit," *Journal of Personality and Social Psychology*, 78(3), 397–416.

Devine, P. G. (1989), "Stereotypes and Prejudice: Their Automatic and Controlled Components," *Journal of Personality and Social Psychology*, 56(1), 5–18.

Dichter, E. (1962), "The World Customer," *The International Executive*, 4(4), 25–27.

Dimofte, C. V., Johansson, J. K. and R. P. Bagozzi (2010), "Global Brands in the United States: How Consumer Ethnicity Mediates the Global Brand Effect," *Journal of International Marketing*, 18(3), 81–106.

Dimofte, C. V., Johansson, J. K. and I. A. Ronkainen (2008), "Cognitive and Affective Reactions of US Consumers to Global Brands," *Journal of International Marketing*, 16(4), 113 – 135.

Dinnie, K. (2004), "Global Brand Strategy: Unlocking Brand Potential across Countries, Cultures and Markets," *Journal of Brand Management*, 12(1), 69 – 71.

Douglas, S. P. and C. S. Craig (2011), "Convergence and Divergence: Developing a Semi Global Marketing Strategy," *Journal of International Marketing*, 19(1), 82 – 101.

Duck, S., Pond, K. and G. Leatham (1994), "Loneliness and the Evaluation of Relational Events," *Journal of Social and Personal Relationships*, 11(2), 253 – 276.

Dunn, L. and J. Hoegg (2014), "The Impact of Fear on Emotional Brand Attachment," *Journal of Consumer Research*, 41(1), 152 – 168.

Ekman, P. (1992), "An Argument for Basic Emotions," *Cognition and Emotions*, 6(3), 169 – 200.

Ekman, P. (1992), "Are There Basic Emotions?" *Psychological Review*, 99(3), 550 – 553.

Ekman, P. (1972), "Universals and Cultural Differences in Facial Expressions of Emotion," In J. Cole (Ed.), *Nebraska Symposium on Motivation*, Lincoln: University of Nebraska Press, 207 – 282.

Ekman, P., Levenson, R. W. and W. V. Friesen (1983), "Autonomic Nervous System Activity Distinguishes among Emotion," *Science*, 221(4616), 1208 – 1210.

Ellsworth, P. C. and K. R. Scherer (2003), "Appraisal Processes in Emotion," in Davidson, R. J., Scherer, K. R. and Goldsmith, H. (Eds), *Handbook of Affective Sciences*, Oxford University Press, New York, 572 – 595.

Elster, J. (1998), "Emotions and Economic Theory," *Journal of Economic Literature*, 36(1), 47 – 74.

Emmons, R. A. and C. A. Crumpler (2000), "Gratitude as a Human

Strength: Appraising the Evidence," *Journal of Social and Clinical Psychology*, 19(1), 56–69.

Emmons, R. A. and C. M. Shelton (2002), "Gratitude and the Science of Positive Psychology," *Handbook of positive psychology*, Oxford University Press, 459–471.

Emmons, R. R. and A. E. Mccullough (2003), "Counting Blessings versus Burdens: An Experimental Investigation of Gratitude and Subjective Well-being in Daily Life," *Journal of Personality and Social Psychology*, 84(2), 377–389.

Ernst, J. M. and J. T. Cacioppo (1999), "Lonely Hearts: Psychological Perspectives on Loneliness," *Applied and Preventive Psychology*, 8(1), 1–22.

Eroglu, S. A. and K. A. Machleit (1989), "Effects of Individual and Product-specific Variables on Utilising Country of Origin as a Product Quality Cue," *International Marketing Review*, 6(6), 27–41.

Fabrizio, D. M. and B. M. Kyle (2012), "An Arousal Regulation Explanation of Mood Effects on Consumer Choice," *Journal of Consumer Research*, 39(3), 574–584.

Fedorikhin, A., Park, C. W. and M. Thomson (2008), "Beyond Fit and Attitude: The Effect of Emotional Attachment on Consumer Responses to Brand Extensions," *Journal of Consumer Psychology*, 18(4), 281–291.

Feldman, J. M. and J. G. Lynch (1988), "Self-generated Validity and Other Effects of Measurement on Belief, Attitude, Intention, and Behavior," *Journal of Applied Psychology*, 73(3), 421–435.

Fenigstein, A., Scheier, M. F. and A. H. Buss (1975), "Public and Private Self-consciousness: Assessment and Theory," *Journal of Consulting and Clinical Psychology*, 43(4), 522–527.

Ferguson, G., Lau, K. C. and I. Phau (2016), "Brand Personality as a Direct Cause of Brand Extension Success: Does Self-monitoring Matter?" *Journal of Consumer Marketing*, 33(5), 343–553.

Ferraro, R., Escalas, J. E. and J. R. Bettman (2011), "Our Possessions, Our Selves: Domains of Self-worth and the Possession-self Link," *Journal of Consumer Psychology*, 21(2), 169–177.

Festinger, L. (1957), "*A Theory of Cognitive Dissonance*," Stanford, CA: Stanford University Press.

Fitzsimons, G. M., Chartrand, T. L. and G. J. Fitzsimons (2008), "Automatic Effects of Brand Exposure on Motivated Behavior: How Apple Makes You 'Think Different'," *Journal of Consumer Research*, 35(1), 21–35.

Forgas, J. P. (1995a), "Mood and Judgment: The Affect Infusion Model (AIM)," *Psychological Bulletin*, 117(1), 39–66.

Forgas, J. P. (1995b), "Strange Couples: Mood Effects on Judgments and Memory about Prototypical and Atypical Relationships," *Personality and Social Psychology Bulletin*, 21(7), 747–765.

Fredrickson, B. L. (1988), "What Good are Positive Emotions?" *Review of general psychology*, 2(3), 300–319.

Fredrickson, B. L. (2001), "The Role of Positive Emotions in Positive Psychology: The Broaden-and-build Theory of Positive Emotions," *American Psychologist*, 56(3), 218–226.

Freitas, A. L., Gollwitzer, P. and Y. Trope (2004), "The Influence of Abstract and Concrete Mindsets on Anticipating and Guiding Others' Self-regulatory Efforts," *Journal of Experimental Social Psychology*, 40(6), 739–752.

Freitas, A. L., Liberman, N. and E. T. Higgins (2002), "Regulatory Fit and Resisting Temptation During Goal Pursuit," *Journal of Experimental Social Psychology*, 38(3), 291–298.

Frijda, N. H. (1988), "The Laws of Emotion," *American psychologist*, 43(5), 349–358.

Frost, R. O. and R. C. Gross (1993), "The Hoarding of Possessions," *Behaviour Research and Therapy*, 31(4), 367–381.

Frost, R. O., Steketee, G. and D. F. Tolin (2012), "Diagnosis and Assessment of Hoarding Disorder," *Annual review of clinical psychology*, 8(8), 219–242.

Fujita, K. and H. A. Han (2009), "Moving beyond Deliberative Control of Impulses: The Effect of Construal Levels on Evaluative Associations in Self-control Conflicts," *Psychological Science*, 20(7), 799–804.

Gardner, W. L., Pickett, C. L., Jefferis, V. and M. Knowles (2005), "On the Outside Looking in: Loneliness and Social Monitoring," *Personality and Social Psychology Bulletin*, 31(11), 1549–1560.

Garvin, D. A. (1984), "Product Quality: An Important Strategic Weapon," *Business Horizons*, 27(3), 40–43.

Gilbert, P. (2001), "Evolution and Social Anxiety: The Role of Attraction, Social Competition, and Social Hierarchies," *Psychiatric Clinics*, 24(4), 723–751.

Gordon, A. M., Impett, E. A., Kogan, A., Oveis, C. and D. Keltner (2012), "To Have and to Hold: Gratitude Promotes Relationship Maintenance in Intimate Bonds," *Journal of Personality and Social Psychology*, 103(2), 257–274.

Grant, A. and J. Dutton (2010), "Beneficiary or Benefactor: Are People More Prosocial When They Reflect on Receiving or Giving?" *Psychological Science*, 23(9), 1033–1039.

Greenberg, M. S. (1980), "A Theory of Indebtedness," In K. J. Gergen, M. S. Greenberg, and R. H. Wills (Eds.), *Social exchange: Advances in theory and research*, New York: Plenum Pressed, 3–26.

Greenwald, A. G. and M. R. Banaji (1995), "Implicit Social Cognition: Attitudes, Self-esteem, and Stereotype," *Psychological Review*, 102(1), 4–27.

Grisaffe, D. B. and H. P. Nguyen (2011), "Antecedents of Emotional Attachment to Brands," *Journal of Business Research*, 64(10), 1052–1059.

Griskevicius, V., Shiota, M. N. and S. M. Nowlits (2010), "The Many Shades of Rose-colored Glasses: An Evolutionary Approach to the Influence of Different Positive Emotions," *Journal of Consumer*

Research, 37(2), 238-250.

Guillard, V. and C. Pinson (2012), "Toward a Better Understanding and Measurement of Consumer Hoarding," *Reche et Applications en Marketing*, 27(3), 57-78.

Gürhan-Canli, Z. and D. Maheswaran (2000), "Cultural Variations in Country of Origin Effects," *Journal of Marketing Research*, 37(3), 309-317.

Gürhancanli, Z. and D. Maheswaran (2000), "Determinants of Country-of-origin Evaluations," *Journal of Consumer Research*, 27(1), 96-108.

Han, S., Lerner, J. S. and D. Keltner (2007), "Feelings and Consumer Decision Making: The Appraisal-tendency Framework," *Journal of consumer psychology*, 17(3), 158-168.

Han, C. M. (1988), "The Role of Consumer Patriotism in the Choice of Domestic versus Foreign Information on Product Evaluation: An Information Processing Perspective," *Journal of Consumer Research*, 16(September), 175-187.

Han, C. M. (1989), "Country Image: Halo or Summary Construct?" *Journal of Marketing Research*, 26(2), 222-229.

Han, M. C. (1990), "Testing the Role of Country Image in Consumer Choice Behavior," *European Journal of Marketing*, 24(6), 24-40.

Haws, K. L., Naylor, R. W., Coulter, R. A. and W. O. Bearden (2012), "Keeping It All without Being Buried Alive: Understanding Product Retention Tendency," *Journal of Consumer Psychology*, 22(2), 224-236.

Hayes, A. F. (2013), "*An Introduction to Mediation, Moderation, and Conditional Process Analysis: A Regression-based Approach*," New York: Guilford Press.

Hayes, A. F. and J. Matthes (2009), "Computational Procedures for Probing Interactions in OLS and Logistic Regression: SPSS and SAS Implementations," *Behavior Research Methods*, 41(3), 924-936.

Hayes, A. F. and K. J. Preacher (2014), "Statistical Mediation Analysis with a Multicategorical Independent Variable," *British Journal of Mathematical and Statistical Psychology*, 67(3), 451–470.

Hester, S. B. and M. Yuen (1987), "The Influence of Country of Origin on Consumer Attitude and Buying Behavior in the United States and Canada," Wallendorf, M. and Anderson, P. (Eds), *Advances in Consumer Research*, 14, 538–542.

Higgins, T. (1997), "Beyond Pleasure and Pain," *American Psychologist*, 52(12), 1280–1300.

Higgins, E. T. (1998), "Promotionand Prevention: Regulatory Focus as a Motivational Principle," *Advances in Experimental Social Psychology*, 30(2), 1–46.

Higgins, E. T., Shah, J. and R. Friedman (1997), "Emotional Responses to Goal Attainment: Strength of Regulatory Focus as Moderator," *Journal of Personality and Social Psychology*, 72(3), 515–525.

Hilton, J. and W. Von Hippel (1996), "Stereotypes," *Annual Review of Psychology*, 47(1), 237–271.

Hirshleifer, D. and T. Shumway, (2003), "Good Day Sunshine: Stock Returns and the Weather," *The Journal of Finance*, 58(3), 1009–1032.

Holt, D. B., Quelch, J. A. and E. L. Taylor (2004), "How Global Brands Compete," *Harvard Business Review*, 82(9), 68–75.

Hong, S. T. and R. S. Wyer (1989), "Effects of Country-of-origin and Product-attribute in Format," *Journal of Consumer Research*, 16(2), 175–187.

Hong, S. T. and R. S. Wyer (1990), "Determinants of Product Evaluation: Effects of the Time Interval between Knowledge of a Product's Country of Origin and Information about Its Specific Attributes," *Journal of Consumer Research*, 17 (December), 277–288.

Hsieh, M. H. (2002), "Identifying Brand Image Dimensionalityand Measuring the Degree of Brand Globalization: A Cross-national

Study," *Journal of International Marketing*, 10(2), 46–67.

Hsieh, M. H. (2004), "Measuring Global Brand Equity Using Cross-national Survey Data," *Journal of International Marketing*, 12(2), 28–57.

Huang, X., Dong, P. and R. S. Wyer (2017), "Competing for Attention: The Effects of Jealousy on Preference for Attention-grabbing Products," *Journal of Consumer Psychology*, 27(2), 171–181.

Huang, X., Dong, P. and A. Mukhopadhyay (2014), "Proud to Belong or Proudly Different? Lay Theories Determine Contrasting Effects of Incidental Pride on Uniqueness Seeking," *Journal of Consumer Research*, 41(3), 697–712.

Hugstad, P. and M. Durr (1986), "A Study of Country of Manufacturer Impact on Consumer Perceptions," in Malhotra, N. and J. Hawes (Eds), *Development in Marketing Science*, Coral Gables.

Iversen, N. M. and L. E. Hem (2001), "Country Image in National Umbrella Branding Effects of Country Associations on Similarity Judgments," *ACR Asia-Pacific Advances*.

Iyer, G. R. and J. K. Kalita (1997), "The Impact of Country-of-origin and Country-of-manufacture Cues on Consumer Perceptions of Quality and Value," *Journal of Global Marketing*, 11(1), 7–28.

Izard, C. E. (1979a), "*The Maximally Discrimination Facial Movement Coding System (Max)*," Newark: Instructional Resources Center, University of Delaware.

Izard, C. E. (1979b), "*A System for Identifying Affect Expression by Holistic Judgments (Affex)*," Newark: Instructional Resources Center, University of Delaware.

Izard, C. E. (1993), "Four Systems for Emotion Activation: Cognitive and Noncognitive Processes," *Psychological Review*, 100(1), 68–90.

Jacoby, J., Berning, C. K. and T. F. Dietvorst (1977), "What about Disposition?" *Journal of Marketing*, 41(2), 22–28.

Jacoby, J., Olson, J. C. and R. A. Haddock (1971), "Price, Brand Name, and Product Composition Characteristics as Determinants of Perceived Quality," *Journal of Applied Psychology*, 55(6), 570–579.

Jaffe, E. D. and I. D. Nebenzahl (2001), "*National Image and Competitive Advantage: The Theory and Practice of Country-of-origin Effect*," North America: Copenhagen Business School Press.

Johansson, J. K., Douglas, S. P. and I. Nonaka (1985), "Assessing the Impact of Country of Origin on Product Evaluations: A New Methodological Perspective," *Journal of Marketing Research*, 22(4), 388–396.

Johansson, J. K., Ronkaninen, I. and M. Czinkota, (1994), "Negative Country-of-origin Effects: The Case of the New Russia," *Journal of international Business Studies*, 25(1), 157–176.

Johnson, E. J. and A. Tversky (1983), "Affect, Generalization, and the Perception of Risk," *Journal of Personality and Social Psychology*, 45(1), 20–31.

Kalat, J. W. (2005), "The Post-global Brand," *Journal of Brand Management*, 12(5), 319–324.

Kapferer, J. N. (1992), "Strategic Brand Management: New Approaches to Creating and Evaluating Brand Equity," *London: Kogan Page Limited*.

Kapferer, J. N. (2005), "The Post-global Brand," *Journal of Brand Management*, 12(5), 319–324.

Kapferer, J. N. (2012), "*The New Strategic Brand Management: Advanced Insights and Strategic Thinking (Fifth Edition)*," London: Kogan Page.

Kavanagh, D. J., and G. H. Bower (1985), "Mood and Self-efficacy: Impact of Joy and Sadness on Perceived Capabilities," *Cognitive Therapy and Research*, 9(5), 507–525.

Keillor, B. D., Hult, G. T. M., Erffmeyer, R. C. and E. Babakus (1996), "Natid: The Development and Application of a National Identity Measure for Use in International Marketing," *Journal of*

International Marketing, 4(2), 57–73.

Keller, K. L. (1993), "Conceptualizing, Measuring and Managing Customer-based Brand Equity," *Journal of Marketing*, 57(1), 1–22.

Keltner, D. and J. J. Gross (1999), "Functional Accounts of Emotions," *Cognition and Emotion*, 13(5), 467–480.

Keltner, D., Ellsworth, P. C. and K. Edwards (1993), "Beyond Simple Pessimism: Effects of Sadness and Anger on Social Perception," *Journal of Personality and Social Psychology*, 64(5), 740–752.

Khanna, S. R. (1986), "Asian Companies and the Country Stereotype Paradox: An Empirical Study," *Columbia Journal of World Business*, 21(2), 29–38.

Kim, H. and D. R. John (2008), "Consumer Response to Brand Extensions: Construal Level as a Moderator of the Importance of Perceived Fit," *Journal of Consumer Psychology*, 18(2), 116–126.

Kim, H., Park, K. and N. Schwarz (2010), "Will This Trip Really Be Exciting? The Role of Incidental Emotions in Product Evaluation," *Journal of Consumer Research*, 36(6), 983–991.

Kitayama, S., Markus, H. R., Matsumoto, H. and V. Norasakkunkit (1997), "Individual and Collective Processes in the Construction of the Self: Self-enhancement in the United States and Self-criticism in Japan," *Journal of Personality and Social Psychology*, 72(6), 1245–1267.

Kleppe, I. A., Iversen, N. M. and I. G. Stensaker (2002), "Country Images in Marketing Strategies: Conceptual Issues and an Empirical Asian Illustration," *Journal of Brand Management*, 10(1), 61–74.

Kluckhohn, C. (1951), "Values and Value-orientations in the Theory of Action: An Exploration in Definition and Classification," in Parsons, T. and Shils, E. A. (Eds), *Toward a General Theory of Action*, Harvard University Press, Cambridge, MA, 388–433.

Krishnakumar, P. (1974), "*An Exploratory Study of Influence of*

Country of Origin on the Product Images of Persons from Selected Countries," PhD Dissertation. University of Florida.

Kuhn, M. H. and T. S. McPartland (1954), "An Empirical Investigation of Self-attitudes," *American Sociological Review*, 19(1), 68–76.

Kumar, N. and J. B. E. Steenkamp (2013), "*Brand Breakout: How Emerging Market Brands Will Go Global*," Palgrave Macmillan, Basingstoke.

Kustin, R. A. (1994), "A Special Theory of Globalization: A Reviewand Critical Evaluation of the Theoreticaland Empirical Evidence," *Journal of Global Marketing*, 7(3), 79–101.

Kalat, J. W. and M. N. Shiota (2007), "Emotion," Belmont, CA: *Thomson Wadsworth*.

Labroo, A. A. and D. D. Rucker (2010), "The Orientation-matching Hypothesis: An Emotion-specificity Approach to Affect Regulation," *Journal of Marketing Research*, 47(5), 955–966.

Labroo, A. A. and A. Y. Lee (2006), "Between Two Brands: A Goal Fluency Account of Brand Evaluation," *Journal of Marketing Research*, 43(3), 374–385.

Lambert, N. M. and F. D. Fincham (2011), "Expressing Gratitude to a Partner Leads to More Relationship Maintenance Behavior," *Emotion*, 11(1), 52–60.

Lambert, P. R. and G. Laurent (2010), "Why Do Older Consumers Buy Older Brands? The Role of Attachment and Declining Innovativeness," *Journal of Marketing*, 74(July), 104–121.

Lambert, N. M., Graham, S. M. and F. D. Fincham (2009), "A Prototype Analysis of Gratitude: Varieties of Gratitude Experiences," *Personality and Social Psychology Bulletin*, 35(9), 1193–1207.

Lange, C. G. (1885), "The Mechanism of the Emotions," In: Rand B (Eds.), *The classical psychologist*, Boston: Houghton Miffin, 672–685.

Laroche, M., Kim, C. and L. X. Zhou (1996), "Brand Familiarity and

Confidence as Determinants of Purchase Intention: An Empirical Test in a Multiple Brand Context," *Journal of Business Research*, 37(2), 115–120.

Laros, F. J. M. and J. B. E. M. Steenkamp (2005), "Emotions in Consumer Behavior: a Hierarchical Approach," *Journal of Business Research*, 58(10), 1437–1445.

Larson, R. W. (1990), "The Solitary Side of Life: An Examination of the Time People Spend Alone from Childhood to Old Age," *Developmental Review*, 10(2), 155–183.

Lastovicka, J. L. and N. Sirianni (2011), "Truly, Madly, Deeply: Consumers in the Throes of Material Possession Love," *Journal of Consumer Research*, 38(2), 323–342.

Lastovicka, J. L. and K. V. Fernandez (2005), "Three Paths to Disposition: The Movement of Meaningful Possessions to Strangers," *Journal of Consumer Research*, 31(4), 813–823.

Lay, J. C., Theresa, P., Peter, G., Biesanz, J. C. and C. A. Hoppmann (2018), "By Myself and Liking it? Predictors of Distinct Types of Solitude Experiences in Daily Life," *Journal of Personality*, 87(3), 633–647.

Lazarus, R. S. and B. N. Lazarus (1994), "*Passion and Reason: Making Sense of Our Emotions*," New York: Oxford University Press.

Lazarus, R. S. (1991), "*Emotion and Adaptation*," New York: Oxford University Press.

Leclerc, F., Schmitt, B. and L. Dube (1994), "Foreign Branding and Its Effects on Product Perceptions and Attitudes," *Journal of Marketing Research*, 31(2), 263–270.

Lee, A. Y., Aaker J. L. and W. Gardner (2000), "The Pleasures and Pains of Distinct Self-construals: The Role of Interdependence in Regulatory Focus," *Journal of Personality and Social Psychology*, 78 (June), 1122–1134.

Leem, H., Lee, J., Lee, K. and H. Kim (2012), "Will Purchasing from Groupon Make Lonely Consumer Feel Empowered? Loneliness and Preference for Group-Buying Purchase Experience," *Advances in Consumer Research*, 40, 1114.

Lee, A. Y. and J. L. Aaker (2004), "Bringing the Frame into Focus: The Influence of Regulatory fit on Processing Fluency and Persuasion," *Journal of Personality and Social Psychology*, 86(2), 205–218.

Lee, T. L. and S. T. Fiske (2006), "Not an Outgroup, Not yet an Ingroup: Immigrants in the Stereotype Content Model," *International Journal of Intercultural Relations*, 30(6), 751–768.

Leikas, S., Lönnqvist, J. E., Verkasalo, M. and M. Lindeman (2009), "Regulatory Focus Systems and Personal Values," *European Journal of Social Psychology*, 39(3), 415–429.

Lerner, J. S. and D. Keltner (2000), "Beyond Valence: Toward a Model of Motion-specific Influences on Judgement and Choice," *Cognition and Emotion*, 14(4), 473–493.

Lerner, J. S., Small, D. A. and G. Loewenstein (2004), "Heart Strings and Purse Strings: Effects of Emotions on Economic Transactions," *Psychological Science*, 15(5), 337–341.

Levitt, T. (1983), "The Globalization of Markets," *Harvard Business Review*, 61 (May/June), 92–102.

Li, W. K. and R. S. Wyer (1994), "The Role of Country of Origin in Product Evaluations: Informational and Standard-of-comparison Effects," *Journal of Consumer Research*, 3(2), 187–212.

Li, S. (2005), "Romantic Music Activates Minds Rooted in a Particular Culture," *Journal of Consciousness Studies*, 12(7), 31–37.

Liberman, N., Sagristano, M. D. and Y. Trope (2002), "The Effect of Temporal Distance on Level of Mental Construal," *Journal of Experimental Social Psychology*, 38(6), 523–534.

Loken, B. and D. R. John (1993), "Diluting Brand Beliefs: When Do Brand Extensions Have a Negative Impact?" *Journal of Marketing*, 57(7), 71–84.

Lotz, S. L. and M. Y. Hu (2001), "Diluting Negative Country of Origin Stereotypes: A Social Stereotype Approach," *Journal of Marketing Management*, 17(1-2), 105-135.

Louro M. J., Pieters R. and M. Zeelenberg (2005), "Negative Returns on Positive Emotions: The Influence of Pride and Self-regulatory Goals on Repurchase Decisions," *Journal of Consumer Research*, 31(4), 833-840.

Ma, L. K., Tunney R. J. and E. Ferguson (2017), "Does Gratitude Enhance Prosociality? A Meta-Analytic Review," *Psychological Bulletin*, 143(6), 601-635.

Mackie, D. M. and E. R. Smith (1998), "Intergroup Relations: Insights from a Theoretically Integrative Approach," *Psychological Review*, 105(3), 499-529.

Mackie, D. M. and L. T. Worth (1989), "Processing Deficits and the Mediation of Positive Affect in Persuasion," *Journal of Personality and Social Psychology*, 57(1), 27-40.

Maheswaran, D. and C. Y. Chen (2006), "Nation equity: Incidental Emotions in Country-of-origin effects," *Journal of Consumer Research*, 33(3), 370-376.

Maheswaran, D. (1994), "Country of Origin as a Stereotype: Effects of Consumer Expertise and Attribute Strength on Product Evaluations," *Journal of Consumer Research*, 21 (September), 354-365.

Maheswaran, D. and C. Y. Chen (2006), "Country of Origin Effects," *Journal of Consumer Research*, 33(3), 370-376.

Maheswaran, D., Mackie, D. M. and S. Chaiken (1992), "Brand Name as a Heuristic Cue: The Effects of Task Importance and Expectancy Confirmation on Consumer Judgments," *Journal of Consumer Psychology*, 1(4), 317-336.

Markus, H. R. and S. Kitayama (1991), "Culture and the Self: Implications for Cognition, Emotion, and Motivation," *Psychological Review*, 98(2), 224-253.

Martin, L. L., Ward D. W., Achee J. W. and Wyer R. S. (1993), "Mood as Input: People Have to Interpret the Motivational Implications of Their Moods," *Journal of Personality and Social Psychology*, 64 (3), 317–326.

Martin, B. A. C., Lee, M. S. W. and C. Lacey (2011), "Countering Negative Country of Origin Effects Using Imagery Processing," *Journal of Consumer Behavior*, 10(2), 80–92.

Martin, L. L., Abend, T., Sedikides, C. and J. D. Green (1997), "How Would I Feel If …? Mood as Input to a Role Fulfillment Evaluation Process," *Journal of Personality and Social Psychology*, 73(2), 242–253.

Martin, P. and P. Bateson (1993), "Measuring Behaviour: An Introductory Guide," *Cambridge University Press*.

McCullough, M. E., Emmons R. A. and J. A. Tsang (2002), "The Grateful Disposition: A Conceptual and Empirical Topography," *Journal of Personality and Social Psychology*, 82(1), 112–127.

McCullough, M. E., Kilpatrick S. D., Emmons R. A. and D. B. Larson (2001), "Is Gratitude a Moral Affect?" *Psychological Bulletin*, 127 (2), 249–266.

Meyvis, T., Goldsmith, K. and R. Dhar (2012), "The Importance of the Context in Brand Extension: How Pictures and Comparisons Shift Consumers' Focus from Fit to Quality," *Journal of Marketing Research*, 49(2), 206–217.

Monga, A. B. and D. R. John (2007), "Cultural Differences in Brand Extension Evaluation: The Influence of Analytic versus Holistic Thinking," *Journal of Consumer Research*, 33(4), 529–536.

Monga, A. B. and D. R. John (2010), "What Makes Brands Elastic? The Influence of Brand Concept and Styles of Thinking on Brand Extension Evaluation," *Journal of Marketing*, 74(3), 80–92.

Morita, T., Itakura S., Saito D. N., Nakashita, S., Harada, T. and T. Kochiyama (2008), "The Role of the Right Prefrontal Cortex in Self-evaluation of the Face: A Functional Magnetic Resonance Imaging Study," *Journal of Cognitive Neuroscience*, 20(2), 342 – 355.

Muro, D. F. and K. B. Murray (2012), "An Arousal Regulation Explanation of Mood Effects on Consumer Choice," *Journal of consumer research*, 39(3), 574 – 584.

Nagashima, A. (1970), "A Comparison of Japanese and U. S. Attitudes Toward Foreign Products," *Journal of Marketing*, 34(1), 68 – 74.

Nebenzahl, I. D., Jaffe, E. D. and S. I. Lampert (1997), "Towards a Theory of Country Image Effect on Product Evaluation," *Management International Review*, 37(1), 27 – 49.

Nelissen, R. M., Dijker, A. J. and N. K. de Vries (2007), "Emotions and Goals: Assessing Relations Between Values and Emotions," *Cognition and Emotion*, 21(4), 902 – 911.

Niss, H. (1996), "Country of Origin Marketing Over the Product Life Cycle: A Danish Case Study," *European Journal of Marketing*, 30(3), 6 – 22.

North, A. C., Hargreaves, D. J. and J. McKendrick (1997), "In-Store Music Affects Product Choice," *Nature*, 390(132), 66 – 56.

Ng, S. and R. Batra (2017), "Regulatory Goals in a Globalized World," *Journal of Consumer Psychology*, 27(2), 270 – 277.

Olins, W. (2002), "Branding the Nation-The Historical Context," *Journal of Brand Management*, 9(4), 241 – 248.

Oyserman, D. and S. W. S. Lee (2008), "Does Culture Influence What and How We Think? Effects of Priming Individualism and Collectivism," *Psychological Bulletin*, 134(2), 311 – 342.

Özsomer, A. (2012), "The Interplay between Globaland Local Brands: A Closer Look at Perceived Brand Globalness and Local Iconness," *Journal of International Marketing*, 20(2), 72 – 95.

Özsomer, A. and S. Altaras (2008), "Global Brand Purchase Likelihood: A Critical Synthesisand an Integrated Conceptual Framework," *Journal of International Marketing*, 16(4), 1 – 28.

Pappu, R. and P. Quester (2010), "Country Equity: Conceptualization and Empirical Evidence," *International Business Review*, 19 (3), 276–291.

Park, C. W., Macinns, D. J. and J. Prester (2006), "Beyond Attitudes: Attachment and Consumer Behavior," *Seoul National Journal*, 12 (2), 3–35.

Park, C. W., Milberg, S. and R. Lawson (1991)," Evaluation of Brand Extensions: The Role of Product Feature Similarity and Brand Concept Consistency," *Journal of Consumer Research*, 18 (2), 185–93.

Park, C. W., Jaworski, B. J. and D. J. MacInnis (1986), "Strategic Brand Concept-image Management", *Journal of Marketing*, 50 (10), 135–145.

Paulhus, D. L. and D. T. K. Lim (1994), "Arousal and Evaluative Extremity in Social Judgments: A Dynamic Complexity Model," *European Journal of Social Psychology*, 24(1), 89–90.

Peck, J. and S. B. Shu (2009), "The Effect of Mere Touch on Perceived Ownership," *Social Science Electronic Publishing*, 36(3), 434–434.

Peplau, L. A. and D. Perlman (1982), "Loneliness: A Sourcebook of Current Theory, Research, and Therapy," *Journal of Behavior Therapy and Experimental Psychiatry*, 14(3), 281–292.

Peterson, B. E. and A. J. Stewart (1996), "Antecedents and Contexts of Generativity Motivation at Midlife," *Psychology and Aging*, 11(1), 21–33.

Peterson, R. A. and A. J. P. Jolibert (1995), "A Meta-analysis of Country-of-origin Effects," *Journal of International Business Studies*, 26(4), 883–900.

Petty, R. E. and J. T. Cacioppo (1984), "The Effects of Involvement on Responses to Argument Quantity and Quality: Central and Peripheral Routes to Persuasion," *Journal of Personality and Social Psychology*, 46(1), 69–81.

Pham, M. T. (1998), "Representativeness, Relevance, and the Use of Feelings in Decision Making," *Journal of consumer research*, 25(2), 144–159.

Pharr, J. M. (2005), "Synthesizing Country-of-Origin Research from the Last Decades: Is the Concept Still Salient in an Era of Global Brands?" *Journal of Marketing Theory and Practice*, 13(4), 34–45.

Phau, I. and G. Prendergast (2000), "Conceptualizing the Country of Origin of Brand," *Journal of Marketing Communications*, 6(3), 159–170.

Pieters, R. (2013), "Bidirectional Dynamics of Materialism and Loneliness: Not Just a Vicious Cycle," *Journal of Consumer Research*, 40(4), 615–631.

Piff, P. K., Dietze P., Feinberg M., Stancato, D. M. and D. Keltner (2015), "Awe, the Small self, and Prosocial Behavior," *Journal of Personality and Social Psychology*, 108(6), 883–899.

Plutchik, R. (1982), "Genes, Mind, and Emotion," *Behavioral and Brain Sciences*, 5(1), 21–22.

Preacher, K. J. and A. Hayes (2004), "SPSS and SAS Procedures for Estimating Indirect Effects in Simple Mediation Models," *Behavioral Research Methods, Instruments and Computers*, 36(4), 717–731.

Price, L. L., Arnould E. J. and C. F. Curasi (2000), "Older Consumers' Disposition of Special Possessions," *Journal of Consumer Research*, 27(2), 179–201.

Plutchik, R. (1991), "Hendrick, Clyde, ed. Close Relationship," *The Journal of Nervous and Mental Disease*, 179(8), 513.

Raghunathan, R. and M. T. Pham (1999), "All Negative Moods are Not Equal: Motivational Influences of Anxiety and Sadness on Decision Making," *Organizational behavior and human decision processes*, 79(1), 56–77.

Ritzer, G. (2003), "Rethinking Globalization: Glocalization/Grobalization and Something/Nothing," *Sociological Theory*, 21(3), 193–209.

Rokach, A. (1989), "Antecedents of Loneliness: A Factorial Analysis," *The Journal of Psychology*, 123(4), 369–384.

Rokeach, M. (1973), "The Nature of Human Values," *Free press*, New York, NY.

Roseman, I. J. (1984), "Cognitive Determinants of Emotions: A Structural Theory," *Review of personality and social psychology*, 5, 11–36.

Roth, M. and J. Romeo (1992), "Matching Product Category and Country Image Perceptions: A Framework for Managing Country-of-Origin Effects," *Journal of International Business Studies*, 23(3), 477–497.

Rucker, D. D. and R. E. Petty (2004), "Emotion Specificity and Consumer Behavior: Anger, Sadness, and Preference for Activity," *Motivation and Emotion*, 28(1), 3–21.

Russell, D., Peplau L. A. and C. E. Custrona (1980), "The Revised UCLA Loneliness Scale: Concurrent and Discriminant," *Journal of Personality and Social Psychology*, 39(3), 472–480.

Russell, J. A. (1994), "Is There Universal Recognition of Emotion from Facial Expression? A Review of the Cross-cultural Studies," *Psychological Bulletin*, 115(1), 102–141.

Russell, J. A. (1980), "A Circumflex Model of Affect," *Journal of Personality and Social Psychology*, 39(6), 1161–1178.

Russell, J. A., Anna W. and A. M. Gerald (1989), "Affect Grid: A Single-Item Scale of Pleasure and Arousal," *Journal of Personality and Social Psychology*, 57(3), 493–502.

Ruth, J. A. (2001), "Promoting a Brand's Emotion Benefit: The Influence of Emotion Categorization Processes on Consumer Evaluations," *Journal of Consumer Psychology*, 11(2), 99–113.

Samiee, B. and K. Roth (1992), "The Influence of Global Marketing Standardization on Performance," *Journal of Marketing*, 56(2), 1–17.

Schachter, S. and J. Singer (1962), "Cognitive, Social, and Physiological Determinants of Emotional State," *Psychological Review*, 69(5), 379–399.

Schlosser, A. E. (2015), "The Sweet Taste of Gratitude: Feeling Grateful Increases Choice and Consumption of Sweets," *Journal of Consumer Psychology*, 25(4), 561–576.

Schooler, R. D. (1965), "Product Bias in the Central American Common Market," *Journal of Marketing Research*, 2(4), 394–397.

Schuiling, I. and J. N. Kapferer (2004), "Executive Insights: Real Differences Between Local and International Brands: Strategic Implications for International Marketers," *Journal of International Marketing*, 12(4), 97–112.

Schultz, J. C. (1989), "Tannin-insect Interactions. Chemistry and Significance of Condensed Tannins," (ed. by R. W. Hemingway and J. J. Karchesy), *Plenum*, New York, 417–433.

Schwartz, S. H. and K. Boehnke (2004), "Evaluating the Structure of Human Values with Confirmatory Factor Analysis," *Journal of Research in Personality*, 38(3), 230–255.

Schwartz, S. H. (1992), "Universals in the Content and Structure of Values: Theoretical Advances and Empirical Tests in 20 Countries," *Advances in Experimental Social Psychology*, 25, 1–65.

Schwartz, N. and G. L. Clore (1983), "Mood, Misattribution, and Judgments of Well-being: Informative and Directive Functions of Affective States," *Journal of Personality and Social Psychology*, 45(3), 513–523.

Schwarz, N. (1990), "Feelings as Information: Informational and Motivational Functions of Affective States," In Higgins, E. T. and Sorrentino (Eds.), *R. M. Handbook of Motivation and Cognition: Foundations of Social Behavior*, New York: Guilford Press, 527–561.

Schwarz, N., Strack, F., Kommer, D., and D. Wagner (1987), "Soccer,

Rooms, and the Quality of Your life: Mood Effects on Judgments of Satisfaction with Life in General and with Specific Domains," *European Journal of Social Psychology*, 17(1), 69–79.

Sedikides, C. (1995), "Central and Peripheral Self-conceptions are Differentially Influenced by Mood: Tests of the Differential Sensitivity Hypothesis," *Journal of Personality and Social psychology*, 69(4), 759–777.

Sergin, C. and T. Kinney (1995), "Social Skills Deficits among the Socially Anxious: Rejection from Others and Loneliness," *Motivation and Emotion*, 19(1), 1–24.

Shah, A. M., Eisenkraft, N., Bettman, J. R. and T. L. Chartrand (2016), "Paper or Plastic? How We Pay Influences Post-Transaction Connection," *Journal of Consumer Research*, 42(5), 688–708.

Shaver, P., Schwartz, J., Kirson, D. and C. O'Connor (1987), "Emotion Knowledge: Further Exploration of a Prototype Approach," *Journal of Personality and Social Psychology*, 52(6), 1061–1086.

Shepherd, S., Chartrand, T. L., and G. J. Fitzsimons (2015), "When Brands Reflect Our Ideal World: The Valuesand Brand Preferences of Consumers Who Support versus Reject Society's Dominant Ideology," *Journal of Consumer Research*, 42(1), 76–92.

Shimp, T. A. and S. Sharma (1987), "Consumer Ethnocentrism: Construction and Validation of the CET-SCALE," *Journal of Marketing Research*, 24(8), 280–289.

Shin, J. and K. Kim (2019), "Loneliness Increases Attention to Negative Vocal Tone in an Auditory Stroop Task," *Personality and Individual Differences*, 137(January), 144–146.

Shocker, A. D., Srivastava, R. K. and R. W. Ruekert (1994), "Challengesand Opportunities Facing Brand Management: An Introduction to the Special Issue," *Journal of Marketing Research*, 31(5), 149–158.

Simpson, J. A. and S. W. Rholes (1998), "Attachment Theory and Close

Relationships," *New York: Guilford*.

Sivadas, E. and R. Venkatesh (1995), "An Examination of Individual and Object-Specific Influences on the Extended Self and Its Relation to Attachment and Satisfaction," *Advances in Consumer Research*, 22(1), 406–412.

Smith, D. C. and C. W. Park (1992), "The Effect of Brand Extensions on Market Share and Advertising Efficiency," *Journal of Marketing Research*, 29(3), 269–313.

Smith, C. A. and P. C. Ellsworth (1985), "Patterns of Cognitive Appraisal in Emotion," *Journal of Personality and Social Phycology*, 48(4), 813–838.

Steenkamp, J. B. E., Batra, R., and D. L. Alden (2003), "How Perceived Brand Globalness Creates Brand Value," *Journal of International Business Studies*, 34(1), 53–65.

Steenkamp, J. B. E. M., Baumgartner, H. and E. van der Wulp (1996), "The Relationships among Arousal Potential, Arousal and Stimulus Evaluation, and the Moderating Role of Need for Stimulation," *International Journal of Research in Marketing*, 13(4), 319–329.

Steenkamp, J. B. E. and M. G. De Jong (2010), "A Global Investigation into the Constellation of Consumer Attitudes toward Global and Local Products," *Journal of Marketing*, 74(6), 18–40.

Storm, C. and T. Storm (1987), "A Taxonomic Study of the Vocabulary of Emotions," *Journal of Personality and Social Psychology*, 53(4), 805–816.

Strack, R., Schwarz, N. and E. Gschneidinger (1985), "Happiness and reminiscing: The Role of Time Perspective, Affect, and Mode of Thinking," *Journal of Personality and Social Psychology*, 49(6), 1460–1469.

Strahilevitz, M. A. and G. Loewenstein (1998), "The Effect of Ownership History on the Valuation of Objects," *Journal of Consumer Research*, 25(3), 276–289.

Strizhakova, Y., Coulter, R. A., and L. L. Price (2011), "Branding in A Global Marketplace: The Mediating Effects of Quality and Self-identity Brand Signals, *International Journal of Research in Marketing*, 28(4), 342-351.

Strizhakova, Y., Coulter, R. A. and L. L. Price (2012), "The Young Adult Cohort in Emerging Markets: Assessing Their Global Cultural Identity in a Global Marketplace," *International Journal of Research in Marketing*, 29(1), 43-54.

Sundar, A. and T. J. Noseworthy (2014), "Place the Logo High or Low? Using Conceptual Metaphors of Power in Packaging Design", *Journal of Marketing*, 78(5), 138-151.

Swaminathan, V., Page, K. L. and Z. Gürhan-canli (2007), "'My' Brand or 'Our' Brand: The Effects of Brand Relationship Dimensions and Self-construal on Brand Evaluations," *Journal of Consumer Research*, 34(2), 248-259.

Swoboda, B., Pennemann, K. and M. Taube (2012), "The Effects of Perceived Brand Globalnessand Perceived Brand Localness in China: Empirical Evidence on Western, Asian and Domestic Retailers," *Journal of International Marketing*, 20(4), 72-95.

Tam, K. Y. Y. and C. S. Chan (2019), "The Effects of Lack of Meaning on Trait and State Loneliness: Correlational and Experience-sampling Evidence," *Personality and Individual Differences*, 141 (April), 76-80.

Tamir, M., Schwartz, S. H., Cieciuch, J., Riediger, M., Torres, C., Scollon, C. and A. Vishkin (2016), "Desired Emotions Across Cultures: A Value-based Account," *Journal of Personality and Social Psychology*, 111(1), 67-82.

Tauber, E. M. (1981), "Brand Franchise Extension: New Product Benefit from Existing Brand Name," *Business Horizons*, 24(2), 36-41.

Tauber, E. M. (1988), "Brand Leverage: Strategy for Growth in a Cost Control World," *Journal of Advertising Research*, 28(4), 26-30.

Taylor, V. A. and W. O. Bearden (2002), "The Moderating Role of Extension Similarity," *Journal of the Academy of Marketing Science*, 30(2), 131–140.

Thakor, M. V. and C. S. Kohli (1996), "Brand Origin: Conceptualization and Review," *Journal of Consumer Marketing*, 13(3), 27–42.

Theodosiou, M. and L. C. Leondou (2003), "Standardization versus Adaptation of International Marketing Strategy: An Integrative Assessment of the Empirical Research," *International Business Review*, 12(2), 141–171.

Thomson, M. and A. R. Johnson (2006), "Marketplace and Personal Space: Investigating the Differential Effects of Attachment Style Across Relationship Contexts," *Psychology and Marketing*, 23(8), 11–26.

Thomson, M., MacInnis, D. J. and C. W. Park (2005), "The Ties that Bind: Measuring the Strength of Consumers' Emotional Attachments to Brands," *Journal of consumer psychology*, 15(1), 77–91.

Tiedens, L. Z. and S. Linton (2001), "Judgment under Emotional Certainty and Uncertainty: The Effects of Specific Emotions on Information Processing," *Journal of Personality and Social psychology*, 81(6), 973–988.

Tooby, J. and L. Cosmides (1990), "The Past Explains the Present: Emotional Adaptations and the Structure of Ancestral Environments," *Ethology and Sociobiology*, 11(4–5), 375–424.

Torelli, C. J. (2006), "Individuality or Conformity? the Effect of Independent and Interdependent Self-concepts on Public Judgments," *Journal of Consumer Psychology*, 16(3), 240–248.

Torelli, C. J. and A. M. Kaikati (2009), "Values as Predictors of Judgments and Behaviors: The Role of Abstract and Concrete Mindsets," *Journal of Personality and Social Psychology*, 96(1), 231–247.

Torelli, C. J., Monga, A. B. and A. M. Kaikati (2011), "Doing Poorly by

Doing Good: Corporate Social Responsibility and Brand Concepts," *Journal of Consumer Research*, 38(5), 948–963.

Torelli, C. J., Özsomer, A., Carvalho, S. W., Keh, H. T. and N. Maehle (2012), "Brand Concepts as Representations of Human Values: Do Cultural Congruity and Compatibility Between Values Matter?" *Journal of Marketing*, 76(4), 92–108.

Torelli, C. J. and R. Ahluwalia (2011), "Extending Culturally Symbolic Brands: A Blessing or a Curse?" *Journal of Consumer Research*, 38(5), 933–947.

Torres, A., Bijmolt, T. H., Tribó, J. A. and P. Verhoef (2012), "Generating Global Brand Equity Through Corporate Social Responsibility to key Stakeholders," *International Journal of Research in Marketing*, 29(1), 13–24.

Trafimow, D., Silverman, E. S., Fan, M. T. and J. S. Fun Law (1997), "The Effect of Language and Priming on the Relative Accessibility of the Private Self and the Collective Self," *Journal of Cross-Cultural Psychology*, 28(1), 107–123.

Trivers, R. L. (1971), "The Evolution of Reciprocal Altruism," *Quarterly Review of Biology*, 46(1), 35–57.

Trope, Y. and N. Liberman (2003), "Temporal Construal," *Psychological Review*, 110(3), 403–421.

Tsang, J. (2006), "Gratitude and Prosocial Behavior: An Experimental Test of Gratitude," *Cognition and Emotion*, 20(1), 138–148.

Tu, L., Khare, A. and Y. Zhang (2012), "A Short 8-item Scale for Measuring Consumers' Local-global Identity," *International Journal of Research in Marketing*, 29(1), 35–42.

Vallacher, R. R. and D. M. Wegner (1987), "What do People Think They're doing? Action Identification and Human Behavior," *Psychological Review*, 94(1), 3–15.

Vallacher, R. R. and D. M. Wegner (1989), "Levels of Personal Agency: Individual Variation in Action Identification," *Journal of Personality* and *Social Psychology*, 57(4), 660–671.

Vaughn, R. (1986), "How Advertising Works: A Planning Model Revisited," *Journal of Advertising Research*, 26(1), 57–63.

Verlegh, P. W. J. (2007), "Home Country Bias in Product Evaluation: The Complementary Roles of Economic and Socio-psychological Motives," *Journal of International Business Studies*, 38(3), 361–373.

Vitkus, J. and L. M. Horowitz (1987), "Poor Social Performance of Lonely People: Lacking a Skill or Adopting a Role?" *Journal of Personality and Social Psychology*, 52(6), 1266–1273.

Walker, J., Kumar, A. and T. Gilovich (2016), "Cultivating Gratitude and Giving Through Experiential Consumption," *Emotion*, 16(8), 1126–1136.

Wall, M., Liefeld, J. and L. A. Heslop (1991), "Impact of Country of Origin Cues on Consumer Judgments in Multi-cue Situations: A Covariance Analysis," *Journal of the Academy of Marketing Science*. 19(2), 105–113.

Wang, J., Zhu, R. and B. Shiv (2012), "The Lonely Consumer: Loner or Conformer?" *Journal of Consumer Research*, 38(6), 1116–1128.

Watkins, P. C., Scheer, J., Ovnicek, M. and R. Kolts (2006), "The Debt of Gratitude: Dissociating Gratitude and Indebtedness," *Cognition and Emotion*, 20(2), 217–241.

Watkins, P. C., Woodward, K., Stone, T. and R. L. Kolts (2003), "Gratitude and Happiness: Development of a Measure of Relationships of Gratitude, and Relationships with Subjective Well-being," *Social Behavior and Personality*, 38(5), 814–827.

Watkins, P. C. (2014), "What Good is Gratitude? Gratitude and the Good Life," *Springer Netherlands*, 55–71.

Watson, D., Clark, L. A. and A. Teelegen (1988), "Development and validation of brief measures of positive and negative affect: The PANAS scales," *Journal of Personality and Social Psychology*, 54

(6), 1063–1070.

Weiner, B. (1986), "An Attributional Theory of Motivation and Emotion," *Sssp Springer*, 92(4), 159–190.

Westjohn, S. A., Arnold, M. J., Magnusson, P. and K. Reynolds (2016), "The Influence of Regulatory Focus on Global Consumption Orientation and Preference for Global versus Local Consumer Culture Positioning," *Journal of International Marketing*, 24(2), 22–39.

William, J. (1884), "What is an emotion?" *Mind*, 19, 188–205.

Winterich, K. P. and K. L. Haws (2011), "Helpful Hopefulness: The Effect of Future Positive Emotions on Consumption," *Journal of Consumer Research*, 38(3), 505–524.

Wood, A. M., Maltby, J., Stewart, N., Linley, P. A. and S. Joseph (2008), "A Social-cognitive Model of Trait and State Levels of Gratitude," *Emotion*, 8(2), 281–290.

Wood, J. V., Saltzberg, J. A. and L. A. Goldsamt (1990), "Does Affect Induce Self-focused Attention?" *Journal of Personality and Social Psychology*, 58(5), 899–908.

Xie, Y., Batra, R. and S. Peng (2015), "An Extended Model of Preference Formation between Global and Local Brands: The Roles of Identity Expressiveness, Trust and Affect," *Journal of International Marketing*, 23(1), 50–71.

Yamaguchi, M., Smith, A. and Y. Ohtsubo (2017), "Loneliness Predicts Insensitivity to Partner Commitment," *Personality and Individual Differences*, 105(January), 200–207.

Yavas, U. and G. Alpay (1986), "Does an Exporting Nation Enjoy the Same Cross-national Commercial Image?" *International Journal of Advertising*, 5(2), 109–119.

Yeo, J. and J. Park (2006), "Effects of Parent-extension Similarity and Self Regulatory Focus on Evaluations of Brand Extensions," *Journal of Consumer Psychology*, 16(3), 272–282.

Yeung, C. W. M. and R. S. Wyer (2005), "Does Loving a Brand Mean

Loving Its Products? The Role of Brand-elicited Affect in Brand Extension Evaluations," *Journal of Marketing Research*, 42(4), 495–506.

Yim, C. K. B., Tse, D. K. and K. W. Chan (2008), "Strengthening Customer Loyalty Through Intimacy and Passion: Roles of Customer-firm Affection and Customer-staff Relations in Services," *Journal of Marketing Research*, 45(6), 741–756.

Yong, Z. (1996), "Chinese Consumers' Evaluation of Foreign Products: The Influence of Culture, Product Types and Product Presentation Format," *European Journal of Marketing*, 30(12), 50–68.

Yoo, B. and N. Donthu (2001), "Developing and Validating a Multidimensional Consumer-based Brand Equity Scale," *Journal of Business Research*, 52(1), 1–14.

Yuksel, A., Yuksel, F. and Y. Bilim (2010), "Destination Attachment: Effects on Customer Satisfaction and Cognitive, Affective and Conative Loyalty," *Tourism Management*, 31(2), 274–284.

Zaichkowsky, J. L. (1994), "The Personal Involvement Inventory: Reduction, Revision, and Application to Advertising," *Journal of Advertising*, 23(4), 59–70.

Zeithaml, V. A. (1988), "Consumer Perceptions of Price, Quality, and Value: A Means-end Model and Synthesis of Evidence," *Journal of Marketing*, 52(3), 2–22.

Zhang, Y. and A. Khare (2009), "The Impact of Accessible Identities on the Evaluation of Global versus Local Products," *Journal of Consumer Research*, 36(3), 524–537.

Zhao, J., Song, F., Chen, Q., Li, M. and F. Kong (2018), "Linking Shyness to Loneliness in Chinese Adolescents: The Mediating Role of Core Self-evaluation and Social Support," *Personality and Individual Differences*, 125(April), 140–144.

Zhao, X. S., Lynch, J. G. and Q. M. Chen (2010), "Reconsidering Baron and Kenny: Myths and Truths about Mediation Analysis," *Journal of*

Consumer Research, 37(2), 197–206.

Zhou, N. and R. W. Belk (2004), "Chinese Consumer Readings of Global and Local Advertising Appeals," *Journal of Advertising*, 33(3), 63–76.

Zhou, X., Sedikides, C., Wildschut, T. and D. G. Gao (2008), "Counteracting Loneliness: On the Restorative Function of Nostalgia," *Psychological Science*, 19(10), 1023–1029.

Zabkar, V., Arslanagic-Kalajdzic, M., Diamantopoulos, A. and A. Florack (2017), "Brothers in Blood, yet Strangers to Global Brand Purchase: A Four-country Study of the Role of Consumer Personality," *Journal of Business Research*, 80(November), 228–235.

才源源,何佳讯.(2012):高兴与平和:积极情绪对来源国效应的影响.营销科学学报,8(2),76-87.

陈瑞,郑毓煌.(2015):孤独感对不确定消费偏好的影响:新产品、产品包装和概率促销中的表现.心理学报,47(8),1067-1076.

丁如一,周晖,林玛.(2014):感激情绪的认知评估体系.心理学报,46(10),1463-1475.

付春江,袁登华,罗嗣明.(2013):品牌来源国刻板印象的双重表现及其改变.心理科学,36(3),606-611.

何佳讯.(2013):全球品牌化研究回顾:构念、脉络与进展.营销科学学报,9(4),1-19.

何佳讯,吴漪.(2015):品牌价值观:中国国家品牌与企业品牌的联系及战略含义.华东师范大学学报,47(5),150-166.

黄合水.(2003):产品评价的来源国效应.心理科学进展,11(6),692-699.

黄希庭.(1991):心理学导论.北京:人民教育出版社,507-540.

江红艳,王海忠.(2011):原产国刻板印象逆转研究前沿探析.外国经济与管理,33(7),34-40.

雷莉,马谋超.(2003):品牌延伸中母品牌的作用机制.心理科学进展,11(3),350-354.

卢家楣,刘伟,贺雯,卢盛华.(2002):情绪状态对学生创造性的影响.心理学报,34(4),51-56.

卢泰宏,谢飙.(1997):品牌延伸的评估模型.中山大学学报:社会科学版,37(6),9-14.

马云献,扈岩.(2004):大学生感戴量表的初步编制.中国健康心理学杂志,12(5),69-71.

田圣炳.(2008):原产地营销.上海:学林出版社,25-75.

汪涛,张琴,张辉,周玲.(2012):如何削弱产品来源国效应:产品信息呈现方式的影响研究.心理学报,44(6),841-852.

王海忠,于春玲,赵平.(2005):消费者民族中心主义的两面性及其市场战略意义.管理世界,(2),96-107.

王海忠,赵平.(2004):品牌原产地效应及其市场策略建议:基于欧、美、日、中四地品牌形象调查分析.中国工业经济,(1),76-87.

王海忠.(2002):国际市场产品来源地形象及其规避策略.中国工业经济,(5),91-96.

温忠麟,侯杰泰,张雷.(2005):调节效应与中介效应的比较和应用.心理学报,37(2),268-274.

温忠麟,叶宝娟.(2014):有调节的中介模型检验方法:竞争还是替补?.心理学报,46(5),714-726.

吴川,张黎.(2012):郑毓煌等.调节聚焦对品牌延伸的影响:母品牌类型、母品牌与延伸产品匹配类型的调节作用.南开管理评论,15(6),51-61.

吴坚,符国群,丁嘉莉.(2010):基于属性水平的品牌来源国作用机制研究:信息处理的视角.管理评论,22(3),69-77.

吴坚,符国群.(2007):品牌来源国和产品制造国对消费者购买行为的影响.管理学报,4(5),593-601.

杨强,张康,孟陆.(2018):孤独感对怀旧消费偏好的影响研究.珞珈管理评论,(2),132-146.

杨扬子,黄韫慧,施俊琦.(2008):中国消费者对本国/日本品牌的外显和内隐态度:内隐联想测验在来源国效应研究中的应用.营销科学学报,4(2),130-140.

赵国祥,陈欣.(2006):初中生感戴维度研究.心理科学,29(6),1300-1302.

朱丽叶,袁登华,张静宜.(2017):在线用户评论质量与评论者等级对消费者购买意愿的影响:产品卷入度的调节作用.管理评论,29(2),87-96.